Volker Bugdahl
Dominik Sprenger

Ma®ken machen Märkte

Anleitung zur erfolgreichen Markenpraxis

Schlaue Bücher Verlag e.K. Recklinghausen

ISBN 978-3-9816978-3-4

© 2017 Schlaue Bücher Verlag e.K., alle Rechte vorbehalten

Verlag: Schlaue Bücher Verlag e.K., Kurfürstenwall 19, 45657 Recklinghausen, www.schlauebuecher.de

Gestaltung Buchcover: ElbeEichhorn, Reiner Wallbaum, Brunnenstraße 23, 40223 Düsseldorf, www.elbeeichhorn.de

Bild im Buchcover: Angela Bugdahl, „Synergie 1 und 2", Öl auf Leinen, je 100 x 100 cm, zuerst gezeigt am 22.04.2004 im Rahmen der Ausstellung „MADE IN GERMANY" beim DPMA in München. Inspiriert durch Druckknopf der Marke PRYM

Druck: Lonnemann GmbH, Ludgeristraße 13, 59379 Selm, www.lonnemann.com

Inhaltsverzeichnis:

Vorwort:
Was wir mit diesem Buch bezwecken und warum es sich für jeden lohnt, hineinzuschauen

1. EIN PLÄDOYER FÜR DIE MARKE	**8**
1.1. Was sind Marken und wozu dienen sie?	8
1.1.1 Markenformen	10
1.1.2 Schutzhindernisse	13
1.1.3 Markenfunktionen	16
1.1.4 Markenbegriffe	17
1.2. Wie verwenden wir Marken richtig?	18
1.3 Symbole für Schutzrechte. Was hat es mit dem ® auf sich?	20
1.4 Markenstrategien	22
1.5 Berühmtheit - höchstes Ziel und Gefahr	23
1.6 Markenallianzen	28
1.6.1 Co-Branding	30
1.6.2 Ingredient Branding - eine Markenstrategie für mehrere Nutznießer	32
1.7 Verantwortlichkeitsmarken	38
2. MARKEN SCHÜTZEN	**39**
2.1 Anforderungen an gute Markennamen	40
2.2 Was soll der Name aussagen? Global gültige Namen, keine unbeabsichtigten Bedeutungen	43
2.3 Was macht Marken schutzfähig?	47
3. RECHERCHEN	**50**
3.1 Warum Markenrecherchen?	51
3.2 Online-Datenbanken	54
3.2.1 Deutsche Marken	57
3.2.2 IR-Marken	58
3.2.3 Unionsmarken	60
3.2.4 Unions-, IR-Marken und nationale Marken in der EU	64
3.2.5 GLOBAL BRAND DATABASE	64
3.2.6 Nationale Markendatenbanken	65
3.2.7 Kostenpflichtige Quellen für Markenrecherchen	66
3.3 Non-traditional Trademarks Archive	67
3.4 Fazit für Recherchen	67

4. REGISTRIERUNG — 68

4.1 Auswahl des richtigen Anmelders — 69

4.2 Markenwiedergabe — 69

4.3 Festlegung des Waren- und Dienstleistungsverzeichnisses (WDV) — 70
4.3.1 DPMA: International harmonisierte Klassifikation von Waren und Dienstleistungen — 71
4.3.2 EUIPO: TMclass — 72
4.3.3 WIPO: Der Madrid Goods and Services Manager MGS — 72

4.4 Möglichkeiten der Markenanmeldung — 74
4.4.1 Deutsche Marken — 75
4.4.2 Ausländische nationale Marken — 75
4.4.3 IR-Marken — 75
4.4.4 Die Unionsmarke (EU-Marke) — 78
4.4.6 Titelschutz — 83
4.4.7 Entweder 3D- Marke oder Design? — 86

5. MARKEN ERHALTEN, D.H. NUTZEN UND VERTEIDIGEN — 87

5.1 Verteidigungsstrategien — 88

5.2 Verwechslungsgefahr und Ähnlichkeit — 93
5.2.1 Berechnung der Verwechslungsgefahr — 96

5.3 Überwachung — 98

5.4 Widerspruch — 101
5.4.1 Benutzungsnachweis — 101
5.4.2 Abwägungen vor und bei Widerspruch — 103
5.4.3 Widerspruch gegen Unionsmarken — 109

5.5 Vorrechtsvereinbarung und andere Möglichkeiten der friedlichen Koexistenz — 111

6. METHODEN ZUM FINDEN NEUER MARKENNAMEN — 113

6.1 Arten von Markennamen — 113

6.2 Wie finden wir Ideen? — 116
6.3.1 Namen aus einzelnen Buchstaben — 130
6.3.2 Einsilbige Wörter — 137
6.3.3 AKÜs, d.h. Ab- oder Verkürzungen und Kalauer — 138
6.3.4 Rhythmus — 141

6.4 Brainstorming — 142
6.4.1 Prinzip der Methode — 142
6.4.2 Regeln — 143

6.5 Brainwriting — 144
6.5.1 Prinzip der Methode 635 — 145
6.5.2 Praktische Beispiele zu 635 — 147

6.6 Entrinnen — 148
6.6.1 Hintergrund: Problemlösen = sich vom Problem lösen — 148

6.6.2 Infragestellen des Selbstverständlichen	151
6.6.3 Provokation	152
6.6.4 Analogien	153
6.6.5 Umkehren und Negation	158
6.6.6 Verdoppeln	164
6.6.7 Random Entry / Reizworttechnik, Warenhausmethode	173
6.6.8 CAC = Computer Aided Creativity	174
6.6.9 Wunschkonzept / Verbesserungsanfälliger Bereich VB	177

6.7 Morphologischer Kasten — **181**
  6.7.1 Prinzip: Problemlösen durch Strukturierung und Zwangsverknüpfung — 181
  6.7.2 Die Methoden Morphologie, Funktionsanalyse, Attributive Listing und ihre Nutzung für das Finden von Markennamen — 183

6.8 Optische Effekte — **188**
  6.8.1 Typografische Symmetrie der Buchstaben — 189
  6.8.2 Aus Bedeutung und Doppelbedeutung entstehende Bildzeichen — 190
  6.8.3 Optische Täuschungen — 193
  6.8.4 Mustererkennung (Pattern recognition) im Dienst der Marke — 194
  6.8.5 Moiré-Effekte — 195

7. MARKEN VERWALTEN — 196

7.1 Der Markenschlüssel® — **196**

7.2 Viele Fragestellungen - viele Karteien — **199**

7.3 Markenverwaltungssoftware — **200**

8. MARKEN VERWERTEN — 200

8.1 Marken lizenzieren — **201**

8.2 Checkliste Marken-Lizenzvertrag — **202**

8.3 Festlegung der Lizenzgebühren — **206**

8.4 Marken bewerten — **208**
  8.4.1 Qualitative Bewertung — 210
  8.4.2 Quantitative Bewertung — 210

8.5 Marken verkaufen — **213**

8.6 Marken umschreiben — **220**

9. DER SLOGAN – CLAIM, APPELL UND MARKENSTÄRKER — 222

9.1 Was sind Slogans? — **222**

9.2 Arten von Slogans — **223**

9.3 Slogans als Marken — **223**

9.4 Strategien für die Übermittlung von Botschaften durch Slogans — **224**

9.5 Bildungsmechanismen von Slogans — **225**

9.6 Das Slogometer ... 231

9.7 Wie Autofirmen in Deutschland claimen ... 231

9.8 Bootlegging, Verballhornung, Verunglimpfung ... 232

9.9 Rechtsprechung bei Slogans ... 233

9.10 Ein Märchen aus Marken und Slogans ... 234

10. ANHANG: DIE WAHRNEHMUNG DER MARKE UND IHRE BEWERTUNG NACH MUSIL ... 236

Belletristische Einstimmung ... 236

Bewertung von Firmenmarken ... 237

Bewertung von Führungskräften ... 239

Bewertung von Politikern ... 239

Zusammenfassung ... 240

11. LITERATURVERZEICHNIS ... 242

12. VERZEICHNIS DER ABBILDUNGEN ... 248

13. STICHWORTVERZEICHNIS ... 250

Vorwort

Dieses Buch ist bisher einmalig, weil es Kreativität, Markenrecht und ökonomische Markenpraxis vereint – Arbeitsfelder, die sonst streng getrennt nebeneinander existieren. Übrigens zum Nachteil für alle Beteiligten. Deshalb wollen wir mit diesem Buch informieren und (wieder)verbinden. Danke, dass Sie in dieses Buch hineinschauen wollen. Es wird sich lohnen, denn wir haben für jede und jeden etwas dabei. Das Buch lohnt sich sogar für den, der nur mal aus privatem Interesse etwas darüber erfahren will, was Marken sind, warum und wie man sie schützt. Wer aber beruflich mit Marken befasst ist, findet hier erst recht Antworten zu so manchen Fragen - und womöglich noch Anregungen und Neuigkeiten. Beruflich befasst sich z.B. ein Marketingexperte, ein Texter, ein Grafiker, ein Designer mit Marken. Nur zu, immer hinein, es wird spannend. Auch der Markenjurist ist herzlich willkommen, das Buch zum Erfahrungs- und Gedankenaustausch heranzuziehen. Wer sich eher von der Seite der Unternehmensführung damit auseinandersetzen will, der sieht, wie wichtig eine gute Markenstrategie für die Unternehmensstrategie ist und wie man in sie entwickelt, erfolgreich umsetzt und rechtlich schützt: Auch Sie, liebe Leserinnen und Leser, investieren Ihre Zeit hier richtig. Wir, die Autoren dieses Buches bieten – wenn man unser beider Berufsleben addiert – nahezu 40 Jahre täglicher Markenpraxis als Praktiker, Führungskraft und Berater und stellen unsere Erkenntnisse in diesem Buch zu Ihrer Verfügung. Ohne Vorkenntnisse vorauszusetzen, bieten wir eine Rundreise durch die Markenwelt, von bewährten Kreativtechniken für das Erfinden funktionierender Markennamen über verlässliche Strategien für den Markenschutz bis hin zu Tipps für die Markenverwertung. In der männlichen Form geschrieben, richtet sich das Buch selbstverständlich an Leserinnen und Leser in gleicher Weise. Viel Spaß beim Lesen und viel Erfolg mit einem wunderbaren und spannenden Thema: Der Marke.

Um direkt nützlich zu sein, enthält dies Buch Namen von Dienstleistungsanbietern im Bereich der Markenpraxis. Dabei handelt es sich um eine rein subjektive Auswahl, die weder vollständig, noch wertend ist.

Mai 2017   Volker Bugdahl und Dominik Sprenger

1. Ein Plädoyer für die Marke

Als Unternehmen auf Markenführung zu bauen, heißt nachhaltig zu denken und zu handeln. Ein namenloses generisches Produkt oder aber ein gerade noch im Rahmen des Erlaubten liegendes Nachahmungsprodukt (so genanntes „me too") anzubieten, mag zwar zunächst einfacher und kostengünstiger sein. Preisdruck und konjunkturelle Schwankungen lassen sich jedoch ohne den guten Ruf und die Bindungswirkung einer Marke nur schwerlich überstehen. Markenführende Unternehmen aller Branchen und Größenordnungen beweisen immer wieder, wie sehr sich Investitionen in die Entwicklung und Pflege erfolgreicher Markenprodukte lohnen. Natürlich müssen die Marken dafür auch gut geschützt sein. Denn:

„Wer das geistige Eigentum nicht schützt, wird den Geist verlieren."

Guido Westerwelle, Rede zur Eröffnung der Buchmesse Frankfurt am 5.10.2010

1.1. Was sind Marken und wozu dienen sie?

Bevor wir uns seriöser an die Beantwortung dieser Frage machen, wollen wir erst einmal einen empirischen Einstieg mit einigen alten Kontrollfragen von Georg Black (Brand News, Spiegel Verlag Hamburg 1988) vornehmen:

☐ Was ist das Geheimnis eines Produkts aus 90% Wasser, 10% Zucker und Geschmacksstoffen, das fraglos die beliebteste Limonade der Welt ist?

☐ Wie schafft es ein Cowboy ..., eine Zigarette mit dem Namen eines englischen Adligen, die ursprünglich ausschließlich an Frauen verkauft wurde, weltweit zu einer führenden Marke für Raucher beiderlei Geschlechts zu machen?

☐ Warum konnte ein einziges Kleidungsstück, dessen Name und Form sich über 100 Jahre kaum verändert hat, zum Symbol für junge Mode in beinahe jeder Sprache werden?

☐ Was bringt Amerikaner dazu, einen unverschämt hohen Preis für eine kleine Flasche französischen Mineralwassers zu zahlen?

☐ Was bindet deutsche Hausfrauen an einen Frischkäse, der den griechischen Namen einer amerikanischen Stadt trägt?

Sie haben unschwer Coca Cola, Marlboro, Jeans, Perrier und Philadelphia erkannt.

Wir könnten auch folgendes Spiel spielen: Wir nennen Ihnen ein Produkt, und Sie nennen uns einen passenden Markennamen dazu. Auf die Produkte Aktenordner, Alleskleber, Einmachglas, Taschenschirm, Taschentuch werden Sie vermutlich mit Leitz, Uhu, Weck, Knirps, Tempo geantwortet und sich damit bewiesen haben, dass Sie schon mehr über Marken gespeichert haben, als Sie dachten. Eine Marke ist der

Eigenname eines Produkts (oder einer Produktgruppe) oder einer Dienstleistung, von einem ganz bestimmten Hersteller oder Händler.

Marken gab es schon bei den alten Ägyptern. Man kannte Persönlichkeits-, Eigentums-, Ursprungs- oder Erzeugermarken. Fast immer handelte es sich um Bildmarken, während heute die Wortmarken zahlenmäßig dominieren. Im Mittelalter regulierten die Zünfte die Zeichen wie eine Gewerbeaufsicht. Nach dem Niedergang der Zünfte gab es eine schutzlose Zeit, und erst 1766 begann der eigentliche Aufstieg der Warenzeichen: Ein Register (genannt "Rolle") für den Markenzwang bei Sensen, Sicheln und Schneidemessern wurde angelegt. 1794 schaffte das Preußische Allgemeine Landrecht die ersten gesetzlichen Bestimmungen. Das Reichsgesetz über den Markenschutz gewährte 1874 den Markeninhabern Schutz für figürliche Zeichen. 1894 entstand das Gesetz zum Schutze der Warenbezeichnungen, das 100 Jahre gültig blieb.

Bild 1.1: Seite 1 des "Waarenzeichenblatts" vom Oktober 1894

Fast so alt ist die Marke ACETOCAUSTIN für "ein chemisches Präparat", nämlich ein Warzenmittel. Leider lief der Schutz für diese Marke am 30.9.2006 aus. Die Warenzeichenurkunde des Kaiserlichen Patentamtes vom 7.11.1896 ist reich verziert. Die Verlängerungsstempel mit Reichsadler, Hakenkreuzadler und Bundesadler machen das Dokument zu einem Zeitzeugen.

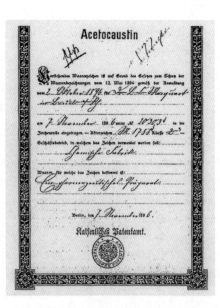

Bild 1.2: Warenzeichenurkunde für ACETOCAUSTIN (auszugsweise)

Zum 1. Januar 1995 wurde das alte deutsche Warenzeichenrecht durch das Markenrechtsreformgesetz ersetzt. Dies enthält als Kern das Markengesetz (MarkenG). Das neue Markengesetz spricht in Anlehnung an den europäischen Sprachgebrauch

☐ deutsch   Marke (sinnverwandt sind Handelsmarke und Fabrikmarke)
☐ französisch   marque (de fabrique, de commerce)
☐ spanisch   marca (de fábrica, de comercio)
☐ englisch   trade marc
☐ italienisch   marca di fabbrica

nicht mehr von Warenzeichen, sondern nur noch von Marken mit dem Unterbegriff Zeichen (Wortzeichen, Bildzeichen, Wort-Bild-Zeichen):

1.1.1 Markenformen

"Als Marke können alle Zeichen, insbesondere Wörter einschließlich Personennamen, Abbildungen, Buchstaben, Zahlen, Hörzeichen (Hörmarke s. Bild 4), dreidimensionale Gestaltungen einschließlich der Form einer Ware oder ihrer Verpackung sowie sonstige Aufmachungen einschließlich Farben und Farbzusammenstellungen geschützt werden, die geeignet sind, Waren oder Dienstleistungen eines Unternehmens von denjenigen anderer Unternehmen zu unterscheiden" (§3(1)). Als traditionelle Markenformen gelten Wortmarken, Wort-Bildmarken und Bildmarken, zu den nicht traditionellen Markenformen zählen alle anderen wie auch Tastmarken, Hologramme oder Bewegungsmarken. Den Marken gleichgestellt werden zusätzlich die geschäftlichen Bezeichnungen und geographischen Herkunftsangaben. Kollektivmarken erlauben es mehreren unabhängigen Unternehmen, ein gemeinsames Zeichen zu benutzen. So gibt es z.B. die deutsche Kollektivmarke 39808637 „Nürnberger Rostbratwürste" vom Schutzverband Nürnberger Bratwürste e.V.. Die deutsche Kollektivmarke 2005571 „BADISCHER WEIN VON DER SONNE VERWÖHNT" wurde von der Weinwerbezentrale Badischer Winzergenossenschaften eG angemeldet (s. Bild 1.3).

Bild 1.3:Kollektivmarke BADISCHER WEIN

Die Marke schützt traditionell die Kennzeichnung der Ware oder Dienstleistung (gegebenenfalls auch die Form), während das Geschmacksmuster (Design) die Form der Ware schützt. Gegenüber einem Patent, das dem Inhaber eines neuen Produkts oder Verfahrens ausschließliche Rechte für einen bestimmten Zeitraum (in der Bundesrepublik Deutschland 20 Jahre) gewährt, kommt es bei der Marke nicht darauf an, ob das Produkt neu ist. Außerdem unterliegt der Markenschutz keiner zeitlichen Begrenzung. Der Markenschutz wird gewöhnlich für 10 Jahre gewährt und kann dann immer wieder verlängert werden. Wenn eine Marke benutzt wird, kann sie ewig leben.

Die Abbildung einer Hörmarke bedeutet einen Medienwechsel, und die Unmittelbarkeit geht verloren. Bei den ersten Anmeldungen gab es Zurückweisungen, weil das Notenbild oder Sonagramm nicht mit dem Klangbild übereinstimmte. Die Sonagramme, Darstellungen der Tonfrequenzänderung über die Zeit, waren außerdem nicht direkt lesbar, so dass man von ihnen abkam und Notenschrift für die Darstellung verwendet (s. Bild 1.4). Das ist insofern bemerkenswert, als bei Geruchsmarken eine chemische Formel oder der Name einer Substanz, hier "methyl cinnamate" als stellvertretend für einen Geruch nicht anerkannt wurde. Das zeigt wieder einmal ein Ungleichgewicht zwischen Natur- und Geisteswissenschaften in öffentlichen Wahrnehmung und eine technikfeindliche Einstellung der Gerichte: Noten soll der Bürger lesen können, Chemie durfte er in der Schule abwählen. Indessen dürfte aber auch das gesamte Kapitel Hörmarken abgeschlossen sein. Schwierigkeiten entstanden nicht nur bei der grafischen Darstellung, sondern auch beim Benutzungsnachweis. Wie soll man nach fünf Jahren einen Benutzungsnachweis für den Duft „Frisch geschnittenes Gras" führen? Die Markenämter hätten das von der Stasi der DDR lernen können, die gerne Duftproben von Verdächtigen einsammelte und sinnlos speicherte.

Bild 1.4: Hörmarke DE 39918414 der Telekom Deutschland GmbH

Bei den ersten 3D-Marken war das Deutsche Patent- und Markenamt (künftig immer als DPMA bezeichnet) sehr großzügig mit der Eintragung. Die Spruchpraxis des Patentgerichts hat deshalb im Laufe der Zeit Wildwuchs, Inflation und ungenügende Abgrenzung der 3D-Marke gegenüber dem Geschmacksmuster (ab 2015 Design) zurechtstutzen müssen. Ein Teil der Schwierigkeiten regelt sich allerdings von alleine durch den geringen Schutzumfang und das Freihaltebedürfnis. Zutaten wie der Michelin[1] - Mann sind unproblematisch, aber Grundformen, die identisch mit der Ware sind (z.B. Teller), können aus absoluten Gründen nicht geschützt werden.
Auch Farbmarken wurden im MarkenG neu geregelt. Wenn Buchstaben in einer bestimmten Farbe, also z.B. BP von British Petrol im bekannten Grün als Wort-Bildmarke geschützt werden, so verwundert das nicht. Wie ist es aber, wenn nur das BP-Grün geschützt werden soll? In den Vorveröffentlichungen zur Markeneintragung wird ein grünes Quadrat abgebildet, und die Frage ist, ob nun die

Farbe selbst oder das grüne Quadrat geschützt sind. Man kann auch nicht einfach die Farben RAL 1 018 (gelb) und RAL 9 005 (schwarz) schützen, meinte das DPMA. Der Amtliche Leitsatz des Bundespatentgerichts, Beschluss vom 27.11.1995 - W(pat) 132/95 lautet: "Die Markenfähigkeit von Farbkombinationen bezieht sich nur auf dadurch gekennzeichnete Aufmachungen. Einen abstrakten Schutz von Farbkombinationen schlechthin, also in beliebiger Zusammenstellung, eröffnet das Markengesetz nicht." Das Europäische Markenamt EUIPO in Alicante war zunächst großzügiger. Dann wurden auch die nationalen Ämter liberaler, um der Harmonisierungsdirektive für die Europäische Gemeinschaft zu genügen. Indessen werden die so genannten absoluten Farbmarken restriktiv eingetragen, aber in Umkehrung der üblichen Reihenfolge. Üblich bedeutet: der Anmelder meldet eine Marke an und versucht, sie bekannt bis berühmt zu machen. Bei der Anmeldung einer absoluten Farbmarke wird umgekehrt von den Ämtern bereits eine Marktbekanntheit gefordert. So kann das Gelb für die Post, Magenta für die Telekom und Rot für die Sparkasse usw. als Marke eingetragen werden, aber nur für ein exakt über international eingeführte Farbskalen wie RAL oder Pantone definiertes Gelb oder Magenta.

Durch die im Jahr 2016 in Kraft getretene neue Unionsmarkenverordnung haben sich Änderungen ergeben, deren Umsetzung zum Teil noch bevorsteht. Z.B. im Jahr 2017 erwarten uns folgende Änderungen: Die Bedingung der grafischen Darstellbarkeit entfällt.

Die Gewährleistungsmarke soll als neue Markenform eingeführt werden.

Die so genannten Benutzungsmarken entstehen ohne Eintragung, nur durch Benutzung. Sie müssen dafür innerhalb der beteiligten Verkehrskreise - nicht nur lokal - Verkehrsgeltung erlangt haben. Im Gegensatz zur Verkehrsdurchsetzung verlangt die Verkehrsgeltung nur einen Bekanntheitsgrad von ca. 25%.

1.1.2 Schutzhindernisse

Die Eintragbarkeit der Marken wird durch absolute und relative Schutzhindernisse eingeschränkt. Absolute Schutzhindernisse sind nach §8 MarkenG sinngemäß vereinfacht z.B.:
☐ mangelnde grafische Darstellbarkeit der Marke (entfällt)
☐ Fehlen jeglicher Unterscheidungskraft (Beschaffenheitsangaben, beschreibende Angaben)
☐ Freihaltebedürfnis von Zeichen und Angaben (z.B. Gelee für Gelee, Pille für Medikamente, Verkehrszeichen, Modewörter für bestimmte Waren)

---

[1]Der Michelin-Mann wurde 1998 hundert Jahre alt. Der Reifenmann heißt in Frankreich Bibendum, weil er 1898 auf einem Plakat aus einem Pokal Scherben und Nägel trank. Das Plakat trug die Aufschrift "Nunc est bibendum" - jetzt wird getrunken.

- ☐ ersichtliche Gefahr der Täuschung
- ☐ Verstöße gegen die öffentliche Ordnung oder gegen die guten Sitten
- ☐ Wappen, Flaggen von Staaten, Ländern und Gemeinden
- ☐ amtliche Prüf- und Gewährzeichen.

Auch fremdsprachliche Grußformeln, die in den deutschen Sprachgebrauch Eingang gefunden haben und für die umworbenen Abnehmerkreise nur eine allgemein Aufmerksamkeit beanspruchende Aussage darstellen wie CIAO, sind nach §8 Abs. 2 Nr. 1 und 3 MarkenG von der Eintragung ausgeschlossen (BPatG, Beschl. v. 15.5.1996).

Champagne für ein Parfüm von Yves Saint Laurent wurde gerichtlich verboten und die Marke gelöscht, weil dies eine bekannte geschützte und kontrollierte Ursprungsbezeichnung darstellt.

BEISPIELE für sittenwidrige Marken sind: **Arschlecken24** (BpatG 9.2.2011), **Schoasdreiber** für Spirituosen (BPatG 26 W (pat) 5/82), **Schenkelspreizer** (BPatG 26W (pat) 107/97) für Spirituosen. Als religiös anstößig galten: **Coran** für Arzneimittel (BPatG 25 W (pat) 394/84), **Messias** für Bekleidungsstücke (BPatG 27 W (pat) 85/92). Als politisch anstößig werden Zeichen zurückgewiesen, die den Staat, die Staatsform oder Staatsmänner verhöhnen oder herabwürdigen oder insbesondere verfassungswidriges Gedankengut enthalten (z.B. NS-Symbole).

Verstöße gegen die guten Sitten werden aber auch nach UWG § 1 verfolgt. Der BGH entschied am 18.5.1995 (IZR 91/93 KG): "Der Vertrieb von Likörfläschchen mit Etikettierungen, auf denen die Bezeichnungen "**Busengrapscher**" bzw. "**Schlüpferstürmer**" mit sexuell anzüglichen Bilddarstellungen von Frauen verbunden sind, verstößt gegen § 1 UWG, weil dadurch der - diskriminierende und die Menschenwürde verletzende - Eindruck der sexuellen Verfügbarkeit der Frau als mögliche Folge des Genusses des angepriesenen alkoholischen Getränks vermittelt wird."

Die Marke **Fucking Hell** für Helles Bier aus dem Ort Fucking (s. Bild 1.5) wurde jedoch nach längerem Rechtsstreit eingetragen.

Bild 1.5: Helles aus Fucking gemäß F.A.Z. vom 28.3.2010

Die relativen Schutzhindernisse nach §9 MarkenG besagen, dass eine eingetragene Marke gelöscht werden kann,

- ☐ wenn sie mit einer älteren Marke auch bezüglich der Waren und Dienstleistungen identisch ist,
- ☐ wenn Ähnlichkeit mit einer älteren Marke und den darunter geschützten Waren und somit Verwechslungsgefahr mit einer älteren Marke besteht und
- ☐ wenn sie einer älteren im Inland bekannten Marke ähnlich ist und die Unterscheidungskraft und die Wertschätzung dieser Marke ... ausnutzen und beeinträchtigen würde (vereinfacht) einschließlich der Gefahr, dass sie mit der älteren Marke gedanklich in Verbindung gebracht werden kann.

Inhaber von Marken können natürliche oder juristische Personen (vgl. §7 MarkenG) sein. Die Inhaberschaft ist nach dem neuen Gesetz nicht mehr an das Vorliegen eines die Marke deckenden Geschäftsbetriebs gebunden. Die Marke ist nun ein eigenes Vermögensrecht, das belastet, verpfändet, in die Zwangsvollstreckung einbezogen werden und als Kreditsicherung eingesetzt werden kann.

Nach §§10, 12, 13 und 15 MarkenG gibt es noch weitere Schutzhindernisse, z.B. Namen, Firmen, Titel.

1.1.3 Markenfunktionen

Welche Funktionen erfüllt die Marke?

- Die Marke unterscheidet Waren und Dienstleistungen von denen anderer Unternehmen (Unterscheidungsfunktion). Durch die Eintragung einer Marke erhält der Inhaber ein Verbietungsrecht gegenüber jedem, der mit ähnlichen oder gleichen Kennzeichnungen auf ähnlichen oder gleichen Märkten operiert.
- Die Marke garantiert die Güte eines Produkts, verbunden mit dem Fortschritt von Technik und Forschung (Garantie- und Vertrauensfunktion) sowie
- dessen gleiche oder bessere Beschaffenheit (Qualitätsfunktion)
- und möglichst weite Verbreitung (Ubiquität).
- Die Marke ermöglicht die Erkennung und Wiedererkennung eines Produkts (Identifizierungs-, Werbe- und Herkunftsfunktion).
- Die Marke erleichtert das Sortieren der Angebote und die Kaufentscheidung (Orientierungsfunktion).
- Die Marke ist über die Kontrollierbarkeit auch ein Instrument des Verbraucherschutzes (Transparenz- und Versicherungsfunktion).
- Die Marke kann die Persönlichkeit des Käufers bestätigen oder stärken (Personalisierung, snob value) und kann eine spielerische Funktion ausüben, wenn es viele Marken zur Auswahl gibt und Abwechslung risikolos ist.

Die Marke identifiziert und kommuniziert (Fezer). Das Markierungsrecht, Vermarktungsrecht und Werberecht sind gleichberechtigte Rechte.

Das Verbietungsrecht der Marke ist sehr weit reichend. Wer einer Ware einen Namen gibt und es versäumt, sich diese Bezeichnung als Marke eintragen zu lassen, kann selbst dann, wenn sich die Ware unter diesem Namen gut verkauft, grundsätzlich keinen Schutz gegenüber Konkurrenten beanspruchen, die sich des Warennamens bemächtigen und die Marke für sich eintragen lassen. Nur ausnahmsweise erhält der schutzlose Vorbenutzer Schutz, nämlich dann, wenn durch eine fremde Markeneintragung eine unzulässige Behinderung vorliegt (Urteil des OLG München 29 U 4316/95 Türkischer Reis; Blick d. d. Wirtsch. 26.8.96).

Die Bedeutung der Marken nimmt ständig zu, wie sich leicht an nachstehender Tabelle ablesen lässt. Der Gesamtbestand deutscher nationaler Marken belief sich im Dezember 2015 auf 797223 Registrierungen. Der positive Trend gilt auch für die IR-Marken und die Unionsmarke.

	1988	1993	1996	2013	2015
Neuanmeldungen Marken	29701	38206	51671	60161	69130
davon Dienstleistungsmarken	3491	6351			
Eintragungen Marken	15753	26540	31652	43507	65676
Noch nicht erledigt zum Jahresende		59440	93414		

Anmeldungen und Eintragungen von deutschen Marken
(Quelle: Blatt für Patent-, Muster- und Zeichenwesen, 1997, H3, S.111; www.dpma.de/docs/service/jahresberichte/dpma_jb)

1.1.4 Markenbegriffe

Zur Begriffsklärung verschiedener Markenbegriffe (s. Dichtl, S. 12) stellt man sich am besten eine Hierarchie vor, ganz unten eine Type oder Produktbeschreibung, ganz oben die Unternehmensmarke:

Hierarchie-stufe	Erläuterung	Beispiele
Unternehmens-marke	meist zugleich Firmenname	BASF, Dr. Oetker, Henkel, Unilever,
Garantiemarke	alte Marken haben sich zu Gütesiegeln entwickelt	Dr. Oetker, Nestlé, Knirps, TESA
Dachmarke	unterschiedliche Linien /Produkte zusammengefasst	Allianz, BMW, Canon, Nivea, Maggi, TUI, Volvo, 1 im Kreis bei ARD
Familienmarke	Linien/Produkte mit Eigenmarke	Odol, Vitalis
Sortiments-marke	breites Produktangebot unter einer Marke plus Produkt-Beschreibungen	Dr. Oetker (Pudding, Götterspeise, Backmischung), Pattex (Kraftkleber, Sekundenkleber, Montagekleber), airtours
Linien-marke	mehrere sich ergänzende Produkte unter einer Marke	Calgon (Enthärter, Geschirrspüler, Klarspüler), Chanel, Dior

Hierarchie-stufe	Erläuterung	Beispiele
Monomarke	ein eindeutiger Name pro Produkt	Nutella, RIMOWA, La vache qui rit
Marken-Suffix	Zusatz zu einer höher stehenden Marke	Maggi Suppen Mahlzeit, Mercedes R-Klasse, SONY ICF-SW1E
Type oder Produkt-beschreibung	Meist alphanumerische Codes mit verdeckter oder erkennbarer Bedeutung	Früchte-Müsli, Mercedes R 320 CDI 4Matic, NOKIA 6070,

Die Bezeichnungen sind jedoch nicht scharf definiert und werden unterschiedlich verwendet.

1.2. Wie verwenden wir Marken richtig?

Die Marke als Eigenname eines Produkts oder einer Dienstleistung soll auffallen. Sie soll sich immer deutlich vom sie umgebenden Text und auch von einem Gattungsbegriff abheben. Das Hervorheben der Marke geschieht z.B. durch eine andere Schreibweise wie GROßBUCHSTABEN, *kursiv* oder **fett** und/oder durch eine andere Farbe. Jede registrierte Marke sollte stets durch ein ® gekennzeichnet werden. Eine Marke sollte - allein im Hinblick auf geforderte Benutzungsnachweise - immer in der Form benutzt werden, in der sie geschützt ist.

Mithin gilt	Falsch	RICHTIG
Korrekte Schreibweise	Catallium	catALLium®
Kein Zusatz von Artikeln	das Aerosil	AEROSIL®
Keine Deklination	DEGALANE	DEGALAN® Formmassen
	des Mini Coopers	des Typs MINI Cooper®
	des Multinits	von MULTINIT®
Keine Konjugation als Verb	melonieren, melonizing, meloniting (es sei denn, diese Begriffe seien als Marke registriert);	Nitrieren mit (dem cyanidfreien Salzbad) MELONITE®

Mithin gilt	Falsch	RICHTIG
Keine Verwendung als Adjektiv	Wacker Produkte	WACKER®-Produkte oder Produkte von WACKER
Kein Zusatz von Gattungsbezeichnungen	Printexruße	Printex® - Gasruße oder Furnaceruße
Keine Übersetzung des Markennamens	VOSSEN® blue	VOSSEN-BLAU®
® muss unmittelbar hinter der Marke stehen	ULTRASIL 3370 GR®	ULTRASIL® 3370 GR

Eine Marke soll nicht eng zusammen mit dem Firmennamen benutzt werden, es sei denn, der Firmenname ist Bestandteil der Marke.

Beispiel: falsch wäre „SURIG Speyer&Grund" oder „SURIG® Speyer&Grund".

Eine solche Angabe schwächt die Marke, weil beim Verbraucher der Eindruck entstehen kann, dass SURIG auch von anderen Unternehmen hergestellt werden kann. Dies gilt natürlich auch dann, wenn der Firmenname selbst eine Marke darstellt: HENKEL® PERSIL®. Die Anhäufung von zwei Marken ist im obigen Sinne also nicht ratsam, aber rechtlich unbedenklich. Gefährlich wird es erst - zumindest in Deutschland - wenn drei oder mehr Marken auf einer Verpackung nebeneinander angebracht werden, beispielsweise beispielsweise die Marke der Mutter Procter&Gamble, der Tochter BRAUN und des Produkts ORAL B als „Procter&Gamble Braun Oral-B Center ProfCare3000" (wie zeitweilig von Exclusiv-Home GmbH im Internet angeboten). Dann gilt keine der drei Marken als rechtserhaltend benutzt. Die Rechtsprechung möchte damit verhindern, dass ganze Lieferprogramme gewissermaßen pauschal geschützt werden. Manche Firmen umgehen diese Gefahren, indem sie die ganze Verpackung als Bildmarke schützen.

Die Marke soll zur Kennzeichnung der unter ihrem Namen geschützten Waren möglichst nahe an der Ware angebracht sein. Es versteht sich von selbst, dass es dabei große Unterschiede gibt. Während die direkte Anbringung der Marke auf Textilien oder Schuhen leicht möglich und auch üblich ist, gilt dies nicht für große Möbel. Während goldene Schreibfedern oder 1g-Plättchen von Dentallegierungen jede für sich die Marke zeigen, werden andere Kleinteile nur auf der Verpackung mit der Marke versehen. Bei Gasen (z.B. Erdgas), Flüssigkeiten (z.B. Essig) und Pulver (z.B. Mehl) bedarf dies keiner weiteren Erklärung. Bei größeren Warenmengen ist die Marke folgerichtig auf Fässern, Säcken, Druckbehältern, auf Tankwagen oder Bahnwaggons angebracht.

Wenn auch die Marke möglichst nahe an der Ware angebracht wird, so findet die Begegnung zwischen Marke und Käufer doch nicht erst vor der Ware, sondern viel früher, in den Medien, auf dem Regal, Ständer, im Laden, im Katalog statt. Deshalb wird die Warennähe der Markierung für die rechtserhaltende Benutzung der Marke heute nicht mehr ganz so eng gesehen.

1.3 Symbole für Schutzrechte. Was hat es mit dem ® auf sich?

Die geographischen Herkunftsangaben g.g.A.. g.U. oder g.t.S. werden in Deutschland für Agrarerzeugnisse und Lebensmittel nach einem aufwändigen Verfahren vergeben und genießen einen europaweiten Schutz. „Geschützte geographische Angabe (g.g.A.)" gilt für Produkte, die aus einer begrenzten Region kommen und durch die Herkunft wenigstens eine besondere Eigenschaft oder ein besonderes Renommee haben. Beispiel: Thüringer Rostbratwurst. Verwirrend ist, dass g.g.A. tschechisch CHZO, englisch PGI, spanisch, französisch und italienisch IGP angegeben wird. Es gibt aber übereinstimmend ein blaugelbes Logo mit zackenumrandeten Kreis.

„Geschützte Ursprungsbezeichnung (g.U.)" unterliegt strengeren Kriterien. Alle Verfahrensschritte von Erzeugung bis Verarbeitung der Produkte erfolgen in einem Gebiet. Beispiel: Altenburger Ziegenkäse.

„Garantiert traditionelle Spezialität (g.t.S.)" wurde bisher nur wenigen Produkten verliehen, nachdem sie nachgewiesen hatten, dass sie aus traditionellen Rohstoffen über traditionelle Rezepte oder Verfahren hergestellt werden. Beispiele: Belgisches Kriek Bier, Mozzarella Käse, Serranoschinken.

Der Zusatz ® darf vor oder besser hinter einer Marke nur dann angebracht werden, wenn die Marke nach Ablauf der Widerspruchsfrist rechtskräftig eingetragen ist. Diese Kennzeichnung kommt aus den USA, wo das ® für "**R**egistered Trade Mark" verwendet wurde. Wegen seiner Prägnanz hat sich das ® weltweit durchgesetzt und damit andere Kennzeichnungen wie "Schutzmarke", "Eingetragenes Warenzeichen" oder auch ™ für Trade Mark und sm für Service Mark ersetzt.

TM (und sehr selten SM) dient heute nur noch als Hinweis darauf, dass die Marke (noch) nicht registriert ist, oder nicht registriert werden kann. Die Kennzeichnung soll jedoch potentielle Benutzer der Bezeichnung abschrecken und darauf hinweisen, dass diese Kennzeichnung im Markt beansprucht oder verwendet wird. Im Urteil 1 HK O 1755/03 vom 23. Juli 2003 entschied das LG München: Die Verwendung des Zeichens ™ ist in Deutschland irreführend, weil ein nicht unerheblicher Teil der deutschen Verkehrskreise glaubt, das Zeichen stehe für eine ausländische eingetragene Marke.

Die Gerichte in manchen Ländern gewähren nur dann einen Schutz gegenüber Markenmissbrauch, wenn zweifelsfrei erkennbar ist, dass die sich verteidigende Marke auch eingetragen ist. Deshalb sollte das ® auf jeder Aufmachung eines Produkts angebracht werden, also möglichst direkt auf allen Verpackungen oder wenigstens auf Etiketten. Wird das gleiche Produkt in mehreren Ländern der Europäischen Union verkauft, ist es ausreichend, in einem dieser Länder die Registrierung erlangt zu haben (Fall EJC C-238/89). In allen Druckschriften ist jede Marke mindestens bei der ersten Erwähnung mit ® zu versehen. Die Bedeutung des Zeichens sollte in einer Fußnote erklärt werden: ® = eingetragene Marke von *Firmenname*.

<u>Die hochgestellte 1 im Kreis</u> ist ein Spezialfall einer Dachmarke bei der ARD, also des 1. Fernsehprogramms und soll eine gewisse Exklusivität oder ein Gütesiegel suggerieren. Das Zeichen wird immer dann eingesetzt, wenn ein ARD-Sender gemeinsam mit der ARD-Dachmarke oder dem „Ersten" auftritt.

<u>Das © für Copyright</u> stammt aus dem angloamerikanischen Rechtskreis und dient dazu, auf den Urheberschutz an einem „Werk" hinzuweisen. Da in Deutschland das Urheberrecht eines Werks mit der Schöpfung entsteht (s. §2 UrhG), ist eine Kennzeichnung nicht nötig, hat aber Vorteile im internationalen Rechtsverkehr. Das © sollte dann ergänzt werden durch den Rechtsinhaber und das Jahr der Erstveröffentlichung.

<u>Copyleft</u> oder das nach links gespiegelte C im Kreis lehnt sich an das © an und wird vor allem bei Software benutzt. Über Aussage und rechtliche Wirkung wird noch gestritten.

<u>Creative Commons</u> oder das doppelte C im Kreis zeigt - im genauen Gegensatz zum © - vor allem den Verzicht auf etwaige Lizenzgebühren an und verweist auf die bei der Benutzung einzuhaltenden Bestimmungen.

<u>Das P im Kreis</u>, ergänzt durch das Datum der Erstveröffentlichung, kennzeichnet das Urheberrecht an Tonträgern. Es geht auf Artikel 5 des Genfer Tonträgerabkommens von 1971 und Artikel 11 des Rom-Abkommens von 1961 zurück. Das P im Kreis sollte unbedingt auf Tonträgern und ihren Hüllen angebracht werden.

Wenn das P im Kreis von einem Viereck umrahmt wird, ist es ein Pflegesymbol für Kleidung und bedeutet, dass bei der chemischen Reinigung Schwerbenzin verwendet werden kann. Ein Strich unter dem P im Kreis verweist auf die Notwendigkeit einer besonders schonende Reinigung hin.

Tonträger sollten also möglichst nicht zwischen die Wäsche gelegt und in die chemische Reinigung gegeben werden.

"Ges. gesch." oder „gesetzlich geschützt" soll auf bestehende Schutzrechte verweisen und ist veraltet bzw. ungenau. International ist der Zusatz „patented" bzw. „registered" besser, was aber auf Nachfrage zu beweisen ist.

1.4 Markenstrategien

Bei einem großen Markenbestand ist es sinnvoll, sich Gedanken über eine Markenstrategie zu machen. Bevor Strategien entwickelt werden können, sollte jedoch Klarheit über die Konzeption der Markenbilder herrschen. Günter Wiswede (in Dichtl, S.88) hat hierzu folgende Grundsätze vorgeschlagen:

1. Innovation und Spezifität

Marktnischen finden, nicht zu schnell Sättigung vermuten

2. Prägnanz und Unverwechselbarkeit

Tendenz zur Vereinfachung, Klarheit, Stärke

3. Attraktivität

Eigenschaftszentriertes Denken durch nutzen- und belohnungsorientiertes ergänzen oder ersetzen

4. Kompetenz und Glaubwürdigkeit

Verbindung mit dem Leistungsprofil des Unternehmens

5. Konsistenz und Kongruenz

Innere und äußere Stimmigkeit

Konsistenz = Sachverhalte und Kommunikation stimmen überein

Kongruenz = Einheit von Firmen-, Produkt- und Werbestil

6. Konstanz und Kontinuität

Nicht ermüdende Gleichartigkeit, sondern Abwechslung und Originalität im Rahmen der Langfriststrategie dienend einsetzen.

Eine Strategie schafft Ordnung, verhindert Wildwuchs und spart Kosten bei der Anmeldung, Verteidigung und Verwaltung der Marken. Nachstehend eine tabellarische Übersicht über einige Möglichkeiten:

Ausrichtung der Strategie auf	Auswirkung / Beispiele	+: Vorteile - : Nachteile
Einzelne Produkte	für jedes Produkt eine eigene Marke	+: Individuelle Produktkarriere wird gefördert +: Bei Flop kein Rufschaden für ganze Firma
	oder sogar mehrere Marken für ein Produkt	+: Preisgefälle zwischen verschiedenen Branchen nutzbar +: Verstärkte Kundenbindung -: Markenverwaltung und Marketing aufwendig

Ausrichtung der Strategie auf	Auswirkung / Beispiele	+: Vorteile -: Nachteile
Produktgruppe	Linien- oder Sortimentsmarken für verwandte Produkte, evtl. mit untergeordneten Produktmarken Beispiel: Durferrit mit QPQ, REG1, TF1 usw.	+: Gute Übersichtlichkeit +: Preiswerte Markenverwaltung -: Stars fallen nicht besonders auf, Underperformer werden mitgeschleppt und schädigen u.U. die Gesamtmarke
Segment oder Geschäftsbereich oder ganze Firma	Markennamen haben Stammsilben. Beispiele: LUWA für Chemikalien der BASF (Ludwigshafen) DEGU für Degussa (Dental) HOSTA für Hoechst	+: Betonung der Authentizitäts-, Herkunfts- und Garantiefunktion der Marke; Bedeutendes Unternehmen bietet Sicherheit +: Appell an Kunden: Kaufe alles aus einem Hause +: Sehr preiswerte Markenführung, effektive Verteidigung eines Markenblocks -: Langweilige Namen, die kaum Zusatzinformation oder Assoziation zulassen -: Nachahmer werden angelockt und verwenden die gleichen Nachsilben -: Flops oder gar Skandale schlagen auf die ganze Firma durch
Wettbewerb	Ausrichtung an Namen der Wettbewerbsprodukte	-: Preisvergleiche werden geradezu heraufbeschworen, Qualitätsunterschiede gehen unter -: Verwechslungsgefahr, mangelnde Differenzierung
Kunden	Markennamen werden so gewählt, dass sie dem Kunden angenehm auffallen: originelle Namen, mehr Bildmarken, erste Klangmarken. Anstelle vergleichbarer Katalogartikel oder Zwischenprodukte individuelle Problemlösungen als Markenartikel	+: Starke Kundenbindung +: Einsparpotential durch Wegfall von Operationen, die der Kunde gar nicht braucht (Reinigung, Trocknung, Bleiche, Standardverpackung usw.) +: Gemeinsame Markenentwicklung mit Kunden möglich -: Relativ aufwendige Markenverwaltung -: Gefahr des Abgleitens ins Unseriöse
...	...	...

1.5 Berühmtheit - höchstes Ziel und Gefahr

An berühmten Marken scheiden sich die Geister. Nur Bildungsoptimisten, Entrückte oder Spötter können behaupten: "Wer **Colgate** nicht als Golgatha liest, ist ein ungebildeter Konsument".

Der Wert einer Marke kann beträchtlich sein, weil er kontinuierlichen wirtschaftlichen Erfolg repräsentiert. Die Marktforschungsinstitute Millward Brown und Interbrand ermitteln jährlich die weltweit höchsten Markenwerte und stellen **Listen der wertvollsten Marken der Welt** zusammen. Interbrand gab erstmals

1988 eine solche Liste heraus. Der Wert einer Marke wird nach einer Formel berechnet, in der Umsatz, Profitabilität und angenommenes Wachstumspotential vorkommen. Die Werte sind im Jahresvergleich insofern vergleichbar. Seit 2001 erscheint jährlich eine aktualisierte Liste der „Best Global Brands". Die jeweils aktuelle Liste kann im Internet abgefragt werden. Der objektive Wert einer Marke ergibt sich jedoch praktisch über Angebot und Nachfrage. Zur einer anderen, relativ einfachen Ermittlung des Markenwerts verweisen wir auf Kapitel 8.4.

Rang	Marke	Wert in Mrd. $	Veränderung gegenüber 2015 in %
1	Apple	178119	+ 5
2	Google	133252	+ 11
3	Coca Cola	73102	- 7
4	Microsoft	72795	+ 8
5	Toyota	53580	+ 9
6	IBM	52500	- 19
7	Samsung	51808	+ 14
8	Amazon	50338	+ 33
9	Mercedes Benz	43490	+ 18
10	General Electric	43130	+ 2
11	BMW	41535	+ 12
12	Mc Donalds	39381	- 1
13	Disney	38790	+ 6
14	Intel	36952	+ 4
15	Facebook	32593	+ 48

Die 15 wertvollsten Marken 2016
Quelle: interbrand.com – Best global brands 2016 - auszugsweise

Mitunter übersteigt der Wert einer Marke bei weitem den Wert aller Fertigungsanlagen, wie beispielsweise bei Coca Cola, Bei Käufen und Verschmelzungen von Firmen (acquisition & mergers) zeigt sich immer wieder, dass der Wert der Marken erheblich zum Firmenwert beiträgt. Drei Beispiele[2]:
 1. Als Bayer 2014 von der amerikanischen Merck das Geschäft mit Pflegeprodukten und Generika für 11,2 Mrd. € erwarb, entfielen 5,4 Mrd. € oder 48% des Kaufpreises auf die Marken CLARITIN, COPPERTONE, AFRIN, Dr. Scholl's.

---

[2] Die Marke – der unbekannte Schatz, F.A.Z., 6.9.2016, S. 22 (Interview mit Tankred Vogt, Brandstock)

2. Als Audi 2012 den Motorradhersteller Ducati für 747 Mil. € kaufte, entfielen davon 54% auf die Marke.
3. Als der Modehersteller Tom Tailor 2012 die Marke BONITA für 237 Mil € erwarb, waren es sogar 79%.

Nach Aaker (1992 S. 30-34) fußt der Markenwert auf folgenden fünf Kategorien, deren Gewicht jedoch von Marke zu Marke unterschiedlich sein kann:

1. Markentreue der Kunden,
2. Bekanntheit des Namens,
3. angenommene Qualität,
4. weitere Markenassoziationen sowie
5. andere Markenvorzüge wie Patentschutz, Alter der Marke, Absatzwege usw.

Auf den Markenwert kommen wir in Kapitel 8.4 zurück.

Eine gute Marke hat sowohl Vorteile für Kunden, als auch für das Unternehmen, das die Marke besitzt.

Die Vorteile für den Kunden bestehen darin, dass dieser eine Sortier-und Entscheidungshilfe bei der Verarbeitung und Interpretation der auf ihn einstürzenden Informationsflut erhält (Orientierungsfunktion). Die bekannte Marke verringert das Risiko, eine minderwertige Qualität zu kaufen. Sie bewirkt Zuversicht aufgrund früherer Erfahrungen oder wegen der Vertrautheit mit der Marke. Schließlich kann eine gute Marke über die Qualität der Waren im Verein mit Assoziationen, die die Marke auslöst, die Kundenzufriedenheit erhöhen. Dieses Gefühl hat die Werbung treffend mit dem Satz "Zu wissen, dass es Platin ist!" beschrieben.

Sigmund Freud beschreibt die Furcht vor dem Neuen und nebenbei, wie diese Furcht die Treue zu einer bekannten Marke fördert:

"Wenn sich der Säugling auf dem Arm der Pflegerin schreiend von einem fremden Gesicht abwendet, der Fromme den neuen Zeitabschnitt mit einem Gebet eröffnet, aber auch die Erstlingsfrucht des Jahres mit einem Segensspruch begrüßt, wenn der Bauer eine Sense zu kaufen verweigert, welche nicht die seinen Eltern vertraute Fabrikmarke trägt, ist die Verschiedenheit dieser Situationen augenfällig, und der Versuch scheint berechtigt, jede derselben auf ein anderes Motiv zurückzuführen. Doch es wäre unrecht, das ihnen Gemeinsame zu verkennen. In allen Fällen handelt es sich um die nämliche Unlust, die beim Kind elementaren Ausdruck findet, beim Frommen kunstvoll beschwichtigt, beim Bauern zum Motiv einer Entscheidung gemacht wird. Die Quelle dieser Unlust aber ist der Anspruch, den **das Neue** an das Seelenleben stellt."

Die Vorteile für den Markeninhaber leiten sich aus den Vorteilen für die Kunden ab. Die Qualitätsgarantie des Markenartikels ist wie eine Versicherung, für die der Anbieter eine Prämie fordern kann. Diese Prämie in der Form eines höheren Preises erhöht die Gewinnspanne. Damit ist der Markenbesitzer in der Lage, Gewinne zu reinvestieren, die Qualität, die Absatzwege u.a. weiter zu verbessern und den Wettbewerbsvorsprung weiter auszubauen. Marketingmaßnahmen erhalten so eine höhere Zugkraft, Markenerweiterungen haben höhere Erfolgschancen. Größerer Erfolg schließlich wirkt sich positiv auf die wertsteigernden Faktoren Markentreue, Bekanntheit, angenommene Qualität, positive Assoziationen und damit wiederum auf den Erfolg aus.

„Mit starken Marken werden positive Emotionen und Gefühle verknüpft, mit schwachen hingegen negative. Ohne Markenkraft gibt es keine wirksame Markendehnung (d.h. Ausweitung der Marke auf neue Waren und Dienstleistungen). Schwache Marken strahlen nicht aus"[3] Ob eine starke Marke ist, loten Sasserath und Munzinger[4] anhand folgender vier Kriterien aus:

Wird die Marke als nützlich erlebt?
Ist das Markenerlebnis interessant und damit auch die Marke?
Hebt die Marke sich von ihrem Umfeld ab und erlangt somit Einzigartigkeit?
Werden die Markenerlebnisse in ihrer Gesamtheit widerspruchsfrei erlebt?

Der Massenpsychologe Gustave Le Bon stellte fest, dass eine Masse zur Selbstvermehrung neigt, sobald sie einmal eine bestimmte Größe erreicht hat. Masse zieht Masse an, heißt es in der Physik; ein Kreis zieht seine Kreise, sagen die Soziologen. "Ursache und Wirkung werden austauschbar: Auf dem Markusplatz sind deshalb so viele Touristen, weil dort so viele Touristen sind" (Brandmeyer). Die Selbstvermehrung einer Marke braucht nicht mehr Fremdenergie als vorher, denn sie entwickelt eine eigene Wachstumsenergie. Die kritische Größe zur Selbstvermehrung wird aber nur dann erreicht, wenn das Markensystem - also das Produkt, seine Leistung, seine Gestaltung, die Betreuer, die Werbung usw. - in sich geschlossen, selbstähnlich und gesund ist. So entsteht "Vertrautheit gegenüber Markengestalten; und nur aus dieser Vertrautheit entsteht Vertrauen. Am Ende sogar blindes Vertrauen, die schönste und profitabelste, allerdings auch empfindlichste Form der Kundenbeziehung." (Brandmeyer).

Die Marken **Bugatti**, **Blancpain** und **Fabergé** konnten eine Weile ganz ohne Produkte weiterleben, so berühmt waren sie. Berühmte Marken ermöglichen sogar symbolische Aussagen. Im Filmklassiker "Casablanca" erfährt Nachtklubbesitzer

---

[3] Franz-Rudolf Esch in „Marke und Markendehnung", Marke 10, S. 33-34, Deutsche Standards, Hsg. Florian Langenscheid 2012
[4] Marc Sasserath, Uwe Munzinger in „Marke und ihr Wert", S. 88, Deutsche Standards, Hsg. Florian Langenscheid 2012

Rick (Humphrey Bogart), dass der Polizeichef seine Abneigung gegen den Faschismus (das Vichy-Regime) teilt: Capitaine Renault wirft eine **Vichy** Wasserflasche in den Papierkorb.

Eine erfolgreiche Marke beschert immer größere Erfolge. Daraus erklärt sich der enorme Eigenwert der berühmten Marken in der vorangehenden Tabelle. Und deshalb widmen wir auch der Namensfindung einen so breiten Raum.

Die Schöpfer einer langlebigen Marke können zu Recht stolz sein, einerseits auf den offensichtlich glücklich gewählten Namen, andererseits auf den wirtschaftlichen Erfolg, der durch die Marke repräsentiert wird und schließlich auf die zusätzliche Wertschöpfung, die sich im Eigenwert der Marke zeigt. Der Weg von der Anmeldung zur bekannten bis zur berühmten Marke kann lang sein. Ungerechterweise ist aber am langersehnten Ziel nicht jede Gefahr überstanden. Die berühmte Marke darf nicht Bestandteil des Sprachschatzes werden, wie z.B: Cellophan, Escalator, Thermos, Yo-Yo oder Kerosin. Faustregel: Sobald die Marke als Wort im Duden auftaucht, wird es gefährlich. Aber die Gefahr ist abwendbar. Nach §16 MarkenG kann der Markeninhaber verlangen, dass der Verleger eines Nachschlagewerks - spätestens bei der nächsten Auflage - einen Hinweis beifügt, dass es sich um eine eingetragene Marke handelt. **Frigidaire** von General Motors z.B. heißt englisch und französisch Kühlschrank. Nun könnte ein Freihaltebedürfnis gelten. Viele verwenden **Foen** als Synonym für Haartrockner, ohne zu wissen, dass Foen eine Marke der AEG ist. Wenn wir ein kleines Kassettentonbandgerät meinen, sagen wir Walkman, und viele wissen nicht, dass die Marke **walkman®** der Firma Sony gehört. Damit der Taschenschirm **Knirps** nicht zum Gattungsbegriff wird, hat man zur Markenaktualisierung und als Qualitätssiegel einen roten Punkt beigefügt. Wenn heute jemand Obst einweckt, meint er, dass er die Früchte haltbar in Gläsern der Firma **Weck** oder in anderen "Weckgläsern"(falsch). unterbringt.

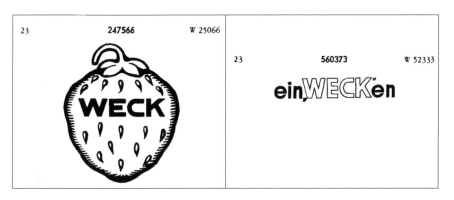

Bild 1.6: Marken der Firma Weck

Die Inhaber der Marken **Tempo**-Taschentuch und **Plexiglas** müssen die Verbraucher allmählich darauf hinweisen, dass es sich bei diesen Wörtern nicht um freie umgangssprachliche Bezeichnungen, um Gattungsbegriffe, sondern um geschützte Marken handelt. Da die Presse oft sehr sorglos mit Markennamen umgeht, muss der Inhaber notfalls durch Inserate auf die geschützten Marken hinweisen. In ihrem WECK®-Einkochbuch zeigt die Firma Weck in hervorragend korrekter Weise, wie man das macht:

"Für die Firma WECK sind seit Jahrzehnten als Warenzeichen rechtlich geschützt das "WECK"-Erdbeerzeichen und die Worte "WECK" und "Einweck". Daraus folgt: nicht jedes Einkochglas ist ein WECK®-Glas und nicht jeder Einkochtopf ein Einweck®-Topf. Von WECK-Gläsern, Einweck-Töpfen, WECK-Ringen, Einweck-Thermometern usw. darf daher nur gesprochen werden, wenn diese Einkochgläser und -geräte von der Firma WECK stammen und das WECK®-Erdbeerzeichen bzw. das Wortzeichen WECK® tragen." (J.Weck GmbH u. Co 1986)

Aber so weit sind wir hier noch lange nicht. Wir wollen, aufgeweckt, erst einmal neue Namen finden.
Hierzu gibt es mindestens drei Möglichkeiten:
1. Neue Namen finden lassen (z.B. bei den Firmen Brandstock in München, Nomen in Düsseldorf, Solutions in Hamburg oder bei den Autoren),
2. Namen kaufen (z.B. von Firmen oder der Warenzeichen & Marken Börse, Letteallee 11 in 13409 Berlin) und
3. Selbst aktiv werden. Wie? Das beschreibt das dazu weiter unten folgende Kapitel ausführlich.

1.6 Markenallianzen

Wir beobachten immer häufiger, dass Markeninhaber zusammenarbeiten. Dabei kann
     eine junge oder noch relativ unbekannte Marke die Unterstützung einer bekannten Marke suchen (z. B. Ingredient Branding),
     eine bekannte Marke - nicht ganz uneigennützig- einer unbekannteren Marke zum Durchbruch verhelfen (z. B. Inverses Ingredient Branding),
     eine bekannte Marke mit einer anderen bekannten Marke kooperieren (z. B. Co-Branding, joint venture),
     eine Marke jemand zur Nutzung überlassen werden (z. B. Markenlizenz).
Die Zusammenarbeit kann zwischen Herstellern, zwischen Hersteller und Handel, kann horizontal oder vertikal erfolgen. Jede Kombination ist anzutreffen.

In allen Fällen wird Synergie angestrebt, d.h. gemeinsam erhofft man sich mehr als einzeln, und zwar mehr als additiv. Im Fall der Marke VERHÜLLTER REICHSTAG (Bild 1.7) haben wir es wahrscheinlich mit einem Vorstadium von Co-Branding zu tun. Der Aktionskünstler Christo bot seinen Bekanntsheitsgrad den Herstellern von Bekleidung und Schuhen an.

Date de dépôt: 23 mars 1995   **426681**

Christo Javacheff, 48 Howard Street,
New York (NY 10013), Etats-Unis d'Amérique

Mandataire: Inteltech SA, 21 rue de l'Evole,
2000 Neuchâtel

VERHÜLLTER REICHSTAG

Produits et/ou services groupés par classes int.:
25 Vêtements, chaussures, chapellerie.

Schweizerisches Handelsamtsblatt v. 20. 8. 1996, Seite 5027

Bild 1.7: Verhüllter Reichstag

Nachfolgend einige unvollständige Beispiele (u.a. von Binder), die nicht repräsentativ sein können, weil die Grenzen fließend und die Allianzen veränderlich sind.

Co-Branding	Ingredient Branding	Markenlizenz	Joint Venture
VISA-Lufthansa	Stainmaster	Davidoff-Reemtsma	Mövenpick-Bauer Yoghurt
Philips-Alessi	Nutrasweet	Camel Boots-Salamander	Benetton-Junghans
Nintendo-Langenscheidt	Intel inside	Adidas Kosmetik-Astor	Calvin Klein-Stefanel
Sega-TDK	Cerdec on top		
Allianz-Baedeker	Shimano		
Ariel-Bauknecht			
Mövenpick-Darboven			
Bahncard-Visa-CityBank			
Bacardi-Lipton			
Wasa-Du darst			
Schiesser-Ariel Futur			
Bacardi	-Cola		
Goodyear	-Mercedes		
Valensina	-Tetra Pak		

Nesquick Trunk-Frischli Milchwerke
Natreen - Range (Odenwald, Krings, ...)

| Mövenpick | ←--------------------------------→ | Schöller Eiskrem |
| Feinkost Käfer | ←--------------------------------→ | Freiberger Pizza |

1.6.1 Co-Branding

Das Wort Branding kommt vom Stempeln der Rinder mit Brandzeichen, und unter Co-Branding versteht man heute das gemeinsame Vermarkten von Marken. Dabei werden Produkte unter einem gemeinsamen Aspekt zusammengebracht, z.B. Textilien von **Schiesser** und Waschmittel **Ariel** (Aspekt Pflege/Werterhaltung) oder Knäckebrot **Wasa** mit Margarine **Du darfst** (Aspekt energiearme Ernährung). Die Zusammenarbeit der Marken kann noch weiter gehen und bis zur Verschmelzung von Produkten führen wie z.b. bei **Bacardi-Lip** aus Rum von Bacardi und Eistee von Lipton (Bild 1.8). 2016 feierten die Marken LOGOCLIC (laminat-Bodenbeläge) und swingcolor (Wandfarben) ihr Jubiläum im Bauhaus mit einer Verlosung des FIAT 500.

Bild 1.8: Co-Branding Bacardi – Lipton

Fairtrade, das Siegel für Fairen Handel, startete im März 2014 eine internationale Markenkampagne unter dem Motto "The Power of You". Die Kampagne wird im Co-Branding gemeinsam mit ausgesuchten Lizenzpartnern realisiert. Zum Start erschienen Plakatmotive mit den Marken **Café Intención** von J.J.Darboven, **Ben & Jerry's** aus dem Hause Unilever sowie dem Fruchtsafthersteller **Pfanner**[5].

Wie Co-Branding praktisch abläuft, zeigt sich besonders plastisch im Markt für die Zielgruppe Kinder. Die Kids oder screenager (30 % der Grundschüler haben ein eigenes Fernsehgerät; 45 % sitzen fast jeden Tag vor dem Bildschirm) verfolgen aktiv alle neuen Entwicklungen und spielen gern elektronische Spiele. Kein Wunder, dass die Gameboy-Helden Super Mario von **Nintendo** und Sonic von **Sega** als Vermarktungspartner sehr gesucht waren (s. Horx, S. 125f.). Super Mario ist ein fleißiger, kluger, harmloser, tugendhafter Klempner. Sein Wettbewerber Sonic ist ein sehr gewitzter und schneller Igel, der sich listenreich in der Erwachsenenwelt behauptet. Beide waren Mädchen und Jungen gleichermaßen sympathisch und hatten eine riesige Fan-Gemeinde. Sie waren bei den Kindern bekannter als Donald Duck oder Micky Maus. Viele Erwachsene dagegen nahmen sie überhaupt nicht wahr und haben noch nie von ihnen gehört. Die über Gameboy informierten Erwachsenen konnten nicht viel gegen Super Mario oder Sonic sagen, denn sie waren sorgfältig ethisch gestylt:

Keine überflüssige, ausufernde Gewalt,

kein Rassismus,

kein Gebrauch von Drogen, Tabak oder Alkohol,

keine Vulgarität oder Obszönität,

kein Sexismus, aber

Hilfsbereitschaft, Schnelligkeit und Pfiffigkeit.

Der große Wörterbuchverlag **Langenscheidt** war sich nicht zu fein dazu, Super Mario als Animateur einzusetzen. Das englische Wörterbuch für die 9- bis 16jährigen Schüler "Super Englisch" hat zwar den typischen gelben Einband, aber darauf prangte Super Mario. Innerhalb von 6 Monaten wurde eine Verkaufsauflage von einer Million erreicht. Die Schüler schienen zu glauben, dass das Vokabellernen mit der Mario-Ikone mehr Spaß macht.

Die Firma **Deichmann** produzierte Schuhe, deren Obermaterial, Sohle und Verpackung Super Mario zeigte. Die Figur sollte die Kompetenz von Deichmann bei Kinderschuhen unterstreichen.

Firma **Schweppes** bot den Nintendo-Fans eine Limonade an, den Drink zum Spiel: "Super Marios Abenteuer werden noch spannender mit der neuen Super-Mario-Brause."

---

[5] www.wuv.de vom 3.3.2014

Langnese-Iglo brachte ein Mario-Eis heraus, und **Milky Way** zierte Brotaufstrich, Schokolade und Crispy Rolls nicht nur mit der Mario-Ikone, sondern auch mit einer kleinen Mario-Plastikpuppe.

Der Igel Sonic trat gemeinsam mit **TDK** Videokassetten auf. Sonic erzielte höhere Umsätze, und TDK profilierte sich in einer neuen Zielgruppe, die bei Videokassetten nicht markenbewusst gewesen war.

Beim Knabbergebäck **Chio Chips** lieferte Sonic in der Form eines selbstklebenden Stickers einen Zusatznutzen für den jungen Käufer.

Kellog's Cornflakes hat schon eigene Figuren, die man natürlich nicht schwächen wollte. Dennoch sollte das Videogame-Kundensegment im eigenen Markt erreicht werden, und deshalb gab es ein Preisausschreiben mit Sonic.

Diese Beispiele zeigen, dass im Informationszeitalter mit Co-Branding über die Visualisierung und Animation des Markenkerns versucht wird, die eigene Markenpersönlichkeit in die neue Erlebnisdimension des Kunden hinüberzuretten. Man macht eine Anleihe an die Zukunft, versucht den Generationenkonflikt zu vermeiden und die spätere Kundschaft früh zu gewinnen. Nach solchen Wegbereitern kommen immer schneller neue Figuren auf den Spielemarkt.

1.6.2 Ingredient Branding - eine Markenstrategie für mehrere Nutznießer

1.6.2.1 Ingredient Branding - was ist das?

Während beim Co-Branding Marken horizontal auf der Endverbraucherstufe kooperieren, erfolgt die Zusammenarbeit beim Ingredient Branding vertikal zwischen Bestandteil und Endprodukt. Berekoven spricht von Material- und Komponentenmarken (Dichtl 1992, S. 41). Obwohl wir im Allgemeinen Fremdwörter vermeiden sollten, scheint in diesem Fall der angloamerikanische Ausdruck Ingredient Branding griffiger und plastischer. Aber was steckt dahinter?

Ingredient Branding:
Ingredient ist ein wesentlicher Bestandteil eines Endprodukts.
Pars pro toto. Ein Teil steht für das Ganze.
Ein unbekannter (unsichtbarer) Bestandteil eines Produkts wird bekannter als das Produkt selbst.
Der Bestandteil wird zum Auslöser für die Kaufentscheidung zugunsten des Produkts.

Ist das nicht der Traum aller mehr oder minder anonym existierenden Zwischenprodukthersteller? Ist so etwas überhaupt möglich?

Gibt es so etwas womöglich schon? Ja, so etwas gibt es schon, und Intel hat es im großen Stil bekannt gemacht. Mikroprozessoren, auch Chips genannt, sind ein Bestandteil von Computern und eine Massenware. 1991 gab es eine ganze Menge von Chip-Herstellern, und Intel, einer von Ihnen, wollte sich von dieser, allenfalls in Fachkreisen bekannten Menge abheben. Mit dem Slogan **Intel inside**, der zugleich als Marke geschützt wurde, verband Intel seinen Chip mit bekannten Computer-Marken wie **IBM** und **Compaq**. Der Werbefeldzug lief zwei Jahre und kostete 250 Mio. $, wovon Intel 100 Mio. $ zahlte. So gewann Intel Ansehen bei den Computer-Käufern. Es entstand der Eindruck, Intel produziere etwas Besonderes, das seinen Preis wert ist. Warum würden namhafte Computer-Firmen sonst darauf hinweisen, Intel-Chips in ihren PCs zu verwenden? 1992, ein Jahr nach der Werbe-Kampagne, stieg der Umsatz von Intel weltweit um 63 % auf 4 Mrd. $.

Dieser Erfolg wurde auf dem Rücken der PC-Hersteller errungen. Intel benutzte die leapfrog strategy (Bocksprung-Strategie), war Trittbrettfahrer, ein Rufausbeuter bekannter Marken. Aber die PC-Hersteller fuhren auch nicht schlecht. Nachdem der Name Intel bekannt geworden war, ergab sich ein Umkehreffekt. Die Käufer kauften nun PCs wegen des eingebauten Intel-Chips. Vorher hatten fast alle PCs ein ähnliches, anonymes Innenleben, und die Käufer orientierten sich immer stärker am Preis. Nun verlieh Intel Glaubwürdigkeit, besonders kleinen, unbekannten PC-Herstellern. Außerdem wurde die Werbung für die PC-Hersteller billiger, weil Intel sich beteiligte. Eine Umfrage ergab, dass der Prozentsatz der Käufer, die einen PC mit Intel-Chip bevorzugen, von 60 % (1992) auf 80 % (1993) angestiegen war. Inzwischen ist INTEL die vierzehntwertvollste Marke der Welt (s. Kapitel 1.6). Es entsteht ein Qualitätsdruck: Die Kunden können sich bei einem PC, der keinen Intel inside hat, fragen, ob an diesem PC vielleicht gespart wurde, ob er vielleicht einen billigeren oder schlechteren Chip enthält.

Aber damit ist auch der Gipfel erreicht. Die Allgegenwart des Logos Intel inside führt zu einer neuen Kehrtwendung. Wenn fast alle PCs nun mit Intel-Chips ausgerüstet sind, sind sie wieder ähnlich, und der Käufer kann wie früher nur nach Preis auswählen. IBM benutzt den Aufkleber "Intel inside" noch für Endverbraucher-PCs, aber nicht mehr für die Großrechner. Inzwischen ist dies Lehrbeispiel Vergangenheit. Intel Inside schob den Pentel Chip an, Motorola setzte den Power PC dagegen, und auch diese sind längst abgelöst worden.

Um beim Lehrbeispiel zu bleiben, weil es so klar ist: Wir haben auf der Spirale des Marketing eine Runde gedreht, und nun sind wir wieder am Ausgangspunkt. Die Rundreise erfolgte zwar mit Zwischengewinn und führte zu einer höheren Ebene, aber nun brauchte man wieder eine solche gute neue Idee wie das Ingredient Branding.

Fassen wir verallgemeinernd zusammen:

Welche Stufen durchläuft das Ingredient Branding?

1. Unbekannte Ingredient Marke profitiert huckepack auf dem Rücken bekannter Marken (Kreditaufnahme; Rufausbeutung)
2. Unbekannte Ingredient Marke wird bekannt bis berühmt (Durchbruch und Bewährung)
3. Bekannte Ingredient Marke hilft früheren Helfern und anderen Nutzern ihrer Marke (Kreditrückzahlung; Synergie)
4. Ingredient Marke ist allgegenwärtig und nicht mehr Unterscheidungsmerkmal, sie treibt frühere Helfer in den Preiskampf zurück (Fiesco-[6]Effekt: "Der Mohr hat seine Schuldigkeit getan, der Mohr kann gehn.")

1.6.2.2 Vor- und Nachteile

Wer profitiert von Ingredient Branding? Zunächst alle: Der Zulieferer, der Hersteller, der Verkäufer des Endprodukts, der Käufer des Produkts mit Mehrwert. Wenn in Zeiten der Rationalisierung Endproduktehersteller die Zahl der Zulieferer vermindern wollen, dann denken Sie dabei sicher nicht an einen Zulieferer, der erfolgreich Ingredient Branding betrieben hat. Ein Beispiel: Chrysler hat den Zulieferer für Autoradios, Infiniti audio systems nicht entlassen, sondern hoffte von dem gut eingeführten Namen **Infiniti** zu profitieren. Auch bei Preisverhandlungen dürfte ein prominenter Zulieferer einen sichereren Stand haben. Genau dieser Vorteil kann aber auch in einen Nachteil umschlagen, wenn der Produzent fürchtet, vom Zulieferer zu abhängig zu werden.

Welche Nachteile hat Ingredient Branding? Das Ende, der Fiesco-Effekt ("Der Mohr hat seine Schuldigkeit getan ..."), könnte die Besitzer bekannter Marken nachdenklich stimmen. Wenn sie unbekannten Ingredient Marken zur Geltung verhelfen, nähren sie womöglich eine Schlange an ihrem Busen. Wenn die Ingredient Marke die Hilfe gar nicht verdient und die Bewährungsphase nicht übersteht, kann sie den Ruf der Helfer-Marke ruinieren, vom ausbleibenden Rückzahlen des Kredits ganz zu schweigen. Umgekehrt kann die Ingredient Marke im Stadium ihrer Omnipräsenz Schaden erleiden, wenn irgendwelche Computer-Hersteller trotz Intel im Bauch Schrott herstellen. Diese gegenseitige Abhängigkeit

---

[6] frei nach Friedrich Schiller, "Die Verschwörung des Fiesco", 1783, 3. Akt. 4. Szene

und das Steuerelement Entzug von Werbemitteln begrenzt den möglichen Schaden für beide Seiten.

Die Ausgaben für die Werbung, auch wenn sie geteilt werden, sind natürlich nicht vorteilhaft, aber notwendig. Sie sind am risikoärmsten ausgegeben, wenn das Ingredient einen besonderen Vorteil aufweist, besser und billiger als das Wettbewerbsprodukt ist, eine neue patentierte Technologie einführt. Der Konkurrenzkampf wird durch Ingredient Branding angeheizt und verlangt eine kontinuierliche Marktpflege. Ein unerwartet starker Werbeerfolg kann andererseits zu Engpässen in der Produktion führen.

Weitere Beispiele für Ingredient Branding
Ingredient Branding betreiben
im Automobilbereich **VDO** (Armaturen), **Blaupunkt** und **Becker** (Autoradios), **Bosch** (Elektrik u.a.), **Keiper-Recaro** (Sitze),
im Hobbysportbereich **Fichtel & Sachs** sowie **Shimano** (Schaltungen, Bremsen),
bei Küchengeschirr der Chemiekonzern DuPont mit **Teflon** (Beschichtungen).
Im Textilfaserbreich gibt es viele Beispiele: **Gore-Tex** wurde über Laminate von Mikrofasern bekannt, die Textilien nicht nur wasserdicht und winddicht, sondern trotzdem auch atmungsaktiv machen. DuPont schaltete 1995 eine 10 Mio. $-Fernsehwerbung für seine fleckenfest ausgerüstete Teppichfaser **Stainmaster**. Aus dieser Faser werden Bodenbeläge hergestellt, aber von vielen Textilfirmen, und nicht von DuPont selbst. Bekannt sind auch die Werbung für die Fasern **Kevlar** und **Lycra**. Obwohl 1991 der Patentschutz für die Elastikfaser Lycra schon seit einigen Jahren abgelaufen war, deckte DuPont noch ca. zwei Drittel des Weltbedarfs ab und erzielte mit Lycra über 200 Mio. $ Gewinn. Die bekannte Werbung für die Faser **Trevira** der Firma Hoechst stellte ja auch schon Ingredient Branding dar.
Bekannt ist auch Firma **Dolby**, die für Ihre Klangsysteme wirbt, aber kein Hersteller von Endgeräten ist.
Firma G. D. Searle, Tochter des Konzerns Monsanto, bewarb für ihren Süßstoff **NutraSweet** die Endverbraucher. Eigentlich hoffte sie aber, die Lebensmittel- und Getränkehersteller dazu zu bewegen, das Ingrediens in deren kalorienreduzierte Produkte einzubringen. Aspartame, der Wirkstoff des NutraSweet überzeugte zwar in der Wirkung und in Geschmackstests, war aber dreißigmal so teuer wie andere Süßstoffe (Zucker, Sirup, Saccharin). Dies führte zu dem interessanten Versuch, die ersten beiden Stufen des Ingredient Branding selbst zu übernehmen, nämlich die Rufausbeutung zu unterlassen und das Bekanntwerden selbst zu bezahlen. Die Hürde Verbraucherakzeptanz ist bereits übersprungen, und für Stufe drei, den Synergieeffekt, bietet sich so ein selbstbewusster, gleichberechtigter Partner an.

Einen ähnlich selbstbewussten Weg ging auch die Firma Cerdec AG Keramische Farben. Mit der Bildmarke **Cerdec on top** wollte Firma Cerdec zeigen, bei welchen Endprodukten sie vertreten ist. Die Hersteller von Keramik und Fliesen konnten zeigen, dass sie die qualitativ hoch stehenden keramischen Farben und Fritten der Cerdec AG verwenden. Cerdec selbst ist kein Keramikhersteller. Elne weitere Steigerung ist erreicht, wenn unbekannte Keramikhersteller sich mit Cerdec on top profilieren möchten. In diesem Fall ist die Ingredient Marke nicht der Huckepack-Reiter, sondern die Helfer-Marke. Man könnte dies auch <u>Inverses Ingredient Branding</u> nennen. Eine andere Unterscheidungsmöglichkeit besteht in der Wahl der Kategorien

Zuliefererinitiiertes Ingredient Branding und

Herstellerinitiiertes Ingredient Branding.

Wann lohnt Ingredient Branding?

Wie die Beispiele zeigten, waren die Bestandteile ein leistungsfähiger Mikroprozessor (Intel), eine neue Faser (Lycra, Kevlar, Stainmaster, Gore-Tex), ein sehr wirksamer kalorienarmer Süßstoff (NutraSweet), also technologische Innovationen, das Ergebnis hoher Investitionen in Forschung und Entwicklung. Neuheit und Patentschutz sind aber nicht alles, auch die Qualität muss überragend sein. Der neue und gute Bestandteil muss ferner ein Schlüsselbestandteil des Endprodukts und trotzdem vielseitig in heutigen und künftigen Anwendungen sein. Der unsichtbare Bestandteil muss zwar durch Werbung sichtbar werden, aber er darf nicht von der Werbung allein abhängen. Die Produkteigenschaften des Bestandteils müssen in Vorteile für Verbraucher übersetzbar sein. So konnte der unbefleckbare Teppichboden (Stainmaster inside) in humorvollen Darstellungen lebhaften Familienlebens seinen Vorteil zeigen. Der Süßstoff NutraSweet dagegen brauchte einen Geschmackstest. Unzählige Gratisproben von Gummibällchen (wie Gummibärchen) wurden verschickt, damit die Verbraucher staunen konnten, wie wenig Joule ein Produkt (NutraSweet inside) enthält, das trotzdem so wie Zucker schmeckt.

Unerlässlich für den Erfolg des Ingredient Branding ist nicht zuletzt eine stabile strategische Allianz zwischen dem Zulieferer und den Herstellern. Alle Aspekte der langfristigen Zusammenarbeit incl. Aufteilung der Werbekosten, Qualitätskontrolle, Verpackung, Verkaufsstrategie, Exklusivität, Forschung und Entwicklung, anwendungstechnische Unterstützung sollten gründlich abgestimmt sein. Als Muster können Markenlizenzverträge dienen.

1.6.2.3 Ingredient Branding in der chemischen Industrie

Für Ingredient Branding eignen sich nicht alle Zwischenprodukte, aber doch einige, denen man es auf den ersten Blick vielleicht nicht ansieht. In den Zwischenprodukten der chemischen Industrie steckt noch viel Potential, und die Bedeutung der Marken wird auf diesem Gebiet erst allmählich erkannt. Traditionell lieferte die chemische Industrie Ingredientien nach Spezifikation, d.h. als eine genau definierte chemische Substanz in der bestmöglichen oder preislich vertretbaren Reinheit. Dies geschah meist unabhängig vom späteren Einsatzzweck. So waren die Substanzen oft unnötig rein. Ein Gelbstich stört überhaupt nicht, wenn das gelieferte Zwischenprodukt in eine farbige Masse eingearbeitet wird. Mitunter war die Substanz aber auch noch nicht rein genug und musste mit erneutem Aufwand nachgereinigt werden. Mit steigendem Umwelt- und Kostenbewusstsein und einer bewussten Ausrichtung auf die Kundenwünsche werden Zwischenprodukte in zunehmendem Maße nicht mehr als chemische Substanzen, sondern als Problemlösungen verkauft. Es ist nicht gleichgültig, ob man das mehrfunktionelle Monomer Trimethylolpropantrimethacrylat (TRIM), sozusagen nackt, als Chemikalie verkauft oder im Rahmen einer Anlage zur Porenabdichtung von Gussteilen. Im ersten Fall muss der Kunde wissen, was er mit TRIM anfangen kann. Im zweiten Fall ist TRIM ein know how geladener Systembestandteil, der dem Kunden ein Qualitätsproblem löst (weniger Ausschuss bei Felgen, Hähnen, Motorkolben usw.) oder ein neues Tätigkeitsfeld (ein Abdichtbetrieb als Dienstleistungsfirma) eröffnet. Im ersten Fall erlöst TRIM den üblichen Marktpreis, im zweiten Fall wird es zu Recht viel höher honoriert. Es sollte dann auch nicht mehr TRIM heißen, sondern z.B. den registrierten Markennamen POROTITE oder DEGATIGHT tragen, denn es enthält ja nun noch Zusatzstoffe. Wenn nachträglich abgedichtete Qualitätsgussteile nun auch noch einen Aufkleber (z.B. "Dicht mit POROTITE") erhielten, dann hätten wir wieder einen Fall von Ingredient Branding. In diesem Fall würde sogar aus der Not eine Tugend. Ursprünglich undichte Teile, also mindere Qualität, sind nach der Abdichtung garantiert dicht. Das Ingredient liefert das Prüfzertifikat.

Wie kann man Chemikalien auf ihre Eignung zum Ingredient Branding überprüfen? Beispielsweise mit Hilfe des Differenzierungsindex von Charles Kline. Kline wählte eine Produktbeschreibung nach den folgenden zehn Kriterien:

Produktbeschreibung		0 <..........Differenzierungsindex.....>1		
1	Verkauf als	Roh-material	....	Problemlösung
2	Preis in % der Systemkosten beim Kunden	hoch	....	niedrig
3	Spezifikation	wichtig	....	unwichtig

Produktbeschreibung		0 <........Differenzierungsindex.....>1		
4	Markenname, Code	nein	....	ja
5	Produkt in System eingebettet	nie	....	immer
6	Käufer	Einkauf	....	Forschung, Betrieb
7	Anwendungstechnische Beratung	kaum	....	wichtig
8	Marktkonzentration	hoch	....	niedrig
9	Marktgröße	groß	....	klein
10	Wettbewerber	viele	....	keine
	Mittlere Differenzierung	0<..........	....	..>1

Wird die Chemikalie bei den Kriterien 1 bis 8 überwiegend mit einem Differenzierungsindex von 1 oder nahe 1 eingestuft, dann sind Ansatzpunkte für das Ingredient Branding gegeben. Hat das Zwischenprodukt einen Differenzierungsindex nahe 0, gilt es, noch Vorarbeit zu leisten.

1.7 Verantwortlichkeitsmarken

Verantwortlichkeitsmarken sind eine Spezialität weniger Länder (z. B. Schweiz, Dänemark, Schweden) und in den dortigen gesetzlichen Vorschriften über die Edelmetallkontrolle verankert. Die Verantwortlichkeitsmarke ist eine Art Garantie und mit einer Unterschrift zu vergleichen: Wer seine Verantwortlichkeitsmarke auf einem Goldbarren oder Schmuckstück anbringt, übernimmt damit die Verantwortung für die materielle Zusammensetzung und die Bezeichnung. Eventuelle Beanstandungen fallen auf ihn zurück. Jedes der 13 Kontrollämter der Schweiz - als das wichtigste sei das Zentralamt für Echtheitskontrolle, Monbijoustr. 40, CH-3003 Bern genannt - führt eine Datei aller registrierten Verantwortlichkeitsmarken. Dieses Verzeichnis mit über zehntausend Verantwortlichkeitsmarken ist öffentlich. Jedermann kann sich nach einer bestimmten Marke erkundigen.

Über Form und Aussehen der Verantwortlichkeitsmarken bestehen wenig einschränkende Vorschriften: Sie dürfen nur nicht zur Verwechslung mit amtlichen Stempeln oder bereits hinterlegten Marken führen und müssen vollständig und gut leserlich angebracht sein.

Bild 1.9: Beispiele für Schweizer Verantwortlichkeitsmarken

In unmittelbarer Nähe der Verantwortlichkeitsmarke muss jede Edelmetallware mit einer Feingehaltsangabe in Tausendsteln, ausgedrückt in arabischen Ziffern, bezeichnet sein. Die Feingehaltsangabe muss sichtbar, lesbar und unauslöschbar angebracht sein und eine Mindesthöhe von 0,5 mm aufweisen. Feingehaltsangaben auf Platin- oder Palladiumwaren müssen mit der vollständigen oder abgekürzten Bezeichnung des Edelmetalls wie "Pt" oder "Pd" ergänzt werden. Vollständig vergoldete oder goldplattierte Silberwaren müssen als Silber bezeichnet werden. Für Mehrmetallwaren, zusammengesetzte Edelmetallwaren, Uhrengehäuse und Plaquéwaren gelten besondere Vorschriften. Ab Oktober 2017 regelt die neue Unionsmarkenverordnung für die EU eine vergleichbare Form, d.h. eine Gewährlleistungs- bzw. Zertifizierungsmarke, zur Harmonisierung.

2. Marken schützen

Durch die Eintragung wird die Marke zur registrierten Marke,
die marque zur marque déposée,
die marca zur marca registrada und
die trademark zur registered trademark.
Im allgemeinen gilt: Erst durch die Eintragung in das Markenregister wird die Marke rechtskräftig, und erst dann besitzt ihr Inhaber ein Monopol. Vor der Eintragung muss die Anmeldung erfolgen. In einigen Ländern (UK, Irland, Skandinavien) kann ein Markenrecht auch auf Benutzung basieren.

Eine solide Markenregistrierung steht auf drei Säulen:

Einer sorgfältigen Planung, einer klug gestalteten Registrierung und der kontinuierlich betriebenen Erhaltung. In der Planung sollte mit einem Mindestmaß an Sorgfalt geprüft werden, ob der gewünschte Name für den gewünschten Einsatzzweck sprachlich geeignet und markenrechtlich schützbar ist und ob keine zu hohen Konfliktrisiken aus älteren Rechten entstehen können. Bei der Registrierung sollte gut überlegt sein, wer – von oft mehreren in Frage kommenden Beteiligten – als Anmelder nach Außen hin auftritt, was als Markenwiedergabe hinterlegt wird und wie das Verzeichnis der beanspruchten Waren- und Dienstleistungen formuliert sein soll. Zur Erhaltung der Markenregistrierung sollten laufende Benutzungs- und Verlängerungsfristen überwacht werden und auch eine Überwachung des Registers auf jüngere verwechselbare Anmeldungen empfiehlt sich. Die Marke sollte angemessen gegen rechtliche Angriffe bzw. ähnliche verwässernde Wettbewerbsanmeldungen verteidigt werden und für eine rechtserhaltende Nutzung ist rechtzeitig vor Ablauf der so genannten Benutzungsfristen Sorge zu tragen.

Die drei Säulen des erfolgreichen Markenschutzes

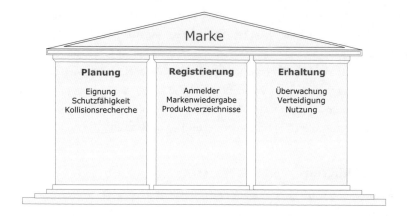

Bild 2.1: Die 3 Säulen des Markenschutzes

Dieses Modell lässt sich in entsprechender Weise auch auf die Registrierung anderer Schutzrechte wie z.B. Designs und Patente anwenden.

2.1 Anforderungen an gute Markennamen

> Ich wollte gar nichts wissen.
> Da habe ich eine Reklame erblickt,
> die hat mich in meine Augen gezwickt
> und ins Gedächtnis gebissen.
> (Joachim Ringelnatz)

Im Jahre 1903 veranstaltete eine Firma einen Wettbewerb, um ein deutsches Wort für "cake" zu finden. Unter den 15349 Einsendungen waren 5000 neue Wortschöpfungen und darunter 102 mal "Knusperchen". Die Knusperchen-Erfinder teilten sich den Gewinn von 1000 Reichsmark, und die Firma landete mit diesem Namen einen Flop. Darauf spendierte die Firma noch einmal 1000 RM und erwarb den Namen "Reschling". Wie wir wissen, kam auch Reschling nicht gegen Keks an (Reimann, S. 106).

Die Zukunft einer Firma lebt von neuen Ideen, die zu neuen Produkten und damit auch zu neuen Marken führen. Gute neue Produkte sollten auch gute Markennamen bekommen.

Ein guter Markenname ist sympathisch, einprägsam, Vorsprung (mindestens aber Abstand) vom Wettbewerb schaffend, verkaufsfördernd. Nach einer Untersuchung der Werbeagentur Young & Rubicam sind nicht so sehr das "Ansehen" oder die "Vertrautheit" der Marke, sondern die "Differenzierung" gegenüber anderen Angeboten und die "Relevanz" für eine möglichst große Zielgruppe wichtig, um Vitalität und Wachstum einer Marke zu sichern (Raithel, 1994). Es ist wirksamer und viel billiger, eine überschaubare Anzahl starker Marken zu besitzen und zu verteidigen, als eine Menge schwacher Marken.

<u>Schwache</u> Markennamen sind z.B. solche, die

- ☐ Wettbewerbszeichen nachplappern (also me-too-Zeichen, Trittbrett- oder Rucksack-Zeichen, die den Anwender zu recht automatisch bestenfalls auf Platz zwei verweisen),
- ☐ unspezifischen Glanz verbreiten. Mega, Royal, Brillant, Super, Total, Plus, Fleur usw. sind als Qualitätsangaben nicht einmal schutzfähig (BGH Entscheidung TURBO). Solche Ausbietungen profilieren den Anbieter nicht, sondern drängen ihn nur in den Preiswettbewerb. Der Verbraucher glaubt vielleicht, dass das Super-Produkt qualitativ gut ist, wie der Name andeutet, aber merkt sich nicht, von wem es kommt. Deshalb kauft er dann das billigste unter den vielen im Regal nebeneinander stehenden Mega-Produkten. Mit sehr viel Werbung lässt sich dies allerdings verhindern, wie die Marke MEGAPERLS zeigt,
- ☐ zu logisch abgeleitet sind und nicht die geringste Aufmerksamkeit erwecken
- ☐ oder das Produkt zu stark und zu einseitig beschreiben (siehe folgende Beispiele für beschreibende Wortbestandteile)

.acid.	Säure	.cor.	Herz (cor), Leder (corium)
.alliag.	alliage, Legierung	.coup.	schneiden
.amid.	Amid, Polyamid	.cure.	heilen, härten
.argent.	Silber	.dur.	hart
.au.	aurum, Gold	.etch.	ätzen
.bond.	kleben, haften, verbinden	.flux.	fließen
.bor.	Bor, Borid	.lux.	Licht, hell

.cal.	Kalzium,	.perma	immer
	Kalorie	.	
.cast.	Guss	.san.	gesund
.coll.	kleben	.tox.	giftig

Der Vorteil eines beschreibenden Namens besteht zwar darin, dass er treffend ist, vom Publikum schnell gelernt wird und damit wenig Einführungsaufwand erfordert. Dem stehen aber folgende Nachteile entgegen: Ein beschreibender Name grenzt das Produkt durch enge Sehweise ein, erschwert Produkterweiterungen, hat einen geringen Schutzumfang und verschenkt die Möglichkeit, mit einem phantasievolleren Namen Assoziationen zu erzeugen. Vielleicht lässt sich das am besten mit einem Beispiel aus der Werbung illustrieren. Ein Plakat zeigt einen Zug, der durch eine schöne Landschaft fährt. Darunter steht: "Fahr lieber mit der Bahn". Damit wird das System beschrieben, das jeder kennt. Die Aufforderung wird nicht besonders beachtet. Ein besseres Plakat mit der gleichen Unterschrift zeigt keinen Zug, sondern einen Schneesturm. Dieses Plakat assoziiert Kälte und rutschige Straßen. Es hat Aufforderungscharakter (Braem, S.158).

Das Freihaltebedürfnis ist der Gegenpol des Markenschutzes. Es führt zum Zurückweisungsgrund "beschreibend" - nicht umgekehrt. Ortsangaben sind beschreibend, aber nicht immer freihaltebedürftig (z.B. ein bestimmter Weinberg). Viele direkt beschreibende Worte, Bilder, Formen usw. dürfen der allgemeinen Benutzung nicht entzogen werden. "Apple" wäre für Apfelsaft beschreibend, ist es aber nicht für Computer; "Diesel" für Kraftfahrzeuge, jedoch nicht für Oberbekleidung. Es genügt, dass eine Angabe zur Beschreibung geeignet ist. Sie muss nicht schon verwendet werden. Auch wenn Wörter nicht im Lexikon stehen, können sie freihaltebedürftig sein (z.B. Schnupfenmittel). Beschreibende Angaben, die generell unter die Eintragshindernisse für eine Marke fallen, sind einteilbar in

Art der Angabe	Beispiel
Angaben zu Art, Zeit, Ort der Herstellung:	THERMALSTAHL, MÄRZENBIER, SAMOS
Angaben zur Beschaffenheit:	DER FLÜSTERNDE, SOFTLINE, TOP, ULTIMATE*
Angaben zur Qualität:	SUPER, ULTRA, ROYAL, PRIMA
Angaben zur Bestimmung:	ALLZWECK, UNIVERSAL, SEGLER-RUM
Angaben zu Preis-, Mengen- und Gewichtsverhältnissen:	BILLIG, FRANKO, LITRA

* BPatG, Beschl. v. 17.12.1996 - 27W (pat)165/95

Das DPMA lässt Begriffe zur Eintragung zu, die an beschreibende Angaben angelehnt sind und auch Marken, die beschreibende Bestandteile enthalten. Die Prüfung des Freihaltebedürfnisses wird dann aber evtl. im Verletzungsprozess nachgeholt.

<u>Starke</u> Markennamen können sein z.b.:
- ☐ Serienzeichen oder
- ☐ bedeutungsleere Kunstwörter (mit den vorgenannten Einschränkungen), vor allem aber
- ☐ phantasievolle, unverwechselbare, pfiffige oder seriöse, jedenfalls die gewünschten Assoziationen erzeugende, das Produkt in der Aussage unterstützende Namen.

2.2 Was soll der Name aussagen? Global gültige Namen, keine unbeabsichtigten Bedeutungen

Nomen est Omen[7] - Name ist Vorausbestimmung. So wie werdende Eltern sich gewöhnlich lange den Kopf darüber zerbrechen, wie ihr Kind heißen soll, so wie Eltern in einen Namen sowohl ihren Geschmack, den Zeitbezug und ihre Wünsche legen, so sollten auch die Schöpfer eines Produkts versuchen, den bestmöglichen Namen zu finden. Die meisten Eltern vermeiden sorgfältig, unpassende Namen zu vergeben. Zugelassene Ausnahmen wie Symphorosa, Mao, Flüt, Lujo (Beispiele von Dr. Meister aus der Praxis) oder Alemmania, Despot, Popo, Schokominza, Smudo, Solarfried, Waterloo bestätigen die Regel. Ein Junge mit dem Vornamen Erasmus wird sich als Bauarbeiter möglicherweise Hänseleien ausgesetzt sehen, wenn es ihm nicht gelingt, das kulturhistorische Kapital dieses Namens zu nutzen und sich zum Weisesten der Truppe zu qualifizieren. Umgekehrt ist sehr deprimierend, wenn mit der Namensgebung von vornherein jede Karriere begrenzt wird. In Uwe Johnsons "Jahrestagen" lesen wir den Rat des Gutsherrn (sinngemäß): "Nennen Sie ihn Johann. Hei kömmt ja doch na de Pier - Er kommt ja doch zu den Pferden" (Das gilt natürlich nicht für alle Johanns!).

Mobile Eltern geben ihren Kindern selbstverständlich Namen, mit denen man auch im Ausland leben kann. Sie sollten aussprechbar sein und nichts Lächerliches oder irgendwie Anstößiges bedeuten. So schön der deutsche Vorname Sieghelm oder der ungarische Győző auch sein mögen, Viktor oder Victor haben etwa die gleiche Bedeutung und sind global gültig. An Albert, Aribert, Bertalan, Bert(h)old, Bertrand, Egbert, Gilbert, Herbert, Heribert, Norbert, Siegbert ist nichts auszusetzen, aber am internationalsten wäre Bert. Global operierende Firmen brauchen praktischerweise - nicht nur wegen der Übersichtlichkeit und der Gebühren - globale Marken. Hier gilt das gleiche wie bei den Vornamen. **Canesten**, der Name eines bekannten

---
[7] „Nomen atque omen" sagte Titus Maccius Plautus (254 – 184 v. Chr.)

Medikaments von Bayer, bedeutet angeblich auf japanisch "Wirf dein Geld weg!".
Martini klingt chinesisch wie "Ma Ti-ni": "Dich hat ein Pferd geschlagen". Das Schlafmittel **Phanodorm** konnte in Italien nicht überzeugen, weil der Name so klingt wie "Fa no dorm", d.h. "Lässt dich nicht schlafen". **Fiat** hat in Skandinavien Pech gehabt: **Uno** bedeutet finnisch Trottel; **Regata** ist fast Ragata, auf schwedisch eine streitsüchtige Frau. Der Markenname für den russischen Geländewagen **Lada Niva** ist edel gedacht, denn Lada ist in Russland und in der Ukraine die Göttin der Liebe und der Schönheit. Ihre Söhne sind Tel (die Liebe), Did (die Gegenliebe) und Polel (die Ehe). Das Fest der Lada wird am Donnerstag vor Pfingsten gefeiert. So weit, so gut, aber "lada" heißt im benachbarten Ungarn Kiste, und "ni va" klingt in romanischen Sprachen wie "geht nicht". Im mittleren Orient ist "Ladha" der den Christen vorbestimmte Ort der Hölle. Das italienische Duftwasser **Rockford** konnte sich in Frankreich nicht durchsetzen, weil Madame nicht nach Roquefort riechen wollte. Mitsubishi **Pajero** klingt in Spanien nicht fein (span. Wichser masc.), das prickelnde Spülmittel **Prick** konnte in UK nicht angemeldet werden (Sommer, 1994). Unanständig sind auch **Hordamer** in Skandinavien, **Nako** und **Nike** in arabischen Ländern und **pina** in Ungarn (Warenzeichenbroschüre der Firma Hoechst, 1976). Ferner dürften die Nahrungsmittel **Puta** (span. Hure) auf Basis von Putenfleisch (IR-Marke 622 631 vom 4.Juli 1994) auf dem spanischen Markt nicht so leicht einzuführen sein. Die in Kroatien beliebte Limonade **Pipi** dürfte in Deutschland wohl nur geringe Umsätze erzielen.

Selbst **Sensycon**, das sich so schön international nach Sensor und System anhört, kann in francophonen Ländern falsch aufgefasst werden. Sensycon, französisch ausgesprochen, klingt leider genauso wie "centsix cons" - d.h.106 Dummköpfe (milde übersetzt). Weitere Beispiele für global nicht ganz gelungene Markennamen sind:

Dove – englisch Taube, deutsch phonetisch wie doof;

Emu für eine Fluglinie, denn der Emu ist zwar ein Vogel, kann aber nicht fliegen;

Ford **Pinto** wird in Brasilien belächelt, weil dort Pinto kleiner Penis bedeutet;

Kinky, ein amerikanisches Katzenfutter, bedeutet englisch pervers;

Misair, eine ägyptische Fluglinie hört sich nach einer schlechten Linie, nach Misère an;

Persil bedeutet auf Französisch Petersilie;

Siemens **Sirotec** klingt nach zero tec, also nach null Technik, was sicher nicht beabsichtigt ist.

Tchibo bedeutet japanisch phonetisch Tod oder Blut;

Vorsicht ist generell bei Namen geboten, die mit AL bzw. mit O beginnen, weil dieser Anfang als arabischer bzw. portugiesischer Artikel aufgefasst werden kann und der Rest des Namens möglicherweise eine eigenständige ungewollte Aussage hervorbringt. O ist außerdem die verneinende Vorsilbe in Schweden (osann = unwahr; otuktig = unzüchtig) (Latour, S.47).

Wichtig ist auch, dass die Zielgruppe den Namen annimmt. Hierzu die Beispiele Sun Fun, und Pygmalion.

Der saarländische Komiker Gerd Dudenhöffer hat in seiner Sendung "Familie Heinz Becker" ein schönes Beispiel für Missverständnisse bei Markennamen gebracht: Frau Hilde erzählt, in der Nachbarschaft habe ein chinesisches Restaurant eröffnet; es heiße "**Sun Fun**". Das sei ein Sonnenstudio, sagt Sohn Stefan. Darauf Vater Heinz: "Ein chinesisches Sonnenstudio - werscht gelb statt braun" (F.A.Z. 18.1.1996, S. 28).

PIGMAHLION wäre sicher ein intelligenter Name für Schweinemast. Wer im Namen die Bestandteile Pig, Mahl und Lion erkennt, kann sich sagen: Durch dieses Kraftfutter werden Schweine stark wie Löwen. Der griechisch gebildete Schweinezüchter delektiert sich zusätzlich an der Anspielung Pygmalion. Dieser griechische Bildhauer hatte sich in eine selbst geschaffene weibliche Marmorstatue verliebt. Aphrodite erfüllte ihm seinen Wunsch und erfüllte die Statue mit Leben. Mit PIGMAHLION bekomme ich Sauen von klassischer Schönheit, träumt vielleicht dieser beseelte Landwirt. Wahrscheinlicher ist jedoch, dass die Zielgruppe verfehlt wurde.

Nicht nur Wörter, sondern auch Farben können woanders ungewollte Inhalte vermitteln. So gibt es kulturabhängige Farben, die in verschiedenen Kulturen zu ganz unterschiedlichen Assoziationen, z.B. aus der Kunst, Literatur oder Religion führen. Eine Missachtung der jeweils an die Farben gebundenen Wertvorstellungen kann zu schweren Missverständnissen führen. Pötter (Würzburg 1994, S. 159) zitiert einige Beispiele, die nach Heller (Reinbek 1994) ergänzt wurden:

Kulturkreis	rot	grün	blau	gelb	weiß	schwarz
Europa, Nordamerika	Gefahr, Verbot, Sex, Kampf	Sicherheit, Umwelt und Natur, Säure, Gift	Autorität, Männlichkeit, Ruhe, Kälte Süße	Vorsicht, Feigheit, Neid, Geiz Gold = Geld Sonne, Natur, Freundlichkeit	Reinheit, Feste	Trauer, Ernst, Feiern
China	Freude, festlicher Anlass			Ehre, königlich, Weisheit, Vollkommenheit	Trauer	
Japan	Gefahr Zorn	Jugend, Zukunft, Energie	Schande, Niedertracht	Würde, Adel, kindisch, freudig		

Kultur-kreis	rot	grün	blau	gelb	weiß	schwarz
Arabische Welt		Fruchtbarkeit, Kraft, Farbe des Propheten	Tugend, Glaube, Wahrheit	Glück, Wohlstand		Fruchtbare Erde

Bei Zahlen gibt es nur wenig Einschränkungen (nach Endres 1995):

Zahl	Bemerkungen
4	Im Chinesischen klingen "Vier" und "Tod" gleich (shi). Angeblich wird die Nummerierung mit Vier bei Stockwerken oder Parkplätzen vermieden.
5	Im arabischen Kulturkreis dient die ausgestreckte Hand mit dem Ausruf "Khas fi 'ainak" (Fünf in deine Augen) der Abwehr des bösen Blicks oder als grobe Beschimpfung. Im gesprochenen Arabisch wird die Fünf vorsichtshalber umschrieben, um Fluchwirkungen vorzubeugen. Ähnliches gilt in Pakistan.
13	Unglückszahl in vielen Ländern

Namen sind nicht Schall und Rauch, nicht bloß eine Unterscheidungshilfe. Nein, Namen sind Etiketten, die etwas versprechen. Der Name sollte "stimmen". "Was nicht wahr ist, baut nicht", wusste schon Goethe. Der Name darf werbend positiv übertreiben, aber auf keinen Fall lügen. Lügen haben vielleicht kurzfristig Erfolg, bringen aber langfristig garantiert schwere, lang anhaltende Misserfolge. Mit ehrlicher Bescheidenheit kann man sogar Aufschneider übertrumpfen, wie Roda Rodas amerikanische Anekdote zeigt: Von drei wetteifernden Bäckern in derselben Straße behauptete der erste, er backe "die besten Brötchen Amerikas". Der zweite war schlauer und gab vor, "die besten Brötchen der Stadt" zu backen. Der dritte trug mit dem bescheidensten Superlativ "die besten Brötchen in dieser Straße" den Gewinn davon.

General Electric hat sich in seinem Mission Statement (Manager Magazin 12/1994, S. 183) die drei S:

Speed, **S**implicity und **S**elfconfidence

verordnet. Das ist keine schlechte Richtschnur für Markennamen, wenn

das Selbstvertrauen im obigen Sinne begründbar ist,

die Einfachheit eher edel als primitiv ist und

das Tempo keine Priorität vor der Qualität besitzt.

Leichtsinn, Gedankenlosigkeit, Fahrlässigkeit oder auch nur Schlampigkeit sind bei der Namensfindung unangebracht. Ist der Name erst einmal da, führt er sein Eigenleben. Darin ist er mit einer ausgesprochenen Idee vergleichbar, die nun nicht mehr unterdrückt werden kann und die Denker beschäftigt.

Namen sind auch dauerhaft. Man wird sie nicht so schnell wieder los. Es kann sogar sein, dass der Name seinen Träger überlebt. Das gilt für berühmte Persönlichkeiten wie für berühmte Marken im guten und im schlechten Sinn. Marken und

Persönlichkeiten können auch mehr oder weniger unverschuldet in Verruf geraten. So ist es der berühmten Marke **Veronal** gegangen. Im Jahre 1903 schrieben die beiden Erfinder, E. Fischer und J. von Mehring in Heft 3 der "Therapie der Gegenwart": „Mit Rücksicht auf die allzu unbequeme chemische Bezeichnung (zunächst Diethylmalonylharnstoff) schlagen wir den Namen Veronal vor". Veronal war so berühmt, dass dieser Markenname für Diethylbarbitursäure, das erste Schlafmittel der Barbitursäurereihe, als Synonym für alle Schlafmittel benutzt wurde. Man liest das sogar in der Weltliteratur. Selbst in der 1995 in Marbach am Neckar gezeigten Ausstellung "Stimulanzien, oder wie sich zum Schreiben bringen?" spielt Veronal eine Rolle. Dr. Gottfried Benn, Schriftsteller und (hier) Arzt verordnete Veronal als Opiatersatz. Weil sich gelegentlich unglückliche Frauen damit umgebracht hatten, ließ Firma Merck diese Marke auslaufen und besitzt nur in Italien (seit dem 17.7.1970) wieder die Marke Nr. 245 465 VERONALE. Dort wird der Name offensichtlich mehr mit der Stadt Verona assoziiert - übrigens auch völlig zu Recht. Der Name ist von Mehring bei seinem damaligen Forschungsaufenthalt in Verona eingefallen. Se non è vero, è bene trovato.

Der Name für Barbitursäure stammt übrigens von Adolph von Baeyer, weil er sie am Barbara-Tag entdeckt hat - oder im Gedenken an eine Jugendfreundin.

2.3 Was macht Marken schutzfähig?

Der Entwicklung einer guten Marke gehen eine Menge Überlegungen voraus. Das Marktumfeld sollte gut ermittelt sein und die Marke darin eine gute Positionierung erfahren. Auch ein mögliches Markenumfeld innerhalb der weiteren eigenen Produkte des Markeninhabers sollte mit der neu entwickelten Marke im Einklang stehen. Wenn diese und viele weitere Überlegungen erfolgreich durchgeführt sind, ergibt sich sozusagen eine Leistungsbeschreibung dessen, was die zu entwickelnde Marke inhaltlich begrifflich und in vieler anderen Hinsicht können sollte. Es bleibt aber dabei, dass dies alles umgesetzt werden muss und daraus eine Marke entwickelt werden muss. Denn die erfolgreiche Erstellung des Pflichtenkataloges bedeutet noch nicht, dass das danach zu erstellende Werk, nämlich die Marke sich daraus automatisch ergeben würde. Die Arbeit fängt jetzt erst richtig an.

Im weiter unten folgenden Kapitel zur Markenentwicklung wird näher auf verfügbare Kreativtechniken eingegangen, die bei der Entwicklung der gesuchten Marke hilfreich sein können. Um eine Marke erfolgreich zu kreieren, ist jedoch zu aller erst ein ganz wesentliches Grundverständnis notwendig:

Was macht eine Marke schutzfähig?

Eine Marke muss das benannte Produkt oder die benannte Dienstleistung von den Angeboten anderer Unternehmen unterscheiden.

Die Marke muss das Produkt identifizieren. Das Gegenteil einer Marke ist der Gattungsbegriff, die reine Beschreibung. Nur in Ausnahmefällen nachweislicher so genannter Verkehrsdurchsetzung, also nachgewiesenem äußerst hohen Bekanntheitsgrad, kann eine beschreibende Formulierung als Marke eingetragen werden. Ein älteres bekanntes Beispiel ist der Slogan „Freude am Fahren" der Bayerischen Motorenwerke. Hierfür ist eine Wortmarken Eintragung bewilligt worden, nachdem der Anmelder einen hohen Bekanntheitsgrad der Marke nachgewiesen hatte. Die Eintragung aufgrund Verkehrsdurchsetzung ist in der Marken Registrierung beim Amt auch ausdrücklich vermerkt.

Je fantasievoller und je weniger beschreibend die Marke in Bezug auf das geschützte Produkt ist, desto mehr Unterscheidungskraft und damit mehr Erfolgsaussichten im amtlichen Eintragungsverfahren hat sie.

Häufig wird von Markenanmeldern eingewendet, dass eine sehr fantasievolle Marke zwar eine rechtlich solide Schutzfähigkeit hat und ein hohes Maß an Alleinstellung erzeugen kann, aber gleichzeitig eines hohen Maßes an Marketingaufwand bedarf, da dem Markt erst einmal erklärt werden muss, was für ein Produkt hinter diesem Fantasienamen steckt (vergleiche z.B. „Monster.de" als Marke für eine Jobplattform). Deswegen auf eine reine Produktbeschreibung auszuweichen, macht die Unternehmung aber bei weitem nicht sparsamer. Hier müssen wiederum sehr hohe Aufwendungen dafür aufgebracht werden, um den von Hause aus nicht schutzfähigen Namen über viele Jahre intensiven Werbeaufwands so bekannt zu machen, dass er eine Aussicht auf Eintragung aufgrund Verkehrsdurchsetzung bekommt. Dazu kommt eine Reihe von kostspieligen juristischen Aktivitäten und Musterprozessen, mit der die zunächst einmal nicht schutzfähige Marke ständig gegen die allzu leicht möglichen Nachahmungen verteidigt werden muss. Zu den enorm hohen Aufwendungen kommt die Unsicherheit, ob sich die erhoffte Alleinstellung durch hohen Werbeaufwand und zahlreiche Gerichtsprozesse am Ende erreichen lässt.

Diskutierbar sind die so genannten „sprechenden Marken". Hierbei handelt es sich um Zeichen, die einen beschreibenden Anklang besitzen. Dieser Anklang oder diese Einladung zu produktverbundenen Assoziationen in der Marke dürfen jedoch allenfalls indirekt und nicht vollkommen offensichtlich sein.

Die englischsprachige Marke „Apple" erscheint für Computer als von Hause aus schutzfähig. Denn die Bezeichnung enthält keine unmittelbare Produktbeschreibung für Eigenschaften des Computers. Für die Warengattung „frisches Obst" wäre die Marke allerdings glatt beschreibend und eindeutig schutzunfähig. Fügt man einen leicht verfremdenden Bestandteil hinzu, kann sich dies ändern und die Schwelle zu einer schutzfähigen Marke womöglich schon überschritten werden. So ist z.B. die Wortmarke „Mr. Apple" vom Deutschen Patent und Markenamt eingetragen worden. Hier handelt es sich um eine sprechende Marke, denn im Markennamen ist das Produkt enthalten. Durch den Zusatz bekommt die Bezeichnung jedoch einen namensartigen Charakter und entfernt sich von der glatten Beschreibung bzw. freihaltebedürftigen Bezeichnung. Freilich handelt es sich hier um einen Grenzfall. Je weiter man von dieser Grenzregion weg von der reinen Produktbeschreibung geht, desto höher werden die Aussichten auf eine erfolgreiche Markeneintragung im Register.

Bild 2.2: Unterscheidungskraft

Beachte: Nach der „Doublemint"-Entscheidung (EugH GRUR 2004, 146) führt Mehrdeutigkeit nicht mehr zu Schutzfähigkeit, wenn nur eine der erkennbaren Bedeutungen unmittelbar beschreibend ist.

3. Recherchen

Wir haben Markennamen gefunden, die uns gefallen. Wenn es zu viele sind und die Wahl schwer fällt, können wir die Namen z.B. durch die E R F O L G S - Kontrolle (Braem, S. 282) reduzieren:

Name	Einfach	Relevant	Freund-lich	Origi-nell	Leicht einprägbar	Glaub-würdig	Summarische Bewertung
1							
2							
3							
...							

Nun müssen wir prüfen, ob die ausgewählten Namen nicht schon früher jemand anders gefallen haben. Zur Beurteilung dient eine Skala von 1 (am wenigsten zutreffend) bis 5 (am zutreffendsten). Das Verfahren ist rein subjektiv, eignet sich aber gut als Diskussionsgrundlage. Die Namen mit der höchsten Summe sollten die besten sein. Oft überrascht aber das gute Ergebnis eines Namens, der nicht als Favorit empfunden worden war. Das liegt z B daran, dass ein besonders origineller Name weder einfach noch relevant ist. Oder ein Name schneidet in allen Kategorien gut ab, wirkt aber insgesamt zu unauffällig.

Markenanmeldungen ohne vorherige Recherche sind grob fahrlässig. Im Falle eines erfolgreichen Widerspruchs gegen die Anmeldung sind nicht nur die Anmeldekosten verloren. Eventuell werden Schadeneratzforderungen, Rechtsanwaltskosten und Gerichtskosten fällig. Außerdem können hohe Kosten für Marketing, Werbung und Vertrieb ohne Erfolg ausgegeben worden sein, ja wegen Marktverwirrung sogar zum Schaden des Anmelders. Also: 1. Recherchieren, 2. Anmelden, 3. Benutzung erst nach Registrierung.

Bei der Recherche stoßen wir auf die Begriffe **Verwechslungsgefahr und Ähnlichkeit** bzw. Identität, die beim Anmelden und Verteidigen der Marken eine große Rolle spielen. Mit der ständig zunehmenden Anzahl der Marken wird die Wahrscheinlichkeit immer größer, dass die Silben eines neuen Namens mit denen einer registrierten Marke übereinstimmen und also kollidieren, was noch relativ leicht durch eine Recherche festzustellen ist. Schwierig wird es, wenn ältere Marken klanglich, begrifflich, schriftbildlich, in der Vokal- oder Konsonantenfolge ähnlich sind. Erschwerend kommt hinzu, dass ältere Marken oft globale, manchmal ganze Klassen umfassende Warenverzeichnisse besitzen, so dass neben der formellen (also phonetischen, schriftbildlichen und klanglichen) Ähnlichkeit auch noch Warenidentität gegeben ist.

Die Warenidentität lässt sich in einem solchen Fall auch nicht durch Einschränkungen des Warenverzeichnisses beim jüngeren Zeichen vermeiden. Bleibt also nur die sorgfältige Selektion der Namensvorschläge.
Die Ähnlichkeiten der Marken einerseits und der Waren andererseits stehen in einem Wechselspiel. Sind die gegenüberstehenden Marken ähnlich oder sogar identisch, kann auch bei nur entfernter Warenähnlichkeit unter Umständen schon eine markenrechtliche Kollision vorliegen – und umgekehrt. Liegt jeweils mittlere Ähnlichkeit vor, kann dies ebenfalls zu einer Markenverletzung führen. Finden sich aber ähnliche Marken in gänzlich anderen Warenbereichen, kann dies schon außerhalb des problematischen Bereiches liegen:

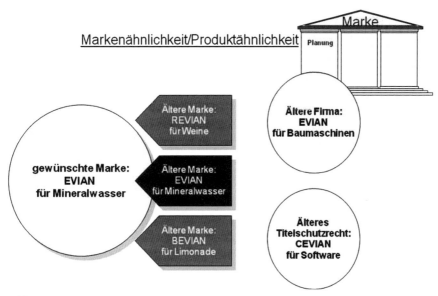

Bild 3.1: Markenähnlichkeit

3.1 Warum Markenrecherchen?

Übersichten über Recherchen sind schnell veraltet, denn im Informationszeitalter erleben wir laufend Änderungen und verbesserte Informationsangebote. Deshalb kann auch diese Übersicht nur eine Momentaufnahme sein, die eigene Erfahrungen berücksichtigt und deshalb außerdem subjektiv ausfällt. Trotzdem ist sie vielleicht nützlich als Einstieg oder zum Erfahrungsvergleich.

Es gibt viele Gründe, um nach Marken zu recherchieren:
- Prüfung auf Verwässerungsgefahr (Wie stark ist eine eigene oder gegnerische Marke von ähnlichen Marken umzingelt?)

- Übersicht über die Marken des Wettbewerbs und über Anmeldeaktivitäten bei neuen Marken
- Übersicht über den Markenbestand einer Firma, die zum Verkauf angeboten wird
- Anregungen zum Finden neuer Markennamen.
- Welche Trends zeichnen sich bei Marken ab?
- Welche Marken des Wettbewerbs sind uns unbekannt und werden möglicherweise nicht benutzt?
- Wann läuft der Schutz für (solche) Wettbewerbsmarken aus?
- Welche Marken gibt es in einer speziellen Branche?
- Welche Marken gibt es in einer bestimmten Klasse?
- Wer ist der Inhaber einer bestimmten Marke?
- Ist die Marke nach Inhaberwechsel umgeschrieben worden?
- Wie ist der legale Status einer bestimmten Marke? Ist die Marke in Kraft? Läuft ein Widerspruchsverfahren, ein Löschungsantrag?
- Welcher Anwalt/welche Kanzlei betreut welche Marken und wie viele? Kann es Interessenkonflikte geben?

Alle Recherchen benutzen die sog. Booleschen Operatoren.

Ein **Boolescher Operator** (englisch *Boolean operator*, benannt nach George Boole (1815-1864)) ist ein logischer Operator, der auf einer Verknüpfung aus der Booleschen Algebra beruht. Boolesche Operatoren sind damit Verknüpfungen beziehungsweise Ausdrücke wie UND (Konjunktion), ODER (Disjunktion), NICHT (Negation) und XOR (ausschließendes *ODER*).

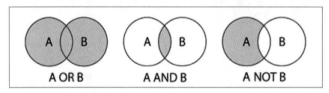

Bild 3.2: Boolesche Operatoren

Bei Recherchen nach Marken können wir zunächst unterscheiden[8]

1. Identitätsrecherchen

    ☐ es gibt nur Ergebnisse, die alle Suchbegriffe enthalten, Sonderzeichen werden nicht berücksichtigt (peter & Pan = pan & Peter = peter pan) automatische „und" – Verknüpfung, d.h. nur die Schnittmenge

    ☐ Klein- und Großschreibung wird nicht berücksichtigt

---

[8] Diese oder ähnliche Einteilungen finden sich auch in elektronischen Recherchedatenbanken

- ☐ Nur Ergebnisse zur eingegebenen Schreibweise, aber Vertauschung der Reihenfolge stört nicht (peter pan oder pan peter).
- ☐ für genaue Ergebnisse keine „Wildcards" (Joker, Platzhalter, Trunkierungen sind andere Ausdrücke gleicher Bedeutung)

2. Ähnlichkeitsrecherchen
- ☐ Ergebnisse mit dem Begriff als Bestandteil
- ☐ automatische „und" – Verknüpfung
- ☐ Klein- und Großschreibung wird nicht berücksichtigt
- ☐ für genaue Ergebnisse keine „Wildcards" Wildcards als unterstützende Platzhalter

3. Paraphonetische Recherchen
- ☐ Klein- und Großschreibung wird nicht berücksichtigt
- ☐ Automatische Suche nach verschiedenen phonetischen Schreibweisen
- ☐ Recherche findet alle Marken, die den Suchbegriff in seinen paraphonetlschen Bestandteilen enthalten
- ☐ Vokale werden gleichwertig behandelt.

Beispiele:
Eingabe alfa liefert auch alpha, alwa, Alpha Romeo.
Eingabe Alfa* liefert auch Alphabeth
Eingabe *alfa liefert auch Paulalpha, Betalpha

Darüber hinaus gibt es auch Recherchen nach Synonymen, Wortstämmen, Bildern, die natural language Recherche, Fuzzy (Unschärfe-)Recherche. Die umfänglichste und teuerste Recherche ist eine sog. Verfügbarkeitsrecherche, die die glatte Eintragsfähigkeit eines Markennamens versprechen möchte.
Wir recherchieren in Zusammenstellungen von Marken, die in Veröffentlichungen, in Datenbanken oder im Internet einsehbar sind, wohl wissend, dass es sich hier um verschiedene Systeme verschiedenen Umfangs handelt. Generell kann Vergleichbarkeit nicht gegeben sein, und keine Recherche ist völlig verlässlich. Kein Markenrechercheur wird eine Garantie dafür abgeben, dass es keine Marke des gesuchten Namens gibt, nur weil er keine gefunden hat. Das berücksichtigt die möglichen Fehler beim Recherchieren, die Fehler beim Zusammenstellen der Datenbanken und die Zeitverzögerung durch den Anmeldevorgang, durch Widersprüche und Beschwerden, gar nicht zu reden von fremdsprachlichen Einflüssen, beispielsweise in Fernost. Letzte Zweifel können Kontrollen von „native speakers" oder lokalen Anwälten ausräumen, auch wenn die Markenanmeldung nicht über sie, sondern preiswerter im Rahmen einer IR-Marke erfolgt.

3.2 Online-Datenbanken

Recherchen in Online-Datenbanken sind aktuell und elegant, dazu relativ preiswert und relativ leicht auszuführen. Außerdem wird kein Lagerplatz wie für die Druckwerke benötigt.

Möglich sind auch kostenlose Recherchen direkt bei den Markenämtern. Die Zahl der verfügbaren Adressen steigt ständig. Eine vollständige Aufstellung, sowie ein Kurzkommentar zu den einzelnen Anforderungen kann https://www.infobroker.de[9] entnommen werden. Hier ein Blick auf die ersten 25 der 58 genannten Länder:

Land	Homepage	Datenbank	Bemerkungen
Deutschland	dpma.de	register.dpma.de /DPMAregister/ marke/ uebersicht	Kostenfreie Einsteiger- und Expertenrecherche. Empfehlenswert ist der Einsteiger-Modus. Auch eine Monitoring-Abfrage ist dort möglich
Unionsmarke (EU-Gemeinschaftsmarke)	euipo.europa.eu/ ohimportal/de	oami.europa.eu/eSearch/#basic	Das EUIPO (früher: Harmonisierungsamt) hat seine Webseite und die Suchmöglichkeiten erheblich verändert. Die Recherche ist weiterhin kostenfrei möglich.
IR-Marken	wipo.int/ portal/ index.html.en	wipo.int/ romarin	Recht umfangreiche Suchmaske, die keine erweiterte Recherche (Maskierungen, Mehrzahl, Teilbestandteile usw.) ermöglicht. Ausreichend für die Rechtsstands-abfrage und identische Prüfung.
Afghanistan	moic.gov.af/en		Link auf die Homepage verweist auf das Copyright Office.
Albanien	zshda.gov.al/?lang=en		Albanisches Copyright Office. Englische Webseite verfügbar.

---

[9] https://www.infobroker.de/markenamter-weltweit-und-datenbank-zugange/

Land	Homepage	Datenbank	Bemerkungen
Andorra	ompa.ad/	ompa.ad/ en/trademark-registry-search	Sehr einfache Recherche über direkte Eingabe des Suchbegriffs. Keine Möglichkeit der Online-Einsicht des Rechtsstands erkennbar.
Argentinien	inpi.gov.ar	portaltramites. inpi.gob.ar	Nur in Landessprache. Der Bereich für Markensuche befindet sich unter Marcas/ Consultas/"Puntual" oder „Avanzada" (Fortgeschr.)
Australien	ipaustralia. gov.au/	search. ipaustralia. gov.au/ trademarks/ search/quick	„Quick" und „Advanced"-Suche möglich
Aserbaidschan	copag. gov.az/		Englische Seite des Copyright Office - Mit Intro der Hymne
Bahamas	bahamas. gov.bs		Menü: Registrar General's Department/Government/ Intellectual Property: Trademarks and Patents
Benelux	boip.int	register. boip.int/	Kostenfreie Recherche in englischer Oberfläche.
Bahrain	moic.gov.bh /moic/en		Englische Seite des Industrial Property Office
Brasilien	inpi.gov.br/ portal/	gru.inpi.gov.br/ pePI/jsp/marcas/ Pesquisa_classe _basica.jsp	Nur in Landessprache
Chile	inapi.cl/ portal/	ion.inapi.cl:8080/ Marca/ BuscarMarca.aspx	Website auch in Englisch, Recherche nur in Landessprache verfügbar.
China	english.sipo .gov.cn/		Recht ausführliche englische Sprachversion. Zur Zeit konnten nur Dienstleister ermittelt werden. Innerhalb der Amtsseiten nur Verweise auf Patent-Datenbanken.

Land	Homepage	Datenbank	Bemerkungen
Dänemark	dkpto.dk/	onlineweb.dkpto.dk/ pvsonline/ Varemaerke	Englische Oberfläche zur kostenfreien Recherche.
Estland	epa.ee/en	epa.ee/Patent/ mark.nsf/ SearchEngl? OpenForm	Englische Oberfläche zur kostenfreien Recherche.
Finnland	prh.fi/ en.html	tavaramerkki. prh.fi/ default_en.pl	Suche in den Beständen des Amtes möglich. Über Search Page durcharbeiten. Sprache ist englisch. Eignet sich für Rechtsstandsabfragen.
Frankreich	inpi.fr/	bases-marques. inpi.fr/	Recherche über INPI in französischer Sprache möglich.
Griechenland	obi.gr (nur für Patente)		Markenregistrierung über Behörde für Handel und Verbraucherschutz, in dortiger Website kein eigener Markenbereich
Großbritannien	ipo.gov.uk/	ipo.gov.uk/types/ tm/t-os/t-find.htm	Die Datenbank ist direkt kostenfrei nutzbar. Hier kann nach Aktenzeichen, Markeninhaber oder Markentext identisch recherchiert werden.
Hong Kong	ipd.gov.hk/ eng/ home.htm	ipsearch.ipd.gov.hk/ trademark/jsp/ main.jsp	Englische Oberfläche zur kostenfreien Recherche.
Indien	ipindia. nic.in/	ipindiaonline.gov.in/ tmrpublicsearch/ frmmain.aspx	Indisches Amt für Industrie und Intellectual Property. Englische Oberfläche zur kostenfreien Recherche.
Irland	Patentsoffice .ie/	eregister. patentsoffice. ie/query/ TMQuery.aspx	Kostenfreie Recherche

Für den Raum deutsche Marken, IR-Marken und Unionsmarken gibt es folgende ausgezeichnete Adressen:

3.2.1 Deutsche Marken

Bei www.dpma.de gibt es auch Links zu eSearch plus, TMview und ROMARIN. Im deutschen Register sind sowohl eine Einsteigerrecherche als auch eine Expertenrecherche für komplexe Suchanfragen möglich. Die Suchmöglichkeiten, Trunkierungen, Selektionen über die Suchoperatoren „und", „oder" und „nicht" sind hier und in allen weiteren genannten Markendatenbanken verschieden, aber grundsätzlich ähnlich.

DPMAregister unter www.dpma.de: Auf der Startseite geht man in der Kopfleiste auf „Marke" und danach in der linksseitigen Auswahlleiste auf „Recherche". Nach Bestätigung öffnet sich das Fenster „Recherche". In der rechten Auswahlleiste kann man DPMAregister, eSearch plus, TMview oder ROMARIN auswählen. Wählt man DPMAregister, erscheint die Suchmaske für die Einsteigerrecherche:

Recherche formulieren

Datenbestand: ☑ nationale Marken ☑ Unionsmarken ☑ internationale Marken

Wiedergabe der Marke: |_____| z.B. DPMAregister

Registernummer/Aktenzeichen: |_____| z.B. 30705082

Beginn Widerspruchsfrist: |_____| z.B. 17.05.2013

Markenform:

z.B. Wort-/Bildmarke

Anmelder/Inhaber: |_____| z.B. Bundesrepublik Deutschland

Klasse(n) Nizza: |____| oder |____| oder |____| z.B. 9

Bildklasse(n) (Wien): |_____| z.B. 26.13.01

Waren/Dienstleistungen: |_____| z.B. Software

Eingabemaske DPMAregister

Ein einfaches Beispiel:
Die Suche nach „TC concepts" ergab über die Einsteigerrecherche im deutschen Markenbestand zwei Treffer:

Datenbestand	Akzenzeichen/ Registernummer	Wiedergabe der Marke	Aktenzustand	Eintragungstag
DE	307443140	Translation Concepts (TC)	Marke eingetragen	10.10.2007
DE	3020130003462	TC-Concepts	Marke eingetragen	22.02.2013

Bemerkenswerterweise wurde nach der Frage „tc concepts" Translation Concepts (TC) gefunden und auch TC-Concepts. Bei Eingabe von tc-concepts oder tc concept* wurden keine Treffer angezeigt.. Es gilt also, die richtigen Fragen zu stellen.

Bei der Fragestellung tc* und Klasse 12 unter den gültigen deutschen Marken wurden 8 Treffer angezeigt, auch wieder die Marke TC-Concepts. Mit dieser Fragestellung haben wir durch die Trunkierung mit dem Sternzeichen * die Suche erweitert, durch die Begrenzung auf die Warenklasse 12 (Fahrzeuge) aber wieder stark beschränkt. Ein solches Vorgehen kann bei hohen Trefferanzeigen sinnvoll sein, um relevante Funde herauszufiltern. Bei diesem Beispiel zeigt sich, dass tc u.a. für Tensid Chemie, Tennis Club, time control, timber classics, Tom Carlo, Trust Center steht.

Im Expertenmodus sind folgende Eingabevorschriften zu beachten:

Suche im Expertenmodus nach	Rechercheeingabe
Marke „Mars" oder „M A R S"	WM = Mars
Zurückgewiesene/-genommene Marke	BA
Zurückgewiesene/-genommene Marke, die das Wort Hausbau enthalten	BA UND WM = Hausbau
Marke beginnend mit < Fili… > [Filius, Filia, Filiale …]	WM = fili?
Marken beginnend, endend oder im Wortinnern mit < brain > [Brain, Brainstorming, Hyperbrain, Hyperbrainstorming …]	WM = ?brain?
Marke Telecom oder Telekom	WM = tele!om
Marke kölnisch oder kölsch	WM = köl##sch
Marken Fantasie oder Phantasie oder Fantasia oder fantasy	WM = !#antas!#
Registernummer 305 14 330	RN = 305 14 330
Marken in der Nizza-Klasse 4	KL = 4 bzw. KL = 04

3.2.2 IR-Marken

ROMARIN ist das Acronym für **R**ead **O**nly **M**emory of **M**adrid **A**ctualized **R**egistry **IN**formation und enthält die bei der WIPO in Genf registrierten IR-Marken. Unter www.wipo.int/romarin gibt es Simple Search: Identitätsrecherche mit

vorgegebenen Operatoren und Advanced Search: manuelle Eingabe diverser Suchoperatoren möglich.
Folgende Informationen sind unter ROMARIN erhältlich:

- Ordungsnummer und Datum der Registrierung
- Schutzdauer
- Markenname, gegebenenfalls mit Transliteration und Übersetzung (Falls Wortmarke)
- Name und Anschrift des Inhabers und ggf. des letzten früheren Inhabers
- Eintragsdatum
- Details, z.B. bei Bildmarken verwendete Farben
- Daten der nationalen Registrierung im Ursprungsland
- Prioritätsdaten
- verwandte Markennummern
- die zum Zeitpunkt der internationalen Registrierung benannten Länder (kann sich stark verringert haben!)
- spätere territoriale Ausdehnungen und/oder Verzichte
- Warenklassen
- Verzeichnis der Waren und/oder Dienstleistungen
- Klassifikationssymbol(e) gemäß Wiener Klassifikation
- Daten über Schutzverweigerungen und/oder Beschränkungen (erst bei den Detailangaben sichtbar!).

Für die erweiterte Recherche können die Boolschen Operatoren und, oder, nicht verwendet, ebenso Platzhalter wie unten bei eSearch beschrieben.
Interessant sind auch die Natural language Recherche, die Synonym-Recherche, die Fuzzy Recherche die Phonetische Recherche und die Wortstamm Recherche.
Die <u>Natural language Recherche</u> ist eine Kombination von Wörtern, zusammengesetzten Ausdrücken oder Sätzen. Das Programm sortiert die Funde nach ihrer Relevanz bezüglich der Eingabe. Die Funde werden auch nach Zielgerechtigkeit gewichtet nach der Regel: Je häufiger eines der Suchwörter vorkommt, um so weniger ist es geeignet, relevante von nicht relevanten Ergebnissen zu trennen, aber je häufiger ein Suchwort in einem einzelnen Dokument auftaucht, um so relevanter könnte diese Fundstelle sein. Füllwörter und Operatoren wie and, not, oder werden ignoriert.
Die <u>Synonym Recherche</u> sucht nach sinnverwandten Wörtern, auch nach Antonymen (also dem Gegenwort, Gegenteil). Die Suche nach fast (*fast& w/5 search*) würde also auch quick oder rapid finden. Der Rechercheur kann sich auf den eingebauten Thesaurus (das Synonym-Wörterbuch) beschränken, aber auch eigene Vorgaben machen. Die Synomym Recherche kann aus mindestens zwei Gründen

sehr nützlich sein. Wenn die Identitätsrecherche keine störenden Treffer vor der Markenanmeldung zeigt, könnte der Anmelder sich in falscher Sicherheit wiegen und durch einen Widerspruch aus einer älteren verwechselbaren, weil sinngleichen Marke überrascht werden. Umgekehrt kann bei der Namenskreation einer Marke entscheidend sein, verwässerten Silben wie bio, san oder tec auszuweichen, in dem man Synonyme für natürlich, gesund oder technisch sucht.

Die <u>Fuzzy (Unschärfe-) Recherche</u> findet ein Wort auch dann, wenn es „flasch" geschrieben wird. So findet man nach der Frage apple auch appple. Es gibt zwei Möglichkeiten, fuzzy zu recherchieren:

1. "Fuzzy searching" anklicken, um alle Wörter der Recherchefrage so zu recherchieren. Den Grad der Fuzzyness (Unschärfe) kann man von 1 bis 10 einstellen.
2. Man kann die Unschärfe selektiv mittels des Prozentzeichens einstellen. Die Anzahl von %-Zeichen bestimmt dann die Zahl der Abweichungen:

    ba%nana: Das Wort muss mit ba anfangen und darf dann einen Unterschied zu banana aufweisen.

    b%%anana Das Wort muss mit b anfangen und darf dann zwei Unterschiede zu banana aufweisen.

Die <u>Phonetische Recherche</u> sucht nach gleichlautenden oder ähnlich lautenden Wörtern, die mit dem gleichen Buchstaben anfangen. Die Frage nach #*Smith* würde also auch *Smithe* und *Smythe finden*.

Die <u>Wortstamm Recherche</u> (Stemming) dehnt die Recherche auf grammatikalische Variationen eines Worts aus. Eine Suche nach fish findet auch fishing, eine Suche nach applied findet auch *applying*, *applies* and *apply*. Es gibt zwei Möglichkeiten, Stemming einzuschalten:

1. Das Anklicken des Kästchens **Stemming** bewirkt die Wortstamm Recherche für alle Wörter der Suche.
2. Soll das Stemming selektiv erfolgen, so ist das Zeichen hinter das selektierte Wort zu setzen, also z.B. *apply~*

Die <u>variable Wortgewichtung</u> hebt die übliche und normale Gleichwertigkeit der Treffer auf. Wenn man "apple:5 und pear:1" eingibt, werden zwar die gleichen Ergebnisse gefunden, aber die Äpfel-Funde gegenüber den Birnen-Funden fünffach höher gewichtet.

3.2.3 Unionsmarken

https://euipo.eu/eSearch bietet umfangreiche Informationen über Marken, Geschmacksmuster, Inhaber, Vertreter und Blätter und hilft, die EUIPO-Datenbank schnell und effizient zu durchsuchen.

Die einfache Suche ist die voreingestellte Standardoption beim Öffnen der eSearch plus-Anwendung.

Geben Sie in das Suchfeld den Namen oder die Nummer ein, nach dem/der Sie suchen möchten, und klicken Sie anschließend auf die Schaltfläche „Suchen". Das System sucht nach „Bezeichnung der Marke", „Wortelement des Geschmacksmusters" oder „Name des Inhabers/Vertreters".

Die einfache Suche wird empfohlen, wenn Sie Folgendes rasch recherchieren möchten:

Marken

Geschmacksmuster

Angaben zum Inhaber

Angaben zum Vertreter

Mit der einfachen Suche erhalten Sie keine Informationen zu täglichen Veröffentlichungen.

Nun ein Beispiel für eine Vertreterrecherche. Bei einem Widerspruch gegen eine eigene Marke kann es sinnvoll sein, nach dem Vertreter zu recherchieren. So kann man feststellen, ob sich der gegnerische Anwalt auf ein bestimmtes Markensegment spezialisiert hat und wie viele Marken er vertritt. Wir gehen auf *https://euipo.eu/eSearch* oder auf den entsprechenden Link eSearch plus auf der Webseite des DPMA. Dort wählen wir der Auswahlleiste über dem Suchanfragefeld „Representaives" auf und sehen nun folgendes Eingabefenster:

Search criteria
Sort results by Representative ID number

Representative name

Eingabemaske eSearch plus für Anwaltrecherche

Mit der erweiterten Suche können Sie anhand einer Vielzahl von Suchkriterien einzelne Gruppen (Marken, Geschmacksmuster usw.) detailliert durchsuchen. Sie können wahlweise nach bestimmten Wörtern suchen, nach Wörtern oder Ausdrücken, die eine bestimmte Zeichenfolge enthalten, nach Ausdrücken, die bestimmte Wörter enthalten bzw. nicht enthalten, nach Zeichenfolgen mit Platzhaltern usw.

Die „Suchoperatoren" (und, oder, nicht) ermöglichen eine präzisere Suche über mehrere Felder hinweg. Sie bewirken Folgendes:

- **und** – um zusätzliche Begriffe in die Suche aufzunehmen
- **oder** – um alternative Begriffe in die Suche einzubeziehen
- **nicht** – um bestimmte Begriffe von der Suche auszunehmen

Die Suchoperatoren beziehen sich immer nur auf die Suchkriterien in derselben Zeile wie der Suchoperator.

Wählen Sie die für Ihre Suchzeichenfolge am besten geeignete Regel aus. Wenn Sie beispielsweise nach der Zeichenfolge „nuss" suchen, erhalten Sie, abhängig von der angewandten Regel, unterschiedliche Ergebnisse:

- **ist** – zeigt nur Ergebnisse an, die dem Wort „nuss" genau entsprechen.
- **enthält** – zeigt alle Ergebnisse an, die die Zeichenfolge „nuss" enthalten, unabhängig von der Position innerhalb des Suchbegriffs, z.B. „Genussmanufaktur". Die Suche nach „pensch" zeigt auch „Lampenschirm", die nach „ibm" auch „Schreibmaschine".
- **beginnt mit** – zeigt alle Ergebnisse an, die die Zeichenfolge „wand" zu Beginn des Suchbegriffs enthalten, z.B. „Wandler" oder „Wandlitz".
- **endet mit** – zeigt alle Ergebnisse an, die die Zeichenfolge „nuss" am Ende des Suchbegriffs enthalten, z.B. „Kokosnuss" oder „Genuss".

Textfeld „Wiener Klassifikation"

Dieses Feld wird angezeigt, wenn Sie in den Registerkarten „Marken" oder „Geschmacksmuster" suchen.

Bei Bildelementen hilft Ihnen die automatische Ergänzung („Autovervollständigung") bei der Suche nach der relevanten Klasse bzw. Unterklasse der Wiener Klassifikation.

Die dort wiedergegebene sechste Ausgabe der Klassifikation ist ab 2008 gültig und umfasst insgesamt:

29 Kategorien, 144 Abschnitte und 788 Unterabschnitte und 879 Hilfsabschnitte.

Erstbenutzer sollten sich beim Suchen nach der gewünschten Kategorie nicht dadurch abschrecken lassen, dass die Kategorien erst am Ende vieler Textseiten erscheinen.

Wenn Sie auf das Sternchen (*) unterhalb des Textfelds klicken, öffnet sich das EUIPO-Handbuch zur Klassifikation der Bildelemente im PDF-Format.

Hinweis: Bei Designmarken kann die Wiener Klassifikation nur für Marken in den folgenden Locarno-Klassen abgerufen werden: 01.01, 05.05, 09.01, 09.03, 19.04, 19.08 und 32.00. Die Klasse 99.00 wird seit dem 1.1.2009 (Inkrafttreten der 9. Ausgabe der Locarno-Klassifikation) nicht mehr verwendet, existiert aber noch bei älteren Anmeldungen.

Textfeld „Locarno-Klassifikation"

Dieses Feld wird nur angezeigt, wenn Sie in der Registerkarte „Design" suchen.

Die automatische Ergänzung („Autovervollständigung") hilft Ihnen bei der Suche nach der relevanten Locarno-Klasse für die betreffenden Erzeugnisse.
Wenn Sie auf das Sternchen (*) klicken, öffnet sich das Suchtool für die Locarno/EuroLocarno-Klassifikation.

Für Suchtextfelder gelten folgende Regeln:
- Als „Text" gilt jedes alphanumerische Zeichen. Es können beliebige Zeichen in das Textfeld eingegeben werden. Nur das Sternchen-Zeichen (*), das Fragezeichen (?) und die doppelten Anführungszeichen („") sind Platzhalter mit festgelegten Funktionen. Weitere Informationen hierzu finden Sie im Abschnitt zu den Platzhalterzeichen.
- Bei der Eingabe von Text in das Textfeld kann Groß-/Kleinschreibung außer Acht gelassen werden, d. h., „coke" und „Coke" führen zu denselben Ergebnissen.
- Das Suchsystem berücksichtigt darüber hinaus keine Sonderzeichen, d. h., bei der Eingabe von „Müller" erhalten Sie dieselben Ergebnisse wie bei „Muller".
- Die Platzhalter (*) bzw. (?) können an beliebiger Stelle in einer Suchzeichenfolge verwendet werden, wenn ein oder mehrere Zeichen nicht bekannt sind.

Ein so genanntes Platzhalterzeichen kann verwendet werden, um ein anderes Zeichen oder eine Zeichenfolge zu ersetzen.
Fragezeichen (?)
Das Fragezeichen ersetzt ein einzelnes unbekanntes Zeichen.
Beispiel: Wenn Sie „compl?ment" eingeben, werden sowohl Suchergebnisse mit „complement" als auch solche mit „compliment" aufgeführt.
Sie können auch mehrere Fragezeichen in einer Suchzeichenfolge verwenden.
Hinweis: Ein Fragezeichen ersetzt (im Gegensatz zum Sternchen-Zeichen) jedoch kein Leerzeichen.
Sternchen (*)
Das Sternchen ersetzt ein oder mehrere unbekannte Zeichen (einschließlich Leerzeichen).
Beispiel: Wenn Sie „compl*ment" eingeben, werden sowohl Suchergebnisse mit „compliment" als auch solche mit „Complete Management" aufgeführt.
Sie können das Sternchen in einer Suchzeichenfolge mit einem Fragezeichen kombinieren.
Beispiel: Bei Eingabe von „*1?3" erhalten Sie die Ergebnisse „123" und „Farmacia +123".

Verwendung von doppelten Anführungszeichen („ ")
Wenn Sie ein Wort oder einen Ausdruck zwischen doppelte Anführungszeichen setzen, wird nur nach den zwischen den Anführungszeichen befindlichen Zeichen gesucht.
Beispiel: Bei Eingabe von „„„Hello""" erhalten Sie das Ergebnis „Hello".

3.2.4 Unions-, IR-Marken und nationale Marken in der EU

Alle diese Marken können zusammen unter
https://www.tmdn.org/tmview/welcome.html?lang=de
kostenlos recherchiert werden. Die Kombination ist ideal für eine Recherche vor Anmeldung einer Unionsmarke.

Was ist TMview? TMview bietet Informationen über Marken. Es ist
· kostenlos,
· an sieben Tagen in der Woche rund um die Uhr verfügbar,
· dank täglicher Aktualisierungen durch die Markenämter stets auf dem neuesten Stand,
· Verfügbar in mindestens einer Amtssprache eines jeden integrierten Amtes.

Wie kann TMview Ihnen helfen? Sie können TMview nutzen, um
· zu prüfen, ob Ihr gewünschter Markenname verfügbar ist;
· festzustellen, welche Waren und Dienstleistungen durch Marken Ihrer Wettbewerber geschützt sind;
· zu bestimmten Marken aktuelle Informationen über Status- oder Namensänderungen und ablaufende Widerspruchsfristen abzurufen.

Bei Einführung enthielt die Datenbank schon 5 Millionen Anmeldungen und Marken. Am 25.4.2015 betrug die Anzahl der Marken in TMview 25431023. Es gibt eine Schnellsuche und eine Erweiterte Suche.

3.2.5 GLOBAL BRAND DATABASE

Bei der WIPO gibt es seit März 2011 diese besondere Datenbank, direkt zu erreichen unter http://www.wipo.int/branddb/en/. Global Brand ermöglicht die kostenlose Suche nach IR-Marken, Herkunftsbezeichnungen und Emblemen, die zu Staaten oder zwischenstaatlichen Organisationen gehören. Die markenbezogenen Einträge stammen aus Quellen, die üblicherweise nicht zugänglich sind oder nicht befragt werden. Im Suchfeld erscheint beim Eingeben der Frage sukzessiv, welche Treffer zu erwarten sind. Seit 2015 ist auch eine „image based" Recherche möglich. 2016 enthielt diese Datenbank über 27 Millionen brands.

Diese Recherchemöglichkeit ist ein wenig versteckt. Deshalb folgende kleine Wegbeschreibung: Auf der Startseite www.wipo.int befindet sich ganz unten ein Kästchen „WIPO MADRID The International Trademark System". Nach Anklicken öffnet sich die Seite. Wiederum am Ende der Seite steht links „Search" und „Global brand database". Nach Anklicken erscheint das Eingabefenster, wie unten gezeigt. Man hat nun die Wahl, nach Marken, Namen, Zahlen usw. zu suchen. Beispielsweise geben wir rechts neben dem Feld „Text" den Suchbegriff ein. Zwischen „Feld" und dem Kästchen für die Eingabe des Suchbegriffs ist für Geübte das Zeichen = und ein kleines Dreieck sichtbar. Das voreingestellte = bedeutet normale Suche nach dem eingegebenen Begriff. Klickt man auf das Dreieck, folgen die Wahlmöglichkeiten

= ~: (Fuzzy) matches are spelled similarly to entered term(s)
P=: (Phonetic) matches sound like entered term(s)
S=: (Stemming) match all forms of a word.

Eingabemaske Global Brand Database:
Global Brand Database
Perform a trademark search by text or image in brand data from multiple national and international sources, including trademarks, appellations of origin and official emblems. (Von hier kann durch einen Klick auf die Suche mit TMview umgeschaltet werden.)

Search By
- Brand Names Numbers Dates Class Country

Text = »

Image Class
=

Goods (All)
=

search

3.2.6 Nationale Markendatenbanken

Die Adressen vieler nationaler Markenbanken findet man leicht über Suchmaschinen. Es ist nicht sinnvoll, sie hier aufzulisten, weil sich diese Adressen öfter ändern. Unter https://www.dpma.de/service/links/patentaemter/ist eine kostenlose Übersicht über viele Links erhältlich. Einige Links können kostenpflichtig sein.

3.2.7 Kostenpflichtige Quellen für Markenrecherchen

Auch hier kann nur eine Auswahl aufgeführt werden. Die Anzahl der Anbieter ist in den letzten zwanzig Jahren stark zurückgegangen – einerseits wegen Geschäftsaufgabe, andererseits durch Fusionen und Übernahmen. Im Internet-Abonnement (flatrate) oder als Einzelabfrage sind bei s.m.d.markeur CEDELEX, Corsearch von WoltersKluwer (incl. Edital und AvantiQ) oder Thomson Reuters (incl. früher EuCOR) Deutsche, IR-Marken und Unionsmarken sowie eine ständig zunehmende Zahl von nationalen Marken recherchierbar.
Bei s.m.d.markeur gibt es eine Identitätsrecherche, eine Ähnlichkeitsrecherche und eine Profirecherche. Das Recherchieren ist benutzerfreundlich. Die Ergebnisse lassen sich mehr oder minder bequem selektieren, ordnen und in vielen Ausgabeformen speichern und exportieren: vom Listenformat in Tabellenform (mit oder ohne Logo), Kurz-, Mittel- oder Langformat, als rft- oder pdf-Datei. S.m.d. bietet zusätzlich und kostenlos sehr nützliche Hilfen wie den bereits erwähnten Länder-Index www.country-index.comoder Grace periods (Länderspezifische Toleranzen nach Zeitüberschreitungen) Seit 2016 hat s.m.d.markeur unter www.tmzoom.com eine neue Recherche Plattform TMZOOM, die als noch besser und bedienungsfreundlicher propagiert wird.

Hosts für Markenrecherchen sind:
beispielsweise CompuMark und Saegis auf SERION (www.saegis.com) bei ThomsonReuters (www.trademarks.thomsonreuters.com), Corsearch unter www.corsearch.com. Saegis bietet benutzerfreundliche Recherchen in vielen Ländern an und zur Auswertung und Aufbereitung der Ergebnisse ein umfassendes Paket. Unter Custom Search kann der Benutzer eine eigene Recherchestrategie definieren. Die Anzeige der Treffermengen HIT COUNT in den einzelnen Länderdatenbanken ist kostenlos. Das ist eine wertvolle Hilfe nach einer Namensfindungsaktion für eine neue Marke, denn „verbrauchte" Namen können so aussortiert werden. Erst bei VIEW HITS fallen Kosten an. Die Höhe der Kosten hängt von der Ausführlichkeit der Anzeige ab. Unter AutoScreen können automatisierte Ähnlichkeitsrecherchen durchgeführt werden. Nach Eingabe des Suchbegriffs definiert AutoScreen eine Suchstrategie und zeigt identische und sehr ähnliche Marken in der Reihenfolge ihrer Relevanz.
Corsearch offeriert eine sehr breite Vielfalt von Gestaltungen für die Aufarbeitung der Rechercheergebnisse, was auch mit der Integration von Edital und AvantiQ zusammenhängt. Es erfordert jedoch einen gewissen Aufwand, die maßgeschneiderte Lösung einzustellen.

3.3 Non-traditional Trademarks Archive

Zu den nicht traditionellen Markenformen wie Hör-, Geruchs-, Tast-, Bewegungsmarken und Hologrammen, die sich schwer recherchieren lassen, gibt es Hinweise unter http://www.inta.org/Advocacy/Pages/NontraditionalMarks.aspx, http://en.wikipedia.org/wiki/Non-conventional_trademark und besonders bei RA Ralf Sieckmann http://www.copat.de/markenformen/mne_markenformen.htm.

3.4 Fazit für Recherchen

Nach der Recherche können wir versuchen zu entscheiden, ob das Zeichen, das wir gerne angemeldet hätten, noch zu haben ist. Ganz sicher können wir nie sein, selbst bei einer weltweiten Recherche mit vorteilhaftem Ausgang nicht. Erstens erfasst die Recherche nicht die in den Ämtern schlummernden Anmeldeanträge. Zweitens können wir nicht die Reaktion der Inhaber ähnlicher Marken abschätzen. So mag ein identisches Zeichen bereits eingetragen sein, aber trotzdem kein Hindernis darstellen, weil es ganz andere Waren oder Dienstleistungen beansprucht. Andererseits gibt es Markeninhaber mit äußerst niedriger Toleranzschwelle, für die die Ähnlichkeit schon beginnt, wo wir noch völlige Verschiedenheit konstatieren würden.

Zur Abschätzung der Ähnlichkeit folgen Entscheidungshilfen, die ebenso bei der Verteidigung einer eingetragenen Marke (Kapitel 5) verwendet werden können.

Entscheidungshilfen zur Abschätzung der Ähnlichkeit von Marken
1. Der Wortteil eines Zeichens ist gewöhnlich von größerer Bedeutung als der Bildteil.
2. Treten gemeinsame Elemente zweier Zeichen stark hervor, so wird diese Ähnlichkeit durch Zusatz von Wörtern nicht gemindert, wenn die Wörter in Richtung Beschreibung oder Gattungsbegriff gehen.
Treten gemeinsame Elemente zweier Zeichen jedoch nur schwach hervor, kann der Zusatz von anderen Wörtern genügen, die Zeichen unterscheidbar zu machen. (PERAMID / PERCARBAMID WOLF)
3. Phonetisch ähnliche Wörter werden als gleich behandelt (EASY, EAZY, EAZI, evtl. auch ISI).
4. Übersetzungen von Wörtern in bekannte Sprachen sind ungeeignet, um Unterscheidbarkeit zu erzielen (STAR =STERN=ETOILE; FERROBLACK=EISENSCHWARZ; Schwarzer Ritter = Cavalier noir = Cavaliere nero = Zwarte Ridder = Hidalgo negro).

Kleine Schlussbemerkung zu Recherchen:

Recherchen sind notwendig und teuer, aber wie notwendig und wie teuer? Die Notwendigkeit hängt eng mit der Güte des Markennamens zusammen. Je unterscheidungskräftiger, origineller, ungewohnter der Name und je weniger beschreibend er ist, umso höher ist die Wahrscheinlichkeit, dass es keine identischen oder ähnlichen älteren Marken gibt. Hier ließe sich Geld sparen, wenn eine kostenlose Identitätsrecherche mit null Treffern dazu ermutigt. Manche Anmelder gehen dann das verminderte Restrisiko ein, die Marke einfach anzumelden und mögliche Reaktionen abzuwarten. Dieses Risiko können sich größere Firmen mit lobenden und/oder fast direkt beschreibenden Namen, wie sie Hersteller von Produkten für Endverbraucher leider bevorzugen, nicht leisten. Bei solchen Firmen ist es auch fast normal, dass die Produkte schon wenige Tage vor der Markteinführung stehen, wenn endlich erwogen wird, nun eine Marke anzumelden.

Die Recherche-Kosten werden außerdem durch eine unglückliche Arbeitsteilung und eine Vollkasko-Mentalität in die Höhe getrieben. Markenanmelder wollen oft keinerlei Risiko tragen, selbst wenn sie sich Namen wünschen, die nahe an Wettbewerbsmarken oder im Trend liegenden Begrifflichkeiten liegen. Anwälte haben ebenfalls Angst vor Schadenersatzforderungen, weil die Rechtssprechung mitunter bedenklich weit gehende anwaltliche Haftungsmaßstäbe setzt. Deshalb recherchieren sie nicht selbst, sondern beauftragen externe Rechercheure und versehen die Ergebnisse mit einer unverbindlich formulierten Bewertung, gefolgt von umfangreichen Haftungsausschluss-Texten. Die Rechercheure tragen nun die volle Verantwortung, die sie nur begrenzen können, indem sie besonders gründlich und teuer recherchieren. Das ist ja nicht zu ihrem Nachteil, solange der Kunde bezahlt. Für wenig kapitalisierte Startups ergibt sich daraus: 1. Gute unterscheidungskräftige Namen wählen, 2. preiswerte Recherche (jedoch in keinem Fall auf Recherche verzichten), 3. Mut zum Risiko, 4. Produkte erst auf den Mark bringen, wenn die Marke registriert und konfliktfrei ist.

4. Registrierung

Nach guter Planung geht es nun darum, die Marke auch strategisch klug und sinnvoll zu registrieren. Es gilt zu beachten, wer als Anmelder der Marke angegeben werden soll, wie die Markenwiedergabe aussehen soll und wie das Verzeichnis der Waren- und Dienstleistungen zu gestalten ist. Außerdem stellt sich bei dem Wunsch nach ausländischem Markenschutz die Frage, welcher von mitunter mehreren möglichen Wegen des Auslandsschutzes zum konkreten Markenprojekt strategisch am besten passt.

Am Rande noch ein kurzer Praxishinweis vorab: Vorsicht vor so genannten „Scheinrechnungen"! Gewisse Unternehmen schreiben aufgrund der öffentlich zugänglichen Markendaten die Anmelder an und bieten z.B. die Aufnahme in irgendein – nicht amtliches – Markenregister an. Die Anschreiben werden aber so gestaltet, dass sie den Eindruck eines amtlichen Schreibens bzw. einer amtlichen Gebührenrechnung erwecken. Ähnliches kommt übrigens z.B. auch nach Handelsregistereintragungen vor. Zahlen Sie bitte nichts ohne genaueste Prüfung!

4.1 Auswahl des richtigen Anmelders

<u>- Grundfall: Markenführendes Unternehmen ist Markeninhaber.</u>

<u>- Alternative Gestaltung:</u>

Lizenzmodell bzw. Rechtegesellschaft, dabei ist u.a. zu berücksichtigen:

- Franchise
- Verlustrisiko (Insolvenz)
- Betriebsgesellschaften
- Markenverantwortung
- Erbengemeinschaft
- Familienkonzern
- Bilanzwert

Bild 4.1: Die Auswahl des richtigen Anmelders

4.2 Markenwiedergabe

Bei Bildmarken muss eine Abbildung der Marke eingereicht werden, die nicht größer als DIN A4 sein darf und im Idealfall bis 8 x 8 cm misst. Bei elektronischer Anmeldung wird die Marke vom Computer hochgeladen. In den meisten Fällen wird man eine farbige Bildmarke schwarz-weiß anmelden. Das ist in einigen Ländern billiger. Schon öfter hat sich außerdem zu spät herausgestellt, dass eine Farbmarke als Schwarz-Weiß-Kopie nur einen schwarzen Klecks ergibt. Die genaue Festlegung auf Farben hat nur Sinn, wenn die Farben zur Markenstrategie gehören - wie z.B. das Rot von Coca-Cola. Zu beachten ist, dass entgegen früherer Praxis eine Anmeldung in Großbuchstaben und schwarz-weiß bzw. Graustufen nicht jede andere Schriftweise und alle Farben abdeckt. Daher will die Wahl der Markenwiedergabe strategisch gut überlegt sein.

Mit der Wiedergabe der Marke wird
der Schutzbereich bestimmt.
- A) <u>Minimum</u>: Passivschutz für unveränderte Gestaltung

- B) <u>Optimum</u>: Aktivschutz bis in den Ähnlichkeitsbereich

Bild 4.2: Der Schutzbereich in Abhängigkeit von der Markenform

4.3 Festlegung des Waren- und Dienstleistungsverzeichnisses (WDV)

Zunächst müssen wir in einem Verzeichnis der Waren und/oder Dienstleistungen festlegen, was wir unter dem Markennamen geschützt haben möchten. Danach bestimmt sich der Schutzumfang der Marke. Das Verzeichnis ist sorgfältig abzufassen, weil zu breite Verzeichnisse nicht akzeptiert werden und zu enge später nicht mehr erweitert werden können. Die Nizza-Klassifikation ist die Grundlage der Klassifikation.

Alle Waren und Dienstleistungen sind aufgrund der Nizza-Klassifikation (NCL) in insgesamt 45 Klassen aufgeteilt. Die NCL umfasst international festgelegte Listen von bestimmten Waren und Dienstleistungen, die insgesamt ca. 9.000 Begriffe umfassen. Diese Listen reichen in der Praxis jedoch nicht aus, um alle existierenden Waren und Dienstleistungen sicher in eine bestimmte Klasse eingruppieren zu können.

In wenigen Ländern können noch ganze Klassen ohne weitere Angaben geschützt werden, in Deutschland nicht einmal mehr "Chemische Erzeugnisse für gewerbliche Zwecke" in Klasse 1. Mit zunehmender Zahl der Marken und ihrer Globalisierung werden die Verzeichnisse immer enger. Allgemeinere Begriffe müssen erläutert oder eingeengt werden mit Wörtern wie insbesondere oder nämlich. "Einschließlich" und "beispielsweise" sind nur erläuternde "offene Endungen" und werden meist nicht akzeptiert. "Nämlich" ist eine starke Einschränkung, die die Einleitung fast wertlos macht. Angaben wie "Apparate, Systeme, Maschinen, Produkte und Zubehör" werden von den Prüfern als zu unspezifisch zurückgewiesen. Sie müssen genauer sein, so wie z.B. "Nahrungsmittel, nämlich Babynahrung". "Beratung" genügt nicht; es muss schon verraten werden, ob Finanzberatung, logistische Beratung usw. Kundenberatung im Rahmen des Produktverkaufs gilt als selbstverständlich und kann nicht als Dienstleistung angemeldet werden. Werbung mit Druckschriften, T-shirts usw. berechtigt nicht dazu, Produktschutz für Bücher oder Hemden zu beanspruchen. Das Verzeichnis sollte trotzdem so breit wie möglich sein, aber nicht zu breit, denn bei Nichtnutzung droht der Marke zumindest die Teillöschung.

Um Schwierigkeiten zu vermeiden und die Prüfung der Anmeldungen zu vereinfachen oder sogar überflüssig zu machen, sind die vorgeprüften Begriffe für Waren und Dienstleistungen der Ämter äußerst empfehlenswert. Bei elektronischer Markenanmeldung sind solche Verzeichnisse zunehmend sogar zwingend. Klassifizierungen sind auf den Webseiten der Markenämter zu finden z. B. beim DPMA.

4.3.1 DPMA: International harmonisierte Klassifikation von Waren und Dienstleistungen

Einheitliche Klassifikationsdatenbank

Das DPMA hat sich aktiv daran beteiligt, mit dem EUIPO und weiteren nationalen Markenämtern Europas, eine einheitliche Klassifikationsdatenbank (eKDB)[1] mit etwa 60.000 Waren- und Dienstleistungsbegriffen zu schaffen. In dieser Klassifikationsdatenbank sind auch alle Begriffe der alphabetischen Listen der Nizza-Klassifikation enthalten. Die Begriffe der eKDB sind in 27 Landessprachen übersetzt, werden von den teilnehmenden Ländern akzeptiert und sind in dieselben Klassen gruppiert. (Übersicht der teilnehmenden harmonisierten Länder, siehe: tmclass.tmdn.org)

Baumstruktur - der schnelle Weg zu Waren und Dienstleistungen

Für die eKDB wurde eine Struktur erarbeitet, die das Auffinden von Begriffen innerhalb einer Klasse dieser Datenbank erleichtern soll. Die Waren- und Dienstleistungsbegriffe der 45 Klassen der Nizza-Klassifkation wurden - soweit möglich - jeweils in Oberbegriffe zusammengefasst. Auf diese Weise entstand eine Baumstruktur ("Taxonomie"), die alle in den einzelnen Klassen enthaltenen Waren und Dienstleistungen abbildet, die sich in der Datenbank befinden.

Class Scopes - maximaler Schutz

Die "Class Scopes" setzen sich in der Regel aus der obersten Ebene der Baumstruktur der eKDB zusammen. Die Beanspruchung eines Class Scopes in einer Markenanmeldung soll ermöglichen, mit wenigen Oberbegriffen einen nahezu maximalen Schutz für alle Waren zu erreichen. Nach der Entscheidung „IP-Translator" bzw. dem Artikel 28 Absatz 8 der UMV gilt jedoch in der EU inzwischen das „What you see is what you get- Prinzip".

4.3.2 EUIPO: TMclass

TMclass unter http://tmclass.tmdn.org/ec2/hilft Ihnen bei der Suche und Klassifizierung von Waren und Dienstleistungen, die Sie für die Markenanmeldung benötigen. Sie können ebenso eine Auswahl an Waren und Dienstleistungen übersetzen und mit den Klassifikationsdatenbanken der teilnehmenden „harmonisierten" Ämter vergleichen. Die jeweils aktuelle Liste der harmonisierten Ämter steht unter http://tmclass.tmdn.org/ec2/. Die harmonisierte Datenbank wird ständing aktualisiert und entwickelt sich entsprechend den Bedürfnissen des Marktes und der Benutzer. Dies erfolgt monatlich in einem Abstimmungsprozess der Experten für Klassifizierung bei den harmonisierten Markenämtern.

4.3.3 WIPO: Der Madrid Goods and Services Manager MGS

Use **MGS** to compile and translate a list of goods and services as recommended by WIPO. It is available in several languages, including Chinese, Japanese and Korean
www.wipo.int/mgs

Unter www.wipo.int/mgs kann der Goods & Services Manager aufgerufen werden, auch in Deutsch und 14 weiteren Sprachen (seit 1.5.2013):
Englisch, Französisch, Spanisch (Die Anmeldesprachen)
Arabisch,
Chinesisch (vereinfacht und traditionell),
Niederländisch,
Hebräisch,
Italienisch,
Japanisch,
Norwegisch,
Portugiesisch,
Russisch und Türkisch.

Weitere Sprachen werden hinzukommen. Dieses Online-Werkzeug dient der Erstellung von Listen für Waren und Dienstleistungen. Es enthält Begriffe aus der Nizza-Klasifikation, häufig vorkommende Begriffe aus IR-Marken und aus anderen Datenbanken. 2013 gab es dort allein 42000 englische Begriffe. MGS bietet folgende Funktionen:

- Blättern, um Begriffe aus einer „pick list" auszuwählen
- Suche nach akzeptierten Begriffen für Schlüsselwörter
- Prüfen von Begriffen auf Akzeptanz bei der WIPO
- Prüfen der benannten Kontraktparteien (dCP) bei der WIPO
- Übersetzen eines Begriffs in eine der 15 Sprachen
- Importieren und Exportieren von Begriffen in eine abspeicherbare Liste, die in jeder der 15 Sprachen wieder verwendet werden kann, z.B. für Standard-Warenverzeichnisse
- Drucken einer solchen Liste in einer der 15 Sprachen.

Die Vorteile des MGS liegen auf der Hand: Die gewonnenen Listen werden von der WIPO und von vielen anderen Markenämtern akzeptiert. Der MGS passt sich immer an die neueste Nizza-Klassifizierung an. Er vermeidet vorläufige Zurückweisungen durch die benannten Vertragsparteien (Landesämter). Die WIPO arbeitet daran, weitere nationale Datenbanken zu integrieren und die Listen aus dem MGS direkt in die Anmeldeformulare zu exportieren.

-Spätere Erweiterung nur durch neue Markenanmeldung!

-Vorbeugung durch vorausschauende Anmeldestrategie:

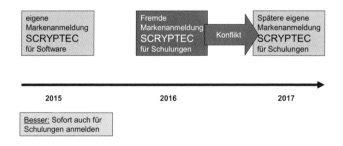

Bild 4.3: Schutzerweiterung durch neue Markenanmeldung

Es gibt mehrere Möglichkeiten der Anmeldung, wie die folgende Übersicht zeigt:

4.4 Möglichkeiten der Markenanmeldung

(Stand April 2017, im Internet aktualisierbar)

1. Getrennte Anmeldung nationaler Marken in:

Deutschland, USA, Japan, Australien usw.

2. Gruppenmarken:

Unionsmarke	28 Länder (Euroland)	bei EUIPO in Alicante
Internationale Marke (IR)	94 Länder (incl. OAPI als eine Einheit)	bei WIPO in Genf
OAPI Marke	16 afrikanische frankophone Länder	
ARIPO Marke	19 afrikanische anglophone Länder	

Die 16 Länder der Organisation Africaine de la Propriété Intellectuelle (OAPI) sind:

- Äquatorialguinea
- Benin
- Burkina Faso
- Elfenbeinküste
- Gabun
- Guinea
- Guinea-Bissau
- Kamerun
- Republik Kongo
- Mali
- Mauretanien
- Niger
- Senegal
- Togo
- Tschad
- Zentralafrikanische Republik

Bild 4.4: OAPI-Länder

Da die OAPI-Länder als eine Einheit über die IR-Marke eintragbar sind, ist es nicht mehr sinnvoll, diese getrennt anzumelden.

4.4.1 Deutsche Marken

Deutsche Marken werden beim Deutschen Patent- und Markenamt DPMA in München angemeldet. Von der Homepage www.dpma.de kann man die aktuellen Formulare als editable pdf herunterladen oder dort auch direkt eine Marke anmelden:

Die Gebühren betragen 300 €, bei elektronischer Anmeldung 290 €, für die ersten drei Klassen. Für jede weitere Klasse sind zusätzlich 100 € zu zahlen.

4.4.2 Ausländische nationale Marken

Die Anmeldung der ausländischen nationalen Marken muss zumeist über ausländische Korrespondenzanwälte erfolgen.

Die Kosten für die Anmeldung und die Anwaltsgebühren schwanken, so dass es nicht sinnvoll ist, hier einen Momentzustand zu dokumentieren. Seit einiger Zeit kann man bei den Anwaltsgebühren auch verhandeln und bei einem größeren Markenbestand oder bei größeren Anmeldungszahlen mit fast immer gleichem Warenverzeichnis Rabatte aushandeln.

Generell ist es wegen des Verwaltungsaufwands oder der hohen Kosten nur bei schwachen Namen, die bei einer Unionsmarkenanmeldung durchfallen konnten, oder bei speziell auf ein Land zugeschnittener Markenstrategie sinnvoll, nationale ausländische Marken anzumelden.

4.4.3 IR-Marken

Die Postadresse der WIPO lautet: World Intellectual Property Organization, 34, chemin des Colombettes, CH-1211 Geneva, Switzerland

MMA

Mehrere Länder haben am 14. April 1891 das Madrider Markenabkommen MMA abgeschlossen, um multinationale Markenanmeldungen zu vereinfachen. Das Abkommen trat am 15. Juli 1892 in Kraft und wurde mehrfach abgeändert, nämlich am 14.12.1900 in Brüssel, 02.06.1911 in Washington, 06.11.1925 in Den Haag, 02.06.1934 in London, 15.06.1957 in Nizza, 14. 07.1967 in Stockholm. Zuletzt wurde es am 2. Oktober 1979 in Stockholm überarbeitet. Der Kreis der Mitgliedstaaten hat sich erweitert und expandiert weiter. Im Okober 2016 hatte das Madrid System 98 Mitglieder, die 114 Länder repräsentieren. In Bild 4.5 sind zusätzlich zur Länderabdeckung nützliche Hinweise für die zuständigen Teams wiedergegeben.

Bild 4.5: Mitgliedsländer des Madrider Systems

Basierend auf einer deutschen Marke, kann man mit einem einzigen Formular (MM2) bei der OMPI (bzw. WIPO) in Genf eine Internationale Registrierung (IR) bzw. IR-Marke für alle in Bild 4.5 aufgeführten Länder (oder für eine Auswahl davon) zugleich beantragen. Das Bild zeigt zugleich die Länderzuständigkeiten der Teams in Genf.

Der Hinterleger einer nationalen Markenanmeldung kann gemäß Art. 4 PVÜ eine Prioritätsfrist von 6 Monaten in Anspruch nehmen, um auch für die Internationale Registrierung den Zeitrang der ursprünglichen nationalen Hinterlegung zu sichern.

Da in Deutschland die Eintragung der Basismarke nicht mehr länger als 6 Monate dauert, empfiehlt es sich, keinen Antrag auf beschleunigte Prüfung zu stellen, jedoch auf der Anmeldung den Vermerk "Als IR-Marke vorgesehen" anzubringen.

Wichtiger Hinweis: <u>Die Internationale Registrierung soll auf der Grundlage der im deutschen Register eingetragenen Marke erfolgen.</u> Dieser Satz ist nur scheinbar trivial. Wird dies im Antrag nicht vermerkt, und ist die deutsche Marke noch nicht registriert, nimmt das Amt nur die PMMA-Registrierungen vor und "vergisst" die MMA-Schutzausdehnungen.

Innerhalb der ersten 5 Jahre nach dem Gesuch um Internationale Registrierung besteht eine Abhängigkeit zur Basismarke. Gemäß Art. 6 MMA bzw. PMMA wird bei Verlust der Basismarke die IR-Marke gelöscht. Das PMMA ermöglicht in diesem Fall ohne Prioritätsverlust die Umwandlung in nationale Markenanmeldungen.

Die relativ geringen Kosten für die Anmeldung einer IR-Marke variieren. Deshalb wird hier keine Momentaufnahme abgebildet. Bei der Anmeldung lassen sie sich über den Gebührenrechner Fee Calculator unter www.wipo.int exakt bestimmen. Die Laufzeit einer IR-Marke beträgt 10 Jahre, die Verlängerung erfolgt ebenso für 10 Jahre. Gegenwärtig kostet eine Internationale Registrierung für die wichtigsten IR-Länder ca. 5000 €. Wollte man in allen Mitgliedsländern des Madrider Markenabkommens (MMA) **nationale** Anmeldungen vornehmen, würde das wesentlich mehr kosten und viel Korrespondenz mit den ausländischen Anwälten erfordern. Die IR-Marke ist also sehr preiswert und bequem. Dies gilt allerdings nicht für die Benennung einzelner Länder in den EU-Staaten. Im EU-Bereich ist die Unionsmarke preiswerter und kann im Rahmen der IR-Anmeldung durch Ankreuzen des Kästchens EM erfolgen.

PMMA

Wichtige Industrieländer wie Großbritannien, die USA und die skandinavischen Staaten gehörten zunächst nicht dem MMA an, weil sich bestimmte Aspekte des MMA nicht mit dem nationalen Recht dieser Länder vereinbaren lassen. Deshalb wurde 1989 ein selbständiger Vertrag, das Protokoll zum MMA (PMMA) verhandelt. Nach PMMA kann bei der WIPO seit 1. April 1996 - basierend auf der nationalen Basismarke oder Anmeldung - auch eine IR-Marke für die PMMA - Länder angemeldet und registriert werden. Wegen der billigeren Anmeldung über MMA hat das z.B. in CN, FR, IT, YU, KP, CU, MC, PL, PT, RU, CH, SK, ES, CZ und HU keinen Sinn. Das MMA wurde 2016 nach Ausscheiden von Algerien geschlossen. Die Mitgliedschaften bleiben aber erhalten, weshalb es auch keine Anmeldeformulare MM1 und MM3 mehr gibt. Da Deutschland sowohl Mitglied bei MMA und PMMA ist, genießen Anmelder mit einer deutschen Basismarke die niedrigeren MMA-Preise.

Dies berücksichtigt der Fee Calculator automatisch bei Eingabe Germany als Basisland.

Eine von der webseite www.wipo.int herunterladbare Broschüre "The Madrid System for the International Registration of Marks: Objectives, Main Features, Advantages Overview", Author(s): WIPO | Publication year: 2016

4.4.4 Die Unionsmarke (EU-Marke)

Ähnlich wie das Europatent (obwohl dies nicht ein Patent für die Europäische Union (EU) ist) sollte es eine Unionsmarke für die EU geben. Der EU-Binnenmarkt sollte so funktionieren wie ein einzelstaatlicher Markt. Da die Marken aber direkter als Patente mit den Märkten verbunden sind, war die Verwirklichung des Gemeinschaftsmarkensystems komplizierter. Die Suche nach einem geeigneten Standort für die neue Behörde, die Diskussion über die Amtssprachen und viele Detailfragen zogen die Verhandlungen in die Länge. Seit 1.4.1996 konnte beim Harmonisierungsamt für den Binnenmarkt, OHIM, heute EUIPO, Amt der Europäischen Union für geistiges Eigentum, (also dem europäischen Markenamt) in Alicante/Spanien mit einer einzigen Anmeldung eine Marke erworben werden, die einen einheitlichen Schutz genießt und im gesamten Gebiet der EU wirksam ist. Am 23. März 2016 wurden das HABM in EUIPO und die Gemeinschaftsmarken in Unionsmarken umbenannt.

Es gilt:

eine Anmeldung, ein Amt, ein Recht und eine Verfahrensordnung.

Rechtsgrundlage für die Gemeinschaftsmarke ist die Verordnung der EG (VO) Nr. 40/94 vom 20.12.1993, die am 14. 4.1994 in Kraft trat. Die Unionsmarke unterliegt nur den Vorschriften des Markenrechts der EU. Einzelstaatliche Vorschriften finden nur dann Anwendung, wenn dies ausdrücklich vorgesehen ist (Autonomie, Art. 14). Das gemeinschaftliche Markenrecht und die innerstaatlichen Markenrechte bestehen auf Dauer nebeneinander (Koexistenz, Präambel, 5. Absatz). Die Internet-Adresse von EUIPO lautet: *https://euipo.europa.eu*. Unter dieser Adresse sind auch Anmeldeformulare online aufrufbar. Die Unionsmarke kann nicht durch Benutzung erworben werden, es handelt sich um ein reines Registerrecht. Die Postadressse lautet: EUIPO Avenida de Europa, 4, ES-03008 Alicante

4.4.4.1 Anmeldung

Die Anmeldung und Eintragung ist nur für das gesamte Gebiet der EU möglich (Art. 1). Dazu gehören alle Länder der EU. Anmelder kann jede natürliche oder juristische Person aus dem Geltungsgebiet sein, aber auch Angehörige von EU-Drittstaaten (z.B. Schweiz, USA, Japan) und Firmen und Personen in

Mitgliedsländern der Pariser Convention (Art. 5). Als Marke eintragungsfähig sind insbesondere folgende Zeichen (Art. 4, 7):

Wörter, gleich ob erfunden oder einer bekannten Sprache entnommen; dabei dürfen sie in dieser Sprache nicht zur Beschreibung der Waren oder Dienstleistungen dienen, für die die Marke vorgesehen ist;

Namen und Vornamen

Unterschriften

Buchstaben und Zahlen

Abkürzungen, Kombinationen von Buchstaben, Zahlen und Zeichen, Logos

Slogans

Bildzeichen, Abbildungen und Piktogramme

Portraits

Kombinationen von Wörtern oder von graphischen Elementen sowie Kombinationen von Wort- und Bildelementen, wie z.B. Etiketten

dreidimensionale Marken, wie die Form von Waren oder ihrer Ausstattung

Farben und Farbkombinationen

akustische Marken, insbesondere Tonfolgen.

Wie im deutschen Markenrecht gelten absolute Versagungsgründe: fehlende Unterscheidungskraft, Freihaltebedürfnis, Irreführung und Funktionalität bei dreidimensionalen Zeichen, Verstoß gegen die guten Sitten (Art. 7). Das Zeichen darf nicht

in einer der Amtssprachen der Europäischen Union eine Gattungsbezeichnung für die betreffende Ware oder Dienstleistung sein;

in einer dieser Sprachen Qualität, Quantität, Wert, geographische Herkunft oder sonstige Merkmale der Ware oder Dienstleistung bezeichnen;

in auch nur einem Mitgliedstaat der Europäischen Union ein gebräuchliches Zeichen in der Umgangssprache oder in den redlichen und ständigen Verkehrsgepflogenheiten geworden sein.

Wird die Eintragung verweigert, so gilt dies nach dem Prinzip "Alles oder nichts" für die gesamte EU. "Disclaimer" (also Einschränkungen des Waren- oder Dienstleistungsverzeichnisses wie "außer ..." oder "jedoch nicht ...") sind möglich (Art. 38), sollen nach Ansicht des EUIPO jedoch möglichst vermieden werden. Die Anmeldung erfolgt elektronisch direkt in Alicante. Die Anmeldung muss vollständig sein und folgendes enthalten:

Antrag auf Eintragung,

Namen, Anschrift, Staatsbürgerschaft, Staat des Wohnsitzes, des Sitzes oder der Niederlassung des Anmelders,

Verzeichnis der Waren und Dienstleistungen,

Wiedergabe der Marke,

gegebenenfalls Angaben über die Priorität (ältere nationale Marke soll Basis der Anmeldung sein) und Seniorität,

Unterschrift des Anmelders oder seines Vertreters.

Zum Punkt Priorität und Seniorität: Priorität kann bis zu 2 Monaten nach Einreichen der Anmeldung beansprucht werden (Regel 6.2). Seniorität kann innerhalb der ersten 2 Monate (Regel 8.2) oder nach der Registrierung (Art. 35) angemeldet werden. Wer Seniorität mit der Markenanmeldung beansprucht, will unnötige Widersprüche verhindern. Dafür hat er aber viel mehr unnötige Arbeit und Ausgaben, falls die Marke nicht eingetragen wird oder erfährt erst spät von kollidierenden Marken.

Die Anmeldung ist in jeder der EU-Sprachen möglich. Zusätzlich muss aber noch eine Zweitsprache angegeben werden. Die Zweitsprache kann nur eine der fünf Amtssprachen des Markenamtes sein, nämlich: Deutsch, Spanisch, Englisch, Französisch oder Italienisch. Erstsprache und Zweitsprache dürfen nicht identisch sein. Die zweite Sprache kann dann als Verfahrenssprache, beispielsweise für ein Widerspruchsverfahren, verwendet werden. Das Amt erwartet eine Konzentration auf wenige Sprachen. Ein deutsches Unternehmen könnte sich Deutsch als Verfahrenssprache sichern, wenn es die Unionsmarke beispielsweise in Dänisch oder Ungarisch anmeldete und als zweite Sprache Deutsch wählte. Ein Tipp: Es geht schneller, wenn die vorgeprüften Standardformulierungen für die Waren- und Dienstleistungsverzeichnisse gewählt werden. Das erspart dem Amt Prüfungen, komplizierte und langwierige Übersetzungen und bringt dem Anmelder schnellere Sicherheit.

Sämtliche erforderliche Übersetzungen werden vom EUIPO übernommen und vom Übersetzungszentrum in Luxemburg durchgeführt. Das weitere Verfahren erfolgt analog zur deutschen Praxis: Formale Prüfung, Prüfung auf absolute Schutzhindernisse, Veröffentlichung. Das Amt möchte unbürokratisch vorgehen: Beglaubigungen und Handelsregisterauszüge sind nicht notwendig; ein Fax braucht nicht brieflich bestätigt zu werden. Wenn die Marke dringend benötigt wird, ist es ratsam, vor der Anmeldung selbst zu recherchieren, ob ältere Rechte der anzumeldenden Unionsmarke entgegenstehen und nicht die Amtsrecherchen abzuwarten. Widerspruchsverfahren gegen angemeldete Unionsmarken können nämlich teuer werden. Die eingetragene Marke ist zehn Jahre lang gültig (Art. 45) und kann danach jeweils um zehn Jahre verlängert werden (Art. 47). Das folgende Zitat (Bild 4.6) fasst das Anmeldeverfahren noch einmal zusammen:

Was geschieht während des Prüfungszeitraums?

Hier erhalten Sie einen Überblick über die Schritte, die das EUIPO im Prüfungszeitraum – fast zeitgleich – durchführt. Sie können den Statusfortschritt Ihrer Anmeldung online über eSearch oder über das so genannte „User Area" verfolgen.

Die folgenden Erläuterungen beziehen sich auf Anmeldungen, die direkt beim EUIPO eingereicht werden. Unter dem folgenden Link finden Sie Informationen zur Registrierung von internationalen Anmeldungen, in denen die Europäische Union (EU) benannt ist.

Der Prüfungszeitraum umfasst die folgenden Schritte „Anmeldetag", „Klassifizierung", „Formerfordernisse", „absolute Eintragungshindernisse", „Übersetzung" und „Recherche". Weitere Informationen zu diesen Schritten erhalten Sie über den jeweiligen Link. Nachdem alle diese Schritte abgeschlossen sind, wird die Marke veröffentlicht – und die Widerspruchsfrist beginnt.

- Anmeldetag
- Klassifizierung
- Formerfordernisse
- Absolute Eintragungshindernisse
- Übersetzung
- Recherche

Wenn wir einen Fehler feststellen oder Sie über ein Eintragungshindernis unterrichten müssen, senden wir eine amtliche Mitteilung mit Informationen über die Feststellungen an das User Area; danach haben Sie zwei Monate Zeit, um etwaige Mängel zu beheben und darauf zu antworten. Sie können für die Erstellung Ihrer Antwort eine erste Fristverlängerung um zwei Monate beantragen. Die erste Verlängerung wird in der Regel automatisch gewährt; die zweite hingegen muss begründet werden.

In einigen Verfahren kontaktieren unsere Prüfer den Anmelder (oder seinen Vertreter) telefonisch, um einfache Eintragungshindernisse zu beseitigen.

Wenn wir der Ansicht sind, dass Ihre Antwort unsere Bedenken nicht vollständig ausräumt, oder wenn Sie nicht antworten, treffen wir eine endgültige Entscheidung, Ihre Anmeldung oder den in der Anmeldung erhobenen Anspruch (z.B. einen Prioritätsanspruch) ganz oder teilweise zurückzuweisen. Alternativ können wir die Angaben in Ihrer Anmeldung gegebenenfalls ändern (beispielsweise durch Löschen der Beschreibung oder Hinzufügen eines Farbanspruchs). Beachten Sie jedoch bitte, dass Sie dazu berechtigt sind, eine Beschwerde einzulegen, wenn Sie mit dem Ergebnis nicht zufrieden sind oder der Ansicht sind, dass ein Fehler vorliegt.

Wenn Ihre Anmeldung zurückgewiesen wird, haben Sie noch die Möglichkeit, Ihre UM-Anmeldung in nationale Eintragungen umzuwandeln (Brücke im Bereich des geistigen Eigentums), sofern keine Konflikte vorliegen.

Wenn keine Beanstandungen vorliegen, veröffentlichen wir Ihre Marke in allen 23 EU-Amtssprachen. Das bedeutet, dass wir die Tatsache veröffentlichen, dass Sie diese bestimmte Marke für die angegebenen Waren und/oder Dienstleistungen angemeldet haben.

Bild 4.6: Anmeldeverfahren der Unionsmarke – Zitat von der Webseite des EUIPO

4.4.4.2 Gebühren

Die Gebühr für die Anmeldung und Eintragung der Unionsmarke beträgt bei elektronischer Anmeldung für eine Klasse 850 €, für die zweite Waren- und Dienstleistungsklasse 50 €, ab der dritten Klasse 150 € je Klasse. Das EUIPO beginnt erst nach Eingang der Gebühren mit der Arbeit.
Mit der Staffelung der Gebühren will man einerseits Arbeit sparen, andererseits der Ausuferung von Verzeichnissen entgegenwirken.

4.4.4.3 Aufrechterhaltung

Die Unionsmarke muss im Gebiet der EU innerhalb von 5 Jahren ernsthaft benutzt werden. Die Benutzung in einem einzigen Land der EU genügt nicht immer, besonders wenn es sich um ein kleines Land wie z.B. Malta oder um eine lokal eng begrenzte Benutzung z.B. in Köln handelt. Auch Export ist rechtserhaltende Benutzung (Art. 15). Nur bei nahezu identischen älteren Kennzeichnungen wird wahrscheinlich das Amt in Alicante die Verwechslungsgefahr bejahen, denn der Schutz eines Monopols und der freie Warenverkehr im Binnenmarkt müssen gegeneinander abgewogen werden. Als Besonderheit können in Alicante Bemerkungen von dritter Seite über Markenanmeldungen eingeschickt werden. Solche Bemerkungen, die auf die Zurückweisung der Anmeldung aus absoluten Schutzhindernissen hinweisen, werden nicht mehr angenommen, wenn das Amt die Zahlungsfrist für die Anmeldegebühr bereits festgesetzt hat. Danach gibt es nur noch offizielle Nichtigkeitsanträge.

Eine Unionsmarke kann für verfallen erklärt werden, wenn die Marke

    innerhalb eines ununterbrochenen Zeitraums von 5 Jahren nach Eintragung nicht ernsthaft benutzt worden ist oder wenn die Benutzung 5 Jahre lang ausgesetzt wird und wenn ein Dritter den Löschungsantrag stellt;

    infolge des Verhaltens oder der Untätigkeit ihres Inhabers im geschäftlichen Verkehr zur gebräuchlichen Bezeichnung einer Ware oder einer Dienstleistung, für die sie eingetragen ist, geworden ist;

    infolge ihrer Benutzung durch den Inhaber oder mit seiner Zustimmung geeignet ist, das Publikum insbesondere über die Art, die Beschaffenheit oder die geographische Herkunft des Produkts irrezuführen.

Ein Antrag auf Erklärung des Verfalls der Rechte des Inhabers einer Unionsmarke oder der Nichtigkeit der Unionsmarke kann von jedem bei der EUIPO gestellt werden.

Die Unionsmarke ist ein vom jeweiligen Unternehmen, dessen Produkten und Dienstleistungen unabhängiger Gegenstand des Vermögens. Sie kann einem Dritten ohne den Geschäftsbetrieb übertragen oder verpfändet werden oder Gegenstand von Lizenzen sein (Art. 16).

4.4.5. ARIPO Marke

ARIPO ist die Abkürzung für African Regional Industrial Property Organisation, früher bekannt als ESARIPO (English Speaking African Regional Industrial Property Organisation). ESARIPO war das anglophone Pendant zur frankophonen OAPI. Indessen verlieren die koloniale Vergangenheit und die ehemaligen Sprachgrenzen an Bedeutung, und das afrikanische Selbstbewusstsein wächst. ARIPO existiert seit 1976 und hat (Stand Januar 2015) folgende 19 Mitglieder:

Botswana, Gambia, Ghana, Kenia, Lesotho, Liberia, Malawi, Mozambique, Namibia, Ruanda, Sào Tomé und Príncipe, Sierra Leone, Somalia, Sudan, Swaziland, Tansania, Uganda, Zambia, Zimbabwe.

Die Gültigkeitsdauer für eine ARIPO-Marke beträgt 10 Jahre. Nach Ablauf kann die Marke - unabhängig von der Benutzung - für weitere 10 Jahre verlängert werden. Wenn alle ARIPO-Länder das Protokoll ratifiziert haben werden, ist diese Marke sicher preiswerter und schneller zu erlangen als entsprechende nationale Eintragungen.

4.4.6 Titelschutz

Ein origineller und schützenswerter Titel z.B. für eine Kundenzeitschrift lässt sich weder als Ware, noch als Dienstleistung schützen. In diesem Falle empfiehlt sich der Titelschutz. Der Schutz von Werktiteln ist nach Inkrafttreten des Markengesetzes am 1.1.1995 nicht mehr nach § 16 UWG, sondern in §5 und 15 MarkenG geregelt:

---

§ 5 Geschäftliche Bezeichnungen

(1) Als geschäftliche Bezeichnung werden Unternehmenskennzeichen und Werktitel geschützt.

(2) Unternehmenskennzeichen sind Zeichen, die im geschäftlichen Verkehr als Name, als Firma oder als besondere Bezeichnung eines Geschäftsbetriebs oder eines Unternehmens benutzt werden. Der besonderen Bezeichnung eines Geschäftsbetriebs stehen solche Geschäftsabzeichen und sonstige zur Unterscheidung des Geschäftsbetriebs von anderen Geschäftsbetrieben bestimmte Zeichen gleich, die innerhalb beteiligter Verkehrskreise als Kennzeichen des Geschäftsbetriebs gelten.

(3) Werktitel sind die Namen oder besonderen Bezeichnungen von Druckschriften, Filmwerken, Tonwerken, Bühnenwerken oder sonstigen vergleichbaren Werken.

§ 15 Ausschließliches Recht des Inhabers einer geschäftlichen Bezeichnung; Unterlassungsanspruch; Schadensersatzanspruch

(1) Der Erwerb des Schutzes einer geschäftlichen Bezeichnung gewährt ihrem Inhaber ein ausschließliches Recht.

> (2) Dritten ist es untersagt, die geschäftliche Bezeichnung oder ein ähnliches Zeichen im geschäftlichen Verkehr unbefugt in einer Weise zu benutzen, die geeignet ist, Verwechslungen mit der geschützten Bezeichnung hervorzurufen.
>
> (3) Handelt es sich bei der geschäftlichen Bezeichnung um eine im Inland bekannte geschäftliche Bezeichnung, so ist es Dritten ferner untersagt, die geschäftliche Bezeichnung oder ein ähnliches Zeichen im geschäftlichen Verkehr zu benutzen, wenn keine Gefahr von Verwechslungen im Sinne des Absatzes 2 besteht, soweit die Benutzung des Zeichens die Unterscheidungskraft oder die Wertschätzung der geschäftlichen Bezeichnung ohne rechtfertigenden Grund in unlauterer Weise ausnutzt oder beeinträchtigt.
>
> (4) Wer eine geschäftliche Bezeichnung oder ein ähnliches Zeichen entgegen den Absätzen 2 oder 3 benutzt, kann von dem Inhaber der geschäftlichen Bezeichnung auf Unterlassung in Anspruch genommen werden.
>
> (5) Wer die Verletzungshandlung vorsätzlich oder fahrlässig begeht, ist dem Inhaber der geschäftlichen Bezeichnung zum Ersatz des daraus entstandenen Schadens verpflichtet.
>
> (6) § 14 Abs. 7 ist entsprechend anzuwenden.

Der Titel gilt mit dem Tag der Ingebrauchnahme, wenn der Titel kennzeichnungskräftig ist. Das ist immer dann gegeben, wenn er hinreichend erfinderisch oder schöpferisch ist. Analog zum Markenschutz sind direkt beschreibende (z.B. „Katzen"), inhaltsbeschreibende (z.B. „Nachspeisen"), geographische (z.B. „Irland"), umgangssprachliche (z. B. „Fahrräder") Angaben oder Hinweise auf historische Persönlichkeiten (z.B. „Caesar") als Titel nicht schützbar. Ob ein Titel schutzfähig ist oder über Verkehrsdurchsetzung schutzfähig wird (z. B. "Das Parfum" von Patrick Süßkind), entscheiden im Zweifel die Gerichte. Wenn der Titel nicht schutzfähig ist, wird er es auch nicht durch die Veröffentlichung im Börsenblatt.

Nehmen wir einmal an, der Titel laute **Honissimo** und gelte für die Hauszeitschrift einer großen Honigfirma. Eine erste Nummer dieser Zeitschrift hat bereits auf einer Messe ausgelegen und wurde verteilt. Durch diese Vorbenutzung besteht also schon Titelschutz. Zur Absicherung gegenüber Nachahmern, die sich auf Unwissen und Gutgläubigkeit berufen könnten, empfiehlt sich jedoch die Eintragung in den Titelschutzanzeiger des Börsenblattes des deutschen Buchhandels. Diese Eintragung ist keinesfalls rechtsbegründend, aber sie macht Nachahmer zu bösgläubigen Nachahmern. Die Vorankündigung eines Titels im Börsenblatt ist keine Voraussetzung für das Entstehen des Titelschutzes. Damit wird jedoch eine Vorverlegung des Titelschutzes auf den Zeitpunkt der Titelankündigung erreicht - unter zwei Voraussetzungen:

1. muss das Werk bei Erscheinen der Anzeige bereits in Vorbereitung sein, und
2. muss es spätestens sechs Monate nach Veröffentlichung der Anzeige unter dem angekündigten Titel erscheinen.

Alle grundlegenden Informationen zum Titelschutz hat die Rechtsabteilung des Börsenvereins für Sie im "Merkblatt zu Titelschutzfragen" gebündelt (Stand: 2008). Die Datei steht online im geschützten Mitgliederbereich zur Verfügung: Download (PDF)

Eine Titelschutzanzeige kann im Verbandsorgan des Börsenvereins geschaltet werden, dem "Börsenblatt - Wochenmagazin für den deutschen Buchhandel".

Wie gehen wir vor? Wir schreiben an den
Börsenverein des deutschen Buchhandels e.V.
Anzeigenabteilung
Braubachstraße 16, 60311 Frankfurt am Main
folgenden kurzen Brief:

Titelschutz Honissimo
Sehr geehrte Damen und Herren,
bitte nehmen Sie folgende Titelschutzanzeige in die nächste Ausgabe des Börsenblattes auf:
HONISSIMO.
Unter Hinweis auf § 5, 15 MarkenG nehmen wir Titelschutz in Anspruch für HONISSIMO mit allen beliebigen Zusätzen sowie in allen Formen und Schreibweisen. Firma: xxxx.
Mit freundlichen Grüßen ...

Titelschutzanzeigen können u.a. auch in tm Titelschutz Magazin http://www.titelschutz-magazin.de für 45 € geschaltet werden: info@titelschutz-magazin.de
Steinsdorfstraße 20
80538 München
+49 (0)89 666 610 89

Wer etwas vorsichtiger ist und sich Ärger ersparen möchte, lässt vor Abschicken des Anzeigenauftrages eine Recherche machen. Es könnte ja sein, dass die Titelidee schon geschützt ist.
Hier bietet sich zunächst eine Überprüfung anhand des "Verzeichnis Lieferbarer Bücher (VLB)" an. Weitergehende Recherchen, beispielsweise über Internet-Suchmaschinen, sind empfehlenswert.

Der Börsenblatt Online-Service Titelschutz bietet die kostenlose Recherche im Börsenblatt-Archiv an. Alle Titelschutzanzeigen, die in den zurückliegenden sechs Monaten im Börsenblatt veröffentlicht wurden, sind hier leicht zu finden. Im Übrigen bieten fast alle Marken-Rechercheure auch Titelschutzrecherchen an.

> **Titelschutz**
>
> Unter Hinweis auf § 5, 15 MarkenG nehmen wir Titelschutz in Anspruch für:
>
> **HONISSIMO**
>
> mit in allen beliebigen Zusätzen sowie in allen Formen und Schreibweisen.
>
> Firma AG
> Anschrift

Bild 4.7: Titelschutzanzeige im Börsenblatt

4.4.7 Entweder 3D- Marke oder Design?

Marke und Design sind selbständige, von einander unabhängige Schutzrechte. Die Marke schützt Waren und Dienstleistungen, das Design die Erscheinungsform eines Erzeugnisses oder eines Teils davon. Dennoch kann es Berührungspunkte geben, denn 3D-Bild-Marken können auch Erscheinungsformen zeigen. Die Prüfung einer 3D- Markenanmeldung wird ziemlich streng auf absolute Schutzhindernisse geprüft und führt häufig zu einer Schutzversagung. So kann es sein, dass über ein Design ein einfacherer Schutz möglich ist.

Schutzvoraussetzungen für ein Design sind – analog zum Patent - absolute Neuheit und Eigenart. Andererseits wird das Diseign nur einer Formalprüfung unterzogen, und der Schutzumfang wird nicht durch einen Namen, eine Beschreibung oder Klassifizierung eingeschränkt. Die Schutzdauer endet – anders als bei der Marke – nach 5 Jahren und kann nach 4-maliger Verlängerung maximal 25 Jahre betragen. Eine Benutzung ist nicht erforderlich. Beide Schutzrechte können also ergänzend eingesetzt werden. Ein Beispiel: Die deutsche Marke DE 302010043556 DON TOMATO ist geschützt für die Klassen

16: Verpackungsmaterial aus Kunststoff

30: Senf; Essig, Saucen, (Würzmittel); Gewürze.

35: Werbung; Kundengewinnung und -pflege durch Versandwerbung (Mailing), Online-Werbung in einem Computernetzwerk, Organisation und Durchführung von Werbeveranstaltungen, Planung von Werbemaßnahmen, Präsentation von Waren in Kommunikations-Medien für den Einzelhandel.

Der Name schützt also die besondere Verpackung, die Ware in der Verpackung und die Vertriebsdienstleistung.

Das Unions-Geschmacksmuster 1233431 schützt die Form Tomatenbehälter in den Locarno-Klassen 09-01: Gefäße und 09-03: Behälter für Lebensmittel.

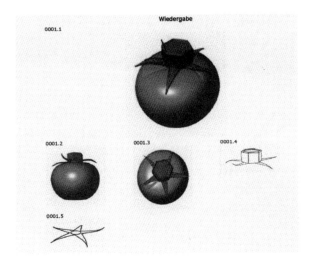

Bild 4.8: Unions-Geschmacksmuster

5. Marken erhalten, d.h. nutzen und verteidigen

Die dritte Säule des erfolgreichen Markenschutzes nach sorgfältiger Planung und kluger Registrierung besteht darin, für die sichere Erhaltung des Markenschutzes zu sorgen. Die Marke muss dafür zunächst einmal rechtserhaltend benutzt werden. Hierauf gehen wir unten nachfolgend zu Ziffer 5.4.1 noch näher ein.

Rechtserhaltende Nutzung

Nach 5 Jahren verfällt Markenschutz, wenn nicht rechtserhaltend genutzt

- Ernsthafte Nutzung, regionale Märkte können z.B. ausreichen (EU-Marke!)

- Nutzung für die registrierten Produkte (übrige Teile verfallen)

- Nutzung der registrierten Marke, d.h. bei Gestaltungsänderungen etwaige Abweichungen
  von der registrierten Markenwiedergabe prüfen

- Vor Wiederaufnahme der Nutzung nach mehr als 5 Jahren nach Zwischenrechten recherchieren

- **Rechtserhaltende Nutzung auch durch Lizenznehmer möglich (Nutzungsverpflichtung vereinbaren)**

Bild 5.1: Rechtserhaltende Nutzung

5.1 Verteidigungsstrategien

Ergibt sich bei der Kollisionsüberwachung (siehe unten zu „Überwachung") im Markenregister oder bei der Wettbewerbsüberwachung ein Hinweis auf eine möglicherweise verwechselbare Marke eines Wettbewerbers, ist jedes Mal zu entscheiden, wie darauf reagiert werden soll.

Hierbei wird allzu oft nach einem „Alles-oder-nichts-Prinzip" gehandelt. Jedoch gibt es für nahezu jeden Markenkollisionsfall eine große und oft nützliche Bandbreite von Handlungsoptionen. Von äußerst hartem schnellen Vorgehen im Wege einer kostenpflichtigen anwaltlichen Abmahnung sowie eines Antrages auf einstweilige Verfügung, womöglich ohne vorherige Ankündigung, über ein Beschränken der Verteidigung auf ein Markenwiderspruchsverfahren beim zuständigen Patent- und Markenamt bis zur eher freundlich formulierten bloßen Berechtigungsanfrage steht eine breite Klaviatur zur Verfügung, die ein jeweils präzise dosiertes angemessenes Vorgehen möglich macht.

Hat ein Unternehmen zuvor eine Struktur mit klaren kategorisierten Entscheidungsvorgaben entwickelt, wie es beim nachfolgend (siehe im Kapitel „Markenverwaltung") beschriebenen Markenschlüssel® erreicht wird, so ist für die Wahl des geeigneten Instrumentariums auch keine lange Erörterung notwendig und es kann schnell und effizient reagiert werden. Nur dass die Reaktion hier eine höhere Aussicht auf Angemessenheit und damit auch auf Erfolg hat. Die Frage der rechtlichen Erfolgsaussichten ist in diesem Entscheidungsprozess nur eine von mehreren maßgeblichen Komponenten. So wird erreicht, dass die Entscheidungsfindung sich nicht auf die bloße Frage der Erfolgsaussichten beschränkt und so nach dem oben genannten „Alles-oder-nichts-Prinzip" der Entscheidungsprozess schon im Vorfeld „abgewürgt" wird und der Weg zur Erörterung geeigneter Reaktionsmöglichkeiten von vornherein mit der Aussage versperrt wird, man habe doch sowieso keine Chancen.

Dies lässt sich an einem Beispiel verdeutlichen:

In der routinemäßigen Kollisionsüberwachung werden für 2 Marken möglicher Weise kollidierende fremde Marken gemeldet. Marke A ist im Rahmen der Festlegungen für den Markenschlüssel® in eine hohe Kategorie eingeordnet, die eine hohe Verteidigungsbereitschaft und entsprechend zur Verfügung stehende finanzielle Mittel und betriebliche Ressourcen vorsieht. Außerdem ist im Markenschlüssel® des Unternehmens festgelegt, dass bei einer für das Unternehmen derart bedeutsamen Marke grundsätzlich massivere Verteidigungsmittel eingesetzt werden, diese auch dann veranlasst werden, wenn die rechtlichen Erfolgsaussichten voraussichtlich unterhalb von 50% liegen. Obwohl die Markenabteilung bzw. der externe mit der Markenkollisionsüberwachung beauftragte Berater hier die rechtlichen Erfolgsaussichten mit unter 50% bewertet, besteht kein Zweifel daran, dass dennoch Verteidigungsmaßnahmen eingeleitet werden sollen. Die Schnelligkeit und Härte der Verteidigungsmaßnahmen wird dann nur noch von der Frage beeinflusst, ob bereits mit einem gegnerischen Produkt im Markt zu rechnen ist oder ob ermittelt werden konnte, dass die gefundene Markenregistrierung eher vorbereitenden Charakter hat und die damit verbundene Produktentwicklung noch in einem sehr frühen Stadium steckt.

Ohne längere Erörterung ergibt sich nahezu automatisch, dass 1. eine rechtliche Reaktion erfolgen soll, diese 2. sich jedoch noch auf einen Markenwiderspruch beschränken kann, der von einem möglicherweise noch nicht anwaltlich und damit noch nicht kostenpflichtig dargestellten Hinweisschreiben verbunden werden kann, das lediglich darauf hinweist, dass bei Fortsetzung der Produktentwicklung unter diesem streitigen Namen weitere rechtliche Maßnahmen wie beispielsweise ein gerichtliches Verbot begleitend zum Markenwiderspruch vorbehalten bleiben.

Die 2. Marke, zu der in dem Beispielsfall eine Kollisionsmitteilung vorliegt, ist eine weitaus weniger hoch kategorisierte Marke innerhalb des Markenbestandes.

Ordnet auch hier der zuständige Berater die Erfolgsaussichten bei weniger als 50% ein, spricht dies gegen die Durchführung von Verteidigungsmaßnahmen. Dies ist beispielsweise im Markenschlüssel® für die betroffene Markenkategorie so festgelegt worden. Ohne eine nähere Erörterung und ohne weitere Maßnahmen kann die Mitteilung als erledigt abgeheftet werden.

Verteidigungsdynamik nutzen!
Nicht jede Markenkollision verträgt die gleiche Vorgehensweise.

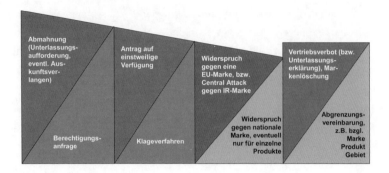

Bild 5.2: Verteidigungsdynamik

Im Folgenden gehen wir besonders auf die Verteidigung der Marken in Deutschland ein.

Dass wir unsere Marken einerseits als Vehikel für Umsätze und Gewinne und andererseits wegen ihres eigenen Wertes verteidigen, ist selbstverständlich. Nicht so selbstverständlich sind die Gefahren, gegen die sich die Verteidigung richten muss, nämlich gegen

☐ Nichtbenutzung

☐ Entwicklung zur Gattungsbezeichnung

☐ Verballhornung, Verunglimpfung oder Bootlegging

☐ Verwässerung und Verwechslungsgefahr / Ähnlichkeit.

In der Bundesrepublik wird eine Marke gelöscht, wenn sie fünf Jahre lang nicht benutzt wird, - allerdings nicht automatisch, - der Verwaltungsaufwand wäre gar nicht zu rechtfertigen - sondern nur auf Antrag eines Dritten. Laut Markengesetz wird die 5-jährige Schonfrist des Benutzungszwangs grundsätzlich ab Eintragungbzw. ab dem Abschluss eines etwaigen Widerspruchsverfahrens berechnet (§26 Abs.5). Je liberaler die Zulassung neuer Zeichen ist, umso strenger wird der Benutzungszwang. Bei der Abwägung zwischen den konträren Zielen **Schutz eines erarbeiteten Wirtschaftserfolges** und **Schutz des ungehinderten Warenaustausches durch Verbot von Blockaden** muss logischerweise folgen, dass nicht benutzte Vorratszeichen keine Gnade finden können. Ähnliches gilt in den meisten Staaten, wenn auch die Fristen verschieden sind. In manchen Ländern, z.B. in Mexiko, muss die Benutzung einer Marke unaufgefordert nachgewiesen werden. In anderen Ländern, z.b. in Kanada, lässt der Markenprüfer (Registrar) eine Marke zunächst nur unter Vorbehalt zur Registrierung zu. Die Marke wird erst dann eingetragen, wenn die Aufnahme der planmäßigen fortlaufenden Nutzung, z.B. über den Export begonnen hat.

Nichtbenutzung ist also eine Gefahr für die Marke, aber eine einsehbare.

Viel weniger einsehbar ist die Gefahr, die einer Marke durch das Gegenteil, und zwar durch eifrige, erfolgreiche und weit bekannte Benutzung erwächst. Eine bekannte oder berühmte Marke kann Bestandteil des allgemeinen Wortschatzes werden. Eingangs haben wir schon **Tempo**-Tücher, **Foen** oder **Plexiglas** als Beispiele erwähnt. Auch **Vaseline** und **Nylon** haben sich längst zur Gattungsbezeichnung entwickelt. Dabei ist Vaseline in den USA sogar noch für Mineralfette geschützt.

Was kann man als Besitzer einer bekannten Marke dagegen tun? Die Marke darf nicht alleine, sondern immer nur zusammen mit der Gattungsbezeichnung verwendet werden. Firma Hoechst erwähnte beispielsweise in ihren Druckschriften: "Frigen® ist das eingetragene Warenzeichen für Fluorkohlenwasserstoffe von Hoechst."

Wie man mit Verballhornung und Verunglimpfung umgeht, ist vielfach eine Frage des Geschmacks und des Humors. Solange die mehr oder weniger witzige Abwandlung einer Marke deren Berühmtheit erhöht, wird der Besitzer dies gern hinnehmen. Wenn aber der seriöse Ruf eines Unternehmens oder die Produktaussage in unerwünschter Weise betroffen sind, wird man zumindest gegen schriftliche Formen dieser Art von Piraterie oder Verächtlichmachung vorgehen. In diesem Sinne waren einmal die Bildzeichen **Lufthansa** durch ein Bildzeichen "Lusthansa mit Doppelkranich in Paarungshaltung", **BMW** mit "Bums mal wieder" und **Ford** durch "Fuck" betroffen. Im Fall "**Mars** macht mobil bei Sex, Sport und Spiel" Hat das BGH mit seinem Urteil vom 10.2.1994 eindeutig entschieden: " Wer eine fremde Marke auf von ihm vertriebenen Scherzartikeln, die wie Werbepräsente gestaltet sind, in einer Weise (markenmäßig) anbringt, die im Verkehr den Eindruck erwecken kann, es handle sich um eine - sei es auch ungewöhnliche - Werbung des Markeninhabers für seine Erzeugnisse, verletzt das diesem nach §15 WZG zustehende Ankündigungs- bzw. Werberecht." (Bürglen 1994)

Bootlegging, der Fachausdruck für Logo-Klau, leitet sich ab vom amerikanischen Wort für Stiefelschaft, in dem zu Zeiten der Prohibition schwarz gebrannter Schnaps geschmuggelt wurde. Bootlegging findet in der Form von Verballhornungen statt (Nutte statt Nutella; Hash ultra statt Dash ultra, Leck mich statt Langnese und .T... error statt .T... (von Telecom) oder in der Originalform der Bildmarken. T-shirts mit Jägermeister, Bärenmarke, Weißer Riese, Lego, Afri-Cola oder Pustefix sind bei

Ravern und anderen Teenagern so beliebt, dass z.B. Alexander Flach, der Inhaber von Afri-Cola starken Aufwind verspürt. Das seit 1932 existierende Konkurrenzprodukt zu Coca-Cola war schon fast vergessen und lebt nun wieder auf. Bootlegging ist illegal, aber es gibt auch legale Kopierer von Originalmarken. Der T-shirt-Versand "Eindruck" in Hamburg ist Marktführer. Stefan Henzgen zahlt 5 bis 15% vom Nettoumsatz als Lizenzgebühren an die Inhaber von Marken wie Blausiegel (Kondome), Ado mit der Goldkante (Gardinen) oder Polyboy (Möbelpolitur) (Der Spiegel H17/1996, S.122).

Abgesehen vom vorher geschilderten Sonderfall des übergroßen Erfolges ist der Schutzumfang einer Marke umso größer, je breiter und dichter ihre Anwendung, je größer ihr Wert und je unverwechselbarer sie ist. Das gilt auch in anderer Reihenfolge wegen der gegenseitigen Abhängigkeit dieser Erfolgsfaktoren. Die Stärke einer Marke hängt nicht zuletzt auch von ihrer Originalität ab. Im Besitz dieser Einsicht haben wir uns schon eingangs gefragt, was einen guten Markennamen auszeichne. Bei der Markenpflege zahlt sich nämlich eine sorgfältige Namenssuche reichlich aus. Ein schwacher Name kann im Laufe der Zeit von ähnlichen Marken umzingelt und so eingeengt werden, dass er schließlich wertlos ist. Die Verteidigung ist mühsam, kostspielig und möglicherweise am Ende doch erfolglos. Die <u>Verwässerung</u> fängt z.B. so an, dass eine sehr ähnliche Marke für eine andere Warenklasse angemeldet wird. Da sich die Waren nicht berühren, lässt man sich das gefallen, bzw. muss es dulden. Dann erscheint z.B. eine neue Marke, die zwar nicht sehr ähnlich klingt, aber die gleichen Waren vertritt. Schließlich meldet ein Wettbewerber eine ähnliche Marke für ähnliche Waren in einem Land an, für das man selbst keinen Schutz besitzt. Mit der Duldung dieser drei Fälle (oder Variationen dieser Fälle) hat der Schutzumfang der eigenen Marke schon erheblich gelitten. Vor solch einem Schicksal schützen nur "gute" Namen (nicht zu viele), publikumsbekannter wirtschaftlicher Erfolg und eifrige Überwachung. Je größer die Originalität eines Namens, umso wichtiger ist der Verwässerungsschutz. Die Alleinstellung, der besondere Werbewert und die inländische Berühmtheit müssen geschützt werden. Besitzer originellerer Markennamen wiegen sich oft in der angenommenen Sicherheit, die Verwechslungsgefahr sinke mit der Bekanntheit. Selbst wenn das empirisch richtig ist, besteht rechtlich ein steigendes Schutzbedürfnis. Eine bekannte Marke für Nahrungsmittel kann keinen ähnlichen Namen für Seife oder Rattengift dulden, eine berühmte Marke für Parfum oder Unterwäsche keinen ähnlichen Namen für Käse oder für die Dienstleistung Fäkalientransport (siehe Fall **4711**), eine bekannte Marke für Süßwaren keine ähnliche für Kondome (siehe Fall **Mars**). So gesehen ist auch die Reaktion des Nachrichtenmagazins "DER SPIEGEL" in Heft 43 und 44/1995, S.3 auf eine hannoversche Schülerzeitung "DER SPARGEL" verständlich. Die Schülerzeitung hatte zwar nur eine Auflage von 500 Exemplaren, ahmte aber in der Schreibweise des Titels, mit dem roten Rand der Titelseite und dem Format unverkennbar das berühmte Magazin nach. Man wird sich bei einem gemeinsamen Spargelessen friedlich einigen, vielleicht unter dem Motto "Geht es nicht auch in Grün?". Aber ein Mindestmaß an Verteidigung des Markenlayouts des SPIEGEL war notwendig. "Der Inhaber eines solchen Kennzeichens hat ein berechtigtes Interesse daran, dass alles vermieden wird, was die Eigenart und den kennzeichnenden Charakter seiner Kennzeichnung verwässern könnte", sagt der Bundesgerichtshof.

5.2 Verwechslungsgefahr und Ähnlichkeit

Das Verhindern der <u>Verwechslungsgefahr</u> spielt bei der Verteidigung eine große Rolle, sollte aber schon bei der Wahl des Markennamens und bei der Anmeldung bedacht werden. Der deutsche Begriff Verwechslungsgefahr ist eigentlich nicht so treffend wie die englische oder französische "confusion". Wir befürchten ja nicht die direkte Verwechslung, sondern vielmehr eine Fehlzurechnung von Waren und Dienstleistungen und damit eine Verwirrung der interessierten Verkehrskreise. Der Begriff Ähnlichkeit ist vielfältig und setzt sich u.a. aus Namens- und Produktähnlichkeit zusammen. Bei der Namensähnlichkeit unterscheiden wir unmittelbare und mittelbare Ähnlichkeit sowie Ähnlichkeit im weiteren Sinn. Unter unmittelbare Ähnlichkeit fallen:

<u>klangliche</u> Ähnlichkeit	PLONG	PLONK
(Silbenzahl, ähnliche Laute)	POLARIGEL	POLARONIL
	PARACRIL	PARACRYL
	EdeKa	EDK
	MEHRTÜRER	MÄRTYRER
aber nicht bei:	CAPTAIN (Cap-ta-in; chemisch orientierte Aussprache)	Captain's Life (Keptns leif; englische Aussprache)
<u>schriftbildliche</u> Ähnlichkeit	PATT	PFAFF
(Anzahl und Ähnlichkeit der	MARC	MARS
Buchstaben)	PROTEX	EROTEX
	MEERWEG	MEHRWEG
	FESTPLATTE	FEST-PLATTE
<u>begriffliche</u> Ähnlichkeit	JÄGERFÜRST	JÄGERMEISTER
	RANCHER	FARMER
	STARLIGHT	STARLUX
	LÖWE	LYON (also bei Übersetzungen)

komplexe Ähnlichkeit	PLATIPAC	PAGELASTIC
	TAIFUN	THAI FUN
	PEDOPHILE	PDF FILE
	MIRAMIL	MILRAM

Zur Bejahung der unmittelbaren Verwechslungsgefahr im Einzelfall genügt die Übereinstimmung in einer der drei Richtungen (BGH GRUR 1959, 183 - Quick/Glück). In ihrer rechtlichen Gewichtung sind die drei Formen grundsätzlich gleichwertig. Mittelbare Ähnlichkeit besteht, wenn ein gleicher oder wesensgleicher Wortstamm vorliegt, z.B. bei
OPAL und ECOPAL,
PALMOLIVE und PALMOFUNDIN,
TORRESOTO und TORRES.,
aber nicht, wenn der Wortstamm nicht hervortritt, wie bei
SIR und SIRIUS,
MINI und MINISTER
oder wenn eines der klanglich und schriftbildlich ähnlichen Zeichen eine andere Bedeutung besitzt, wie bei
SIDENT und PRESIDENT (Bei SIDENT wird Zahn assoziiert, bei PRESIDENT bestimmt nicht), bei MEERRETICH (Kren, Gewürz) und METTERNICH (Diplomat) oder bei 1000 und Potztausend.

Ähnlichkeit (und damit Verwechslungsgefahr) im weiteren Sinn und unter dem Gesichtspunkt der "gedanklichen Verbindung" besteht, wenn der Verkehr annehmen kann, dass wirtschaftliche oder organisatorische Beziehungen zwischen den Markeninhabern bestehen, z. B. bei

KARO AS und PIK SIEBEN und HERZBLATT oder der Eindruck einer gemeinsamen Produktserie erweckt wird, z.B. bei MONSIEUR MICHEL und MICHELLE für Kosmetik. Was die Produktähnlichkeit angeht, also die Ähnlichkeit der von den Marken geschützten Waren und Dienstleistungen, sollte sich die Prüfung neben dem Vergleich der beanspruchten Waren und Dienstleistungen und der entsprechenden Klassen auch auf die Beschaffenheit, Herstellung, Vertriebswege und Verwendung erstrecken. Der alte Begriff "Warengleichartigkeit" wird praxisnäher, indem man Warennähe über alle Warenklassen hinweg betrachtet. So begegnen sich in einem Fahrradgeschäft heute sowohl Räder als auch Handschuhe, Schuhe, Schutzhelme und Sport-Oberbekleidung.
Schließlich sollte auch geprüft werden, ob die gegnerische Marke vielleicht beschreibende oder irreführende Angaben enthält.

Folgende Reihenfolge hat sich bei der Prüfung auf Verwechslungsgefahr bewährt:
- Ähnlichkeit der Waren und Dienstleistungen
- Ähnlichkeit der Zeichen
- Schutzumfang des älteren Zeichens
- maßgebliche Verkehrskreise
- Warenart (z.B. bei Mode: Kauf auf Sicht)
- Schwächung durch Drittzeichen
- sonstige Gesichtspunkte.

Prinzipiell sind nach dem Markengesetz drei Kollisionstatbestände zu unterscheiden, nämlich nach §9 (1) 1-3 und §14 (2) 1-3 (Deiss, 1955, Bild 2).
§9 (1) MarkenG geht auf die relativen Schutzhindernisse ein, §14 (2) regelt den Unterlassungsanspruch und Schutzinhalt.

---

§9 Angemeldete oder eingetragene Marken als relative Schutzhindernisse
(1) Die Eintragung einer Marke kann gelöscht werden,
1. wenn sie mit einer angemeldeten oder eingetragenen Marke mit älterem Zeitrang identisch ist
und
die Waren oder Dienstleistungen identisch sind, für die die Marke mit älterem Zeitrang angemeldet oder eingetragen worden ist.
2. wenn wegen ihrer Identität oder Ähnlichkeit mit einer angemeldeten oder eingetragenen Marke mit älterem Zeitrang und der Identität oder der Ähnlichkeit der durch die beiden Marken erfassten Waren oder Dienstleistungen für das Publikum die Gefahr von Verwechslungen besteht, einschließlich der Gefahr, dass die Marken gedanklich miteinander in Verbindung gebracht werden,
oder
3. wenn sie mit einer angemeldeten oder eingetragenen Marke mit älterem Zeitrang identisch oder dieser ähnlich ist und für Waren oder Dienstleistungen eingetragen worden ist, die nicht denen ähnlich sind, für die die Marke mit älterem Zeitrang angemeldet oder eingetragen worden ist, falls es sich bei der Marke mit älterem Zeitrang um eine im Inland bekannte Marke handelt und die Benutzung der eingetragenen Marke die Unterscheidungskraft oder die Wertschätzung der bekannten Marke ohne rechtfertigenden Grund in unlauterer Weise ausnutzen oder beeinträchtigen würde.

§ 14 Ausschließliches Recht des Inhabers einer Marke; Unterlassungsanspruch; Schadensersatzanspruch

(2) Dritten ist es untersagt, ohne Zustimmung des Inhabers der Marke im geschäftlichen Verkehr

1. ein mit der Marke identisches Zeichen für Waren oder Dienstleistungen zu benutzen, die mit denjenigen identisch sind, für die sie Schutz genießt

2. ein Zeichen zu benutzen, wenn wegen der Identität oder Ähnlichkeit des Zeichens mit der Marke und der Identität oder Ähnlichkeit der durch die Marke und das Zeichen erfassten Waren oder Dienstleistungen für das Publikum die Gefahr von Verwechslungen besteht, einschließlich der Gefahr, dass das Zeichen mit der Marke gedanklich in Verbindung gebracht wird, oder

3. ein mit der Marke identisches Zeichen oder ein ähnliches Zeichen für Waren oder Dienstleistungen zu benutzen, die nicht denen ähnlich sind, für die die Marke Schutz genießt, wenn es sich bei der Marke um eine im Inland bekannte Marke handelt und die Benutzung des Zeichens die Unterscheidungskraft und die Wertschätzung der bekannten Marke ohne rechtfertigenden Grund in unlauterer Weise ausnutzt oder beeinträchtigt.

	Fall 1 §9 (1) Nr.1; §14 (2) Nr.1	Fall 2 §9 (1) Nr.2; §14 (2) Nr.2	Fall 3 §9 (1) Nr.3; §14 (2) Nr.3
Marken und Zeichen sind	identisch	identisch oder ähnlich	identisch oder ähnlich
	und	und	aber
Waren oder Dienstleistungen sind	identisch.	identisch oder ähnlich.	nicht identisch oder nicht ähnlich.
	Jüngere Marke wird gelöscht.	Deshalb besteht Verwechslungsgefahr, evtl. auch durch gedankliche Verbindung	Trotzdem besteht Verbietungsrecht, wenn 1. die ältere Marke eine bekannte Marke ist und wenn 2. Verwässerungsgefahr gegeben ist und Rufausbeutung oder Rufschädigung vorliegt.

5.2.1 Berechnung der Verwechslungsgefahr

Judex non calculat heißt es immer wieder. Juristen könnten oder wollten nicht rechnen. Das kann sich höchstens auf das Zahlenmäßige beziehen (abgesehen von einigen Honorarforderungen), denn Juristen können sehr wohl berechnend sein. Bei der Beurteilung der Verwechslungsgefahr leben aber Juristen geradezu auf, wenn sie die verschiedenen Aspekte gegeneinander abwägen und je nach Lage die Gefahren verharmlosen oder bedrohlich wirken lassen. Hier wollen sie eigentlich keine objektive Messbarkeit. Hans-Deflef Schwarz, Richter am BPatG, hat 2008 in einem bemerkenswerten Aufsatz[10] gezeigt, wie man die Verwechslungsgefahr reproduzierbar und neutral bewerten könnte. Erwartungsgemäß hat dieser Aufsatz Aufsehen erregt, wurde dann aber wohl nicht weiter beachtet, wie die Autoren fürchten. Wir skizzieren hier auszugsweise und vereinfacht die Berechenbarkeit nach Schwarz und hoffen, diesen guten Ansatz einem breiteren Publikum zugänglich zu machen und vor allem die Anwendung zu propagieren. In der Spruchpraxis der Gerichte stehen zur Beurteilung der Verwechslungsgefahr fast immer nur die drei Komponenten im Vordergrund:

Warenähnlichkeit

Markenähnlichkeit und

Kennzeichnungskraft der älteren Marke.

Schwarz definiert diese drei Komponenten als Säulen und weist Ihnen Erfüllungsgrade zwischen 0 und 10 zu. So wird also eine bekannte Marke bei der Kennzeichnungskraft mit 10 bewertet. Sind die Waren (und Dienstleistungen) der gegenüberstehenden Marken nicht ähnlich, wird der der Verwechslungsgrad 0 vergeben. So weit, so einfach.

Komplizierter wird die Beurteilung des Zusammenspiels der drei Komponenten. Ist die Verwechslungsgefahr die bloße Summe der Komponenten oder ein Produkt der drei Faktoren? Im ersten Fall würde man ein arithmetisches Mittel, im zweiten ein geometrisches Mittel errechnen.

<u>Verwechslungsgefahr als arithmetisches Mittel</u>

Hier gälte die Formel

Verwechslungsgefahr = Warenähnlichket + Markenähnlichkeit + Kennzeichnungskraft

Oder abgekürzt

VG = WÄ + MÄ + KK.

Für das arithmetische Mittel gilt dann:

<u>VG</u> = 1/3 (WÄ + MÄ + KK).

Nun kann man einen Grenzwert M definieren, ab dem Verwechslungsgefahr bejaht wird und unter dem verneint wird.

Beim arithmetischen Mittel sind alle 3 Komponenten gleichberechtigt.

Deswegen kann die Formel auch lauten:

VG = 1/3 (K1 + K2 + K3).

---

[10] Hans-Detlef Schwarz, Die Berechenbarkeit der Verwechslungsgefahr, MarkenR, H 6/2008, S. 237 -249

Ein Spitzenwert 10 kann durch einen Wert Null bei einer anderen Komponente ausgeglichen werden. Das darf bei fehlender Waren- oder Markenähnlichkeit aber nicht sein. Deshalb korrigiert Schwarz den Grenzwert M von 5 auf 5,5. Verwechslungsgefahr beginnt also ab einem Wert größer oder gleich 5,5.

Verwechslungsgefahr als geometrisches Mittel
Hier gilt die Formel
VG = WÄ x MÄ x KK
Und für das geometrische Mitte
VG = $^3\sqrt{}$(WÄ x MÄ x KK).
Bei diesem Modell führt fehlende Waren- oder Markenähnlichkeit stets zur Verneinung der Verwechslungsgefahr. Ab einem Grenzwert von 5 beginnt die Verwechslungsgefahr.
Bisher wurden alle Komponenten als gleichwertig angesehen. Wenn man davon abgehen will, bietet Schwarz ein modifiziertes Summenmodell an.

Modifizierte Summenmodelle
Um die Marken- und Warenähnlichkeit gegenüber der Kennzeichnungskraft stärker zu bewichten, schlägt Schwarz u.a. vor:
VG = 1/3 WÄ + 1/2 MÄ + 1/6 KK.
Der Grenzwert M, ab dem Verwechslungsgefahr besteht, wäre wieder 5,5.

Die Beurteilung der Verwechslungsgefahr ist und bleibt komplex, nicht zuletzt auch wegen der Veränderung der Rechtslage und der Rechtsprechung. Dennoch halten wir es für sehr hilfreich, über die einfachen Modelle zu einem vorläufigen Resultat zu kommen. Auch wenn es nur als Diskussionsgrundlage dient.

5.3 Überwachung

Überwachung muss auch deshalb sein, weil die Duldung einer fremden Marke - eingetragen oder nicht - dieser Marke Geltung verschafft, z. B. über die Verkehrsdurchsetzung. Hier gilt natürlich wieder das unter Recherchen Gesagte. Überwachungsrecherchen kann man selbst vornehmen oder als Auftrag vergeben. Die Maßnahmen umfassen die Mitteilungen von Markenanmeldungen und/oder entsprechende Zusammenfassungen in Online-Datenbanken.
Firmen, die sich mit der Überwachung von Marken und mit Ähnlichkeitsrecherchen im Auftrag beschäftigen, sind (die Reihenfolge stellt keine Bewertung dar) z.B.

Corsearch
Ragheno Business Park, Motstraat 30   Tel.: +32 2 302 9000
B-2800 Mechelen   Fax: +32 2 302 9090
Corsearch.services@wolterskluwer.com
oder
SAEGIS, COMPUMARK, SEMANTOMARK
Belgien (Zentrale Europa)
Uitbreidingstraat 72   Tel.:+ 32 2 200 89 98
2600 Antwerpen, Belgium   Fax:+ 32 3 220 73 90
compumark.be@thomsonreuters.com
oder
Clarivate (Ehemals Eucor Thomson Reuters)
Würzburger Straße 56   Tel.:069 153 253 300
63739 Aschaffenburg
compumark.de@tr.com
oder
SCHUTZ MARKEN DIENST
Manhagener Allee 76A   Tel.: 04102 80 48 – 0
22926 Ahrensburg   Fax: 04102 80 48 - 35
mail@smd-group.info
oder
CPA Global Deutschland GmbH
St.-Martin-Strasse 60   Tel: 089 4567850
81541 München   Fax: 089 45678555

mit

TRADE MARKS DIRECTORY SERVICES (TMDS)
3rd. floor,   Tel.: 0044 171 248 8800
12 Cock Lane   Fax: 0044 171 248 7700
London EC1A 9BU.

Entdeckt man nun eine störende ähnliche jüngere Marke, empfiehlt sich die Kontaktaufnahme mit dem Anmelder und danach gegebenenfalls Widerspruch. Für die Kontaktaufnahme verwenden viele Firmen ein Standardanschreiben wie das folgende:

Ihre Markenanmeldung Nr. * ;

unsere Marke Nr. *

Sehr geehrte Damen und Herren,

bei der Markenüberwachung haben wir die Veröffentlichung Ihrer oben genannten Marke gefunden.

Unserer Ansicht nach besteht Verwechslungsgefahr mit unserer oben genannten Marke, die für die aus der Anlage ersichtlichen Waren geschützt ist.

Unsere Marke wird benutzt / befindet sich innerhalb der Schonfrist.

Aus den dargelegten Gründen bitten wir Sie, Ihre Anmeldung zurückzuziehen und uns dies durch Übersendung einer Kopie Ihrer Eingabe an das Deutsche Patent- und Markenamt zu bestätigen.

Sollten Sie auf ältere Rechte hinweisen können oder Vorschläge zu einer anderweitigen Verständigung unterbreiten wollen, sehen wir Ihrer Mitteilung gern entgegen.

Für eine Nachricht bis spätestens eine Woche vor Ablauf der Widerspruchsfrist, die am * endet, wären wir Ihnen dankbar.

Mit freundlichen Grüßen

Eine mildere Form dieses Briefes bietet gleich eine Vorrechtsvereinbarung an.

Ihre Markenanmeldung Nr. * ;
unsere Marke Nr. *

Sehr geehrte Damen und Herren,

in (Datenquelle) haben wir die Veröffentlichung Ihrer obigen Marke gefunden. Wir möchten Sie demgegenüber auf unsere Marke * aufmerksam machen, die für die aus der Anlage ersichtlichen Waren geschützt ist und dafür Schonfrist genießt.

Ohne schon rechtliche Erörterungen über die Verwechslungsgefahr anstellen zu wollen und ohne nachgeprüft zu haben, ob für Sie bereits identische ältere Zeichen geschützt sind, möchten wir Ihnen zwecks Abgrenzung der beiderseitigen Interessen folgende Vereinbarung vorschlagen:

1. Sie werden das bekannt gemachte Zeichen ausschließlich für die der Registrierung zugrunde liegenden Waren und/oder Dienstleistungen verwenden.

2. Sie werden aus der Eintragung und Benutzung des registrierten Zeichens keine Rechte gegen uns und die zur * (eigene Firmengruppe) gehörenden Firmen herleiten.

3. Die Einhaltung dieser Zusagen soll auch etwaigen Rechtsnachfolgern und Lizenznehmern auferlegt werden.

Hierdurch könnte ohne nähere Prüfung der Sach- und Rechtslage ein sonst möglicherweise erforderliches Widerspruchsverfahren vermieden werden. Wegen des Ablaufs der Widerspruchsfrist müssen wir Sie allerdings bitten, uns Ihre Antwort bis zum * zukommen zu lassen.

Mit freundlichen Grüßen

5.4 Widerspruch

Laut Markengesetz wird jede angemeldete Marke, die die Prüfung auf absolute Eintragungshindernisse vor dem Amt übersteht, zunächst einmal eingetragen und veröffentlicht. Innerhalb einer Frist von 3 Monaten nach der Veröffentlichung der Markeneintragung (§41 MarkenG) kann gegen die Eintragung Widerspruch erhoben werden (§42 Abs. 1). Mehrere Widersprüche (z.B. aus mehreren älteren Marken) müssen einzeln erhoben werden und führen zu mehreren Widerspruchsverfahren.

Auch bei den IR-Marken gilt im Prinzip die dreimonatige Widerspruchsfrist. Diese kann sich jedoch um einige Tage verlängern, da sie erst mit dem ersten Tag des auf die Veröffentlichung in "Gazette OMPI des marques internationales" folgenden Monats beginnt (§ 114(2) MarkenG). Fällt das Ende der Dreimonatsfrist nicht auf einen Werktag, wird sie bis zum nächsten Werktag verlängert.

5.4.1 Benutzungsnachweis

Bevor wir uns für eine Marke stark machen, müssen wir sicher sein, dass sie eine ältere angemeldete oder eingetragene Marke ist, ernsthaft und funktionsgerecht benutzt wird. Das heißt, die unter der Marke vertriebenen Waren müssen unter das registrierte Warenverzeichnis fallen und von dem in Verkehr gebracht werden, für den die Marke geschützt ist (Konzerntöchter sind automatisch anerkannt) oder von seinem Lizenznehmer. Die Marke sollte auch in der Form benutzt werden, in der sie eingetragen ist. Geringe Abwandlungen, die den kennzeichnenden Charakter der Marke nicht verändern, werden anerkannt. Anderenfalls kann der Spieß umgedreht werden. Der Besitzer der jüngeren Marke kann nicht nur den Widerspruch abwehren, sondern sogar die Löschung oder Teillöschung der älteren Marke beantragen. Es empfiehlt sich also, Benutzungsnachweise zu sammeln, um jederzeit dem Vorwurf der Nichtbenutzung begegnen zu können. Die Benutzung kann z.B. über Rechnungskopien, Werbeschriften und die dazugehörigen eidesstattliche Versicherungen glaubhaft gemacht werden. In einigen Ländern genügt auch eine Caution Notice. Eine solche Veröffentlichung in einer großen Tageszeitung wird auch gern zwischen Anmeldung und Registrierung einer Marke geschaltet, wenn die Registrierung lange dauert, wie beispielsweise in Indien.

Eine eidesstattliche Versicherung kann wie folgt aussehen:

Muster Eidesstattliche Versicherung

Ich, *Vorname Nachname, wohnhaft in PLZ Ort, Straße*, versichere hiermit in Kenntnis der Strafbarkeit einer unrichtigen eidesstattlichen Versicherung zur Vorlage beim Deutschen Patentamt an Eides statt:

Seit dem *Datum* bin ich als Produktverantwortlicher unter anderem für *Gattungsbegriff "MARKE"* im Geschäftsbereich xy der Firma, Adresse, tätig. Die Marke *"Marke" DWZ Nr.* wird seit dem *Datum* für *Warenverzeichnis* eingesetzt. Bei älteren Marken folgt hier kurz die Beschreibung, welchen historischen Weg der Markenbesitz gegangen ist.
Der Vertrieb erfolgt über
....
..... und umfasste innerhalb des für den Benutzungsnachweis relevanten Zeitraums *Monat Jahr bis Monat Jahr* folgende Inlandsverkäufe:

Zeitraum	Anzahl Packungen	im Wert von T€
Jahr		
Jahr		
Jahr		
Jahr		
Jahr		
Jahr		

Faltschachteln und Beipackzettel sowie einige Rechnungskopien liegen in zweifacher Ausfertigung bei.
Eine Anzeige für *Gattungsbegriff "MARKE"* erscheint monatlich in der Fachzeitschrift ... sowie in .....

Ort, Datum
Unterschrift (der Person, nicht der Firma!)

Anlagen

Als das wichtigste Mittel der Glaubhaftmachung hinsichtlich Umfang und Zeitraum der bestrittenen Benutzung muss die eidesstattliche Erklärung wie oben eine konkrete Erklärung enthalten, welche Kennzeichnung in welchem Zeitraum und in welchem Umfang für welche Waren/Dienstleistungen in welcher Form verwendet worden ist. Missverständliche, vage oder unvollständige Angaben sind zu vermeiden. Das Amt berücksichtigt bei Prüfung der wirtschaftlich sinnvollen Benutzung auch die Dimension des Markeninhabers. Bei einem Apotheker kann es genügen, wenn er einige Schachteln Pillen unter der Marke verkauft hat; bei einem Pharmakonzern genügt eine solche Benutzung nicht.

5.4.2 Abwägungen vor und bei Widerspruch

Benutzung und ältere Rechte garantieren aber noch immer nicht, dass ein Widerspruch gegenüber einer jüngeren Marke erfolgreich ist. Die Anmelderin der jüngeren Marke ist vielleicht zugleich die Inhaberin einer ganz alten und benutzten Marke. Dann könnte der Widerspruch zum Bumerang werden. In einem solchen Fall widerspricht man besser nicht, sondern einigt sich über eine gegenseitige Duldungsvereinbarung. Wer eine ähnliche Marke zu lange (über 5 Jahre) duldet, verschlechtert seine Widerspruchschancen. Der Widerspruchsgegner wird argumentieren, dass eine nennenswerte Verwechslungsgefahr nicht bestand.

Grundbedingung für einen Widerspruch ist außer der Priorität und der Benutzung vor allem die Ähnlichkeit oder Gleichheit des Namens und der darunter geschützten Waren und Dienstleistungen (Integration, Subsumption). Hierauf wurde bereits unter Punkt 5.2 eingegangen (s. dort entsprechende Tabelle).

Beispiel: ULTRASIL und ULTRACRYL gelten als nicht verwechselbar, obwohl die Namen auf den ersten Blick so ähnlich aussehen und klingen. Dem ersten Wortbestandteil Ultra wird keine Bedeutung zugemessen, weil er als eine Qualitätsangabe beschreibenden Charakter besitzt und keine selbständig kennzeichnende Stellung hat. SIL und CRYL als Teile von Silikat und Acryl sind für den Fachmann unterscheidungskräftig. In der Entscheidung Phenola/Phenosan wurde festgestellt, dass bei chemischen Ausdrücken auch die Endungen unterscheidungskräftig sind. Dies gilt erst recht, wenn die Silikate in Klasse 1 und das Acrylglas in Klasse 19 geschützt sind.

Zur Verwechslungsgefahr bei zusammengesetzten Zeichen hat Tilmann (1996) eine einleuchtende Systematik abgeleitet. Es kommt natürlich immer auf die prägenden Umstände des Einzelfalls an, und die Gerichte haben z.T. anders geurteilt, aber im Normalfall sollte man folgende Fälle klar unterscheiden:

Fallgruppe (ältere Marke gegen jüngeres Zeichen)	Erläuterung und Beispiele	Beurteilung
A gegen A B	Hinzufügen von Zusätzen B zu einer älteren Marke A. Corrida / Skai-Dur-Corrida PEP / Blendax PEP (eher Normalfall) aber: Juwel / Juwel von KLiNGEL (eher Ausnahme, Argument: Kauf auf Sicht bei Mode) (gegensätzliche Urteile s. 13.1.4, III Verwechslungsgefahr /3 Markenbestandteile)	Hefermehl: §14 Abs. 2 Nr. 2 MarkenG B beseitigt Verwechslungsgefahr nur dann, wenn es dem Zeichen A B eine andere Eigenart gibt. Hinzufügen von Inhaber, Firma, Wohnort u. dgl. genügen nicht zwangsläufig zur Beseitigung der Verwechslungsgefahr (nur bei bekannten Firmen), ebenso farblose oder beschreibende Zusätze. Tilman: §14 Abs. 2 Nr. 1 MarkenG Niemand außer dem Inhaber hat das Recht, die geschützte Marke als Baustein einer anderen Marke zu verwenden.
A gegen A* B	Ältere Marke wird mit größeren oder kleineren Veränderungen übernommen und ist von Bestandteil B abgesetzt. alpi / Alba Moda GARD / Plak Guard EREINTZ / Reynolds R1 Cenduggy / ROTH-HÄNDLE-KENTUCKY	Verwechslungsgefahr ist regelmäßig anzunehmen
A gegen AB	Ältere Marke wird unverändert übernommen, mit Bestandteil B jedoch zusammen geschrieben. Sana / Schosana Diclophlogont / Innovadiclophlont	Wenn Bestandteil A noch erkennbar und selbständig kennzeichnend ("prägend") bleibt, besteht Verwechslungsgefahr.
A B gegen A	Teil einer älteren Marke wird als jüngeres Zeichen verwendet. Felina Britta / Britta ESSOMARCOL / MERCOL Cliff Hurrican / HURRICANE P3-Plastoclin / plastOclean Tiffany Diva / Divan Wella Perla / Perlé BERGERLAHR / BERGER	Wenn Bestandteil A noch erkennbar und selbständig kennzeichnend ("prägend") bleibt, besteht Verwechslungsgefahr. Ansonsten muss Gesamtvergleich der Zeichen erfolgen.

Fallgruppe (ältere Marke gegen jüngeres Zeichen)	Erläuterung und Beispiele	Beurteilung
AB gegen AC	Bestandteil A der älteren Marke AB wird mit C zu einem Zeichen AC kombiniert. NSU-Fox / Auto-Fox NAPOLEON LE PETIT CORPORAL / NAPOLEON FER ECCO MILANO / BRANDT ECCO Indorectal / IndoHexal Corvaton / Corvasal	Wenn A seine Selbständigkeit verloren hat und den Verkehr nicht mehr an das alte Zeichen erinnert, entfällt die Verwechslungsgefahr. Im Normalfall muss regelmäßig auf den üblichen Gesamtvergleich abgestellt werden.

Das Auseinandernehmen von Markennamen ist umstritten. Nach BL. f. PMZ 1995, S.10 gilt: "Gegenstand der Beurteilung ist grundsätzlich allein die Marke in ihrer angemeldeten Form, jedoch nicht diejenigen Bestandteile, aus denen sie bei analysierender Betrachtung als zusammengesetzt erscheinen mag. Denn der angesprochene Verkehr, auf dessen Verständnis es allein ankommt, nimmt erfahrungsgemäß eine Marke in der Regel so auf, wie sie ihm entgegentritt, ohne dass er eine analysierende, möglichen Bestandteilen oder deren Begriffsbedeutung nachgehende Betrachtungsweise (Abspaltung, s.a. Entscheidung "Springende Raubkatze") vornimmt (BGH in GRUR 1995, 408,409 - PROTECH, GRUR 1995, 269,270 - U-KEY.)". Wenn also nach Bestandteilen untersucht werden kann, dann allenfalls nach prägenden.

Wenn die Waren/Dienstleistungen unterschiedlich sind, berechtigen nicht einmal identische Namen zu Widerspruch. Beispiele: Aus der alten Marke KONA für eine Seife kann man nicht gegen die junge Marke KONA für Gewindeschneider vorgehen. Die Waren begegnen sich nicht auf den Märkten; Herstellung, Vertriebswege und die beteiligten Verkehrskreise sind gänzlich verschieden. Sogar der Widerspruch gegen eine jüngere, identische Marke MULTIVAC wurde abgewiesen, weil die eine Marke für Tierarzneimittel, die andere für ein Mischgerät für Dentalzwecke eingetragen war. Eine Verwechslungsgefahr wird verneint, wenn die Waren oder Dienstleistungen nicht ähnlich sind. Analoges gilt für Bildmarken: Eine ähnliche Pfauenmarke kann nicht angegriffen werden, wenn sich die Waren keramische Farben und Handtücher gegenüberstehen. Nur berühmte Marken erwerben sich einen breiteren Schutzumfang.

Es gibt also gar nicht so viel Gelegenheit und Notwendigkeit zu widersprechen. Hier ist der Ort, auf ein prinzipielles Problem aufmerksam zu machen. Die Markenabteilung als Dienstleister muss im Zuge der Markenüberwachung natürlich die einzelnen Produktmanager von Fall zu Fall fragen, ob Widerspruch erhoben werden soll. Je nach Temperament, Selbstsicherheit, Interessenlage,

Gewinnsituation usw. fallen die Antworten sehr individuell aus. Eine gewisse Objektivierung ist durch Versenden des folgenden Fragebogens möglich.

Hausinterne Anfrage vor Widerspruch:

Anfrage zur Verteidigung unserer *Marke * gegen * in *
Bitte beantworten Sie nach Möglichkeit folgende Fragen:

Halten Sie das Gegenzeichen für verwechselbar mit unserem Zeichen
(bitte Zutreffendes unterstreichen)

klanglich?	ja / nein
schriftbildlich?	ja / nein
begrifflich?	ja / nein
komplex? (Klangrotation/Buchstabendreher)	ja / nein

Kann man annehmen, das Gegenzeichen entstamme

einer unserer Fabrikationsstätten?	ja / nein
einer unserer Verkaufsstätten ?	ja / nein
oder es richte sich	
an Anwender von Waren unseres Zeichens?	ja / nein
an Fachkreise?	ja / nein
an Letztverbraucher?	ja / nein

Besteht <u>stoffliche</u> Identität/Ähnlichkeit mit den Waren unseres Zeichens?
    ja/nein

Ist unser Zeichen in dem oben bezeichneten Land
benutzt ?   ja / nein
für welche Waren?
....
noch nicht benutzt ?   ja / nein
Aufnahme der Benutzung vorgesehen ab? ....
nicht mehr benutzt ?   ja / nein   seit: ....
Wiederaufnahme der Benutzung vorgesehen ab? ....

Widerspruch?   ja / nein

Wegen des Ablaufs der Widerspruchsfrist benötigen wir bis zum * **(Datum)** Ihre verbindliche Entscheidung, ob Widerspruch erhoben werden soll.

Mit freundlichen Grüßen

Anlage: 1. Gegenzeichen, 2. Ausdruck der eigenen Marke(n)

Trotz Fragebogens kann vom Produktmanagement nicht erwartet werden, dass die Faktoren Verlust von Kennzeichnungskraft (gegebenenfalls durch vermehrte Zulassung von Drittzeichen (Zeichenverbrauch)), Marken- und Warenähnlichkeit in einer Gesamtabwägung reproduzierbar erfasst werden. Vielmehr wird meist individuell, nach klanglicher Ähnlichkeit und Benutzungslage entschieden. Es ist also sinnvoll, dass Produktmanagement und Markenabteilung gemeinsam Chancen und Risiken der Verteidigung besprechen und allmählich zu einer gemeinsamen Strategie kommen.

Bisher haben wir abwägend argumentiert und von voreiligem Widerspruch abgeraten. Allein schon deshalb, weil Widerspruch Geld kostet und Verlieren keine Freude macht. Es gibt jedoch Fälle, in denen sich Aggressivität auszahlt, wenn sie eine starke Gegenreaktion erzeugt. Beispiel: ABILOR erhebt Widerspruch gegen die Anmeldung von BEBILOR. BEBILOR verteidigt sich heftig und versucht zu belegen, dass ABILOR und BEBILOR nicht verwechselbar seien. Tatsächlich stört sich BEBILOR auch an ABILOR, möchte aber nicht einfach aufgeben. Während des laufenden Widerspruchsverfahrens erscheint ABILOR als Neuanmeldung für andere Waren. BEBILOR sind dagegen die Hände gebunden, weil nicht widersprüchlich argumentiert werden kann.

Aktuelle Widerspruchsformulare werden am Besten im Internet heruntergeladen.

In Deutschland kann ein Widerspruch begründet werden, muss aber nicht. Bei der Unionsmarke z.B. ist eine Begründung erforderlich. Der Widerspruchsprüfer macht sich natürlich sein eigenes Bild. In für den Anmelder wichtigen Fällen ist es jedoch üblich, auf einen Widerspruch mit einer Gegenargumentation zu reagieren. Nachfolgend ein Beispiel:

Entgegnung auf den Widerspruch aus der Marke BELOCOR gegen die Anmeldung DEGUDOR

Die Zeichen sind klanglich, schriftbildlich und begrifflich unterscheidbar. Die Waren, Produktionsstätten, Vertriebswege und Abnehmer sind verschieden

1. Die für die Beurteilung der Ähnlichkeit wichtigen Anfangssilben BELO und DEGU sind klanglich deutlich unterscheidbar, weil bei BELO das L als lateraler dentaler Konsonant in den halbgeschlossenen Vokal O überleitet, während bei DEGU der explosive velare Konsonant G in den geschlossenen Vokal U überleitet. Die Silben BE-LO werden mit einer öffnenden Lippenbewegung gesprochen. Dagegen erfordern die Silben DE-GU zwei gegenläufige Lippenbewegungen: Nach DE, gesprochen mit breiten, halboffenen Lippen, müssen für GU die Lippen nach vorne bewegt und geschürzt werden (Schmolllippen). Die identischen Endbuchstaben begründen ebenfalls keine Verwechslungsgefahr, da sie klanglich nur als Bestandteile der unterscheidbaren Silben COR und DOR vorkommen.

2. Im Schriftbild sind trotz gleicher Wortlänge der Zeichen deutliche Unterschiede wahrnehmbar, insbesondere bei Gemischt- und Kleinschreibung wegen der Unterlänge bei Degudor. Da der Blick des Betrachters automatisch nach erkennbaren einfachen Formen sucht, findet er im Falle von BELOCOR bei OCO Halt. Der Blickfang kann sogar so stark sein, dass der Betrachter diese Buchstabengruppe gedanklich festhält. Bei flüchtiger Wahrnehmung des gesamten Zeichens könnte auch statt BELOCOR der Eindruck BELCOLOR (= schöne Farbe) entstehen. Dagegen lässt sich lediglich feststellen, dass DEGUDOR in dieser Hinsicht keine Auffälligkeiten bereithält.

3. Unabhängig davon sind die Zeichen auch in anderem Zusammenhang begrifflich unterscheidbar. DEGUDOR ist eine Phantasieprägung. Deshalb scheidet eine begriffliche Verwechslungsgefahr aus. Die Endsilben COR und DOR sind für die jeweils beteiligten Verkehrskreise mit völlig unterschiedlichen Bedeutungen belegt, nämlich COR mit Herz (Silbenbestandteil zahlreicher Arzneimittel) und DOR mit Gold (Jeunesse doré, Eldorado, Costa dorada). Was die ersten beiden Silben der Vergleichszeichen angeht, könnte BELO mit weiß (Belorussland), schön (bel, bello) oder Krieg (bello gallico) assoziiert werden.

Übrigens sollen die Silben DEGU auf DEGUSSA (Deutsche Gold- und Silberscheideanstalt) hinweisen und sind Bestandteil zahlreicher Marken unserer Firma, so dass der Verkehr die Silben DEGU als entsprechenden Herkunftshinweis auffassen wird.

4. Schließlich sind auch die Waren, die Produktionsstätten, die Vertriebswege und die Abnehmer verschieden.

Während BELOCOR für "Pharmazeutische Präparate und Substanzen" eingetragen ist, steht DEGUDOR für "Edelmetalllegierungen für zahnärztliche und zahntechnische Zwecke". Ferner werden die unterschiedlichen Waren in unterschiedlichen Fabriken auf unterschiedliche Weise hergestellt. BELOCOR wird in einem Pharmabetrieb unter besonderer pharmazeutischer und klinischer Kontrolle, DEGUDOR jedoch in einer Edelmetallraffinerie hergestellt.

Entsprechend der völlig unterschiedlichen Anwendung bei unterschiedlichen Abnehmerkreisen sind auch die Vertriebswege verschieden. BELOCOR ist eine Apothekerware, DEGUDOR wird dagegen nicht verschrieben und nicht vom Endverbraucher gekauft, sondern ist ein Zwischenprodukt, das durch Zahntechniker und Zahnärzte verarbeitet wird und schließlich für jeden Patienten individueller Teil einer Zahnsanierungsmaßnahme ist.

Aus den vorgenannten Gründen wird beantragt, den Widerspruch abzuweisen und die Eintragung des angemeldeten Zeichens DEGUDOR zu beschließen.

5.4.3 Widerspruch gegen Unionsmarken

Das Widerspruchsverfahren gegen Unionsmarken enthält einige Besonderheiten. Anleitung und Formular sind im Internet zu finden. (Fax-Info über Widerspruch 0034-6-513 9317; Fax für Widersprüche: 0034-6-513 1344).

Ein Widerspruch kann auf mehreren älteren Rechten fußen:
auf mehreren verschiedenen Marken (z.B. DEGUDOR, DEGULOR, ...) in einem oder mehreren EU-Ländern,
auf mehreren gleichen Marken in verschiedenen EU-Ländern (DEGUDOR in Deutschland, IR-Marke Frankreich, Spanien) und natürlich auch nur auf einer Marke in einem EU-Land.

Ältere Rechte (relative Eintragshindernisse), die in einem Widerspruchsverfahren geltend gemacht werden können sind:

    ältere Unionsmarken;

    in einem Mitgliedsstaat der Europäischen Union eingetragene nationale Marken und dort wirksame internationale Marken;

    notorisch bekannte Marken im Sinne von Artikel 6a der Pariser Verbandsübereinkunft;

    ältere, durch Benutzung erworbene Marken und alle anderen nicht eingetragenen und im geschäftlichen Verkehr benutzten älteren Zeichen, die nach dem Recht des jeweiligen Staates dem Inhaber das Recht verleihen, die Benutzung einer jüngeren Marke zu untersagen (z.B. Handelsnamen und Geschäftsbezeichnungen).

Der Widerspruch gegen eine Unionsmarke muss begründet werden, sonst gilt er als unzulässig. Es gilt nur das, was in der Begründung vorgebracht wurde. Wer nur auf akustische Verwechslungsgefahr abstellt, bewirkt, dass z.B. auf optische Verwechslungsgefahr nicht geprüft wird. Das EUIPO stellt sich also "dumm", um Bearbeitungszeit zu sparen und um dem Vorwurf zu entgehen, irgendetwas in der großen sprachlichen und kulturellen Vielfalt der EU unberücksichtigt gelassen zu haben.

In Deutschland ist es grundsätzlich üblich, gegen alle Waren vorzugehen und dem Amt die Auswahl der ähnlichen Waren und Dienstleistungen zu überlassen. Beim Widerspruch vor dem EUIPO ist genauer zu überlegen, welche Waren und Dienstleistungen angegriffen werden, denn bei teilweise nicht erfolgreichem Widerspruch ist mit anteiliger Kostenauferlegung zu rechnen.

Widerspruch kann nur in einer der fünf Amtssprachen erhoben werden. Die Ermittlung der Verfahrenssprache für den Widerspruch ist nicht ganz einfach, wie folgendes Beispiel zeigt:

Ist die Anmeldesprache Englisch und die Zweitsprache Deutsch, so ist die Verfahrenssprache bei einem Widerspruch:

Widerspruch in	Verfahrenssprache
Englisch	Englisch
Deutsch	Deutsch
Französisch	Englisch oder Deutsch
Italienisch	Englisch oder Deutsch
Spanisch	Englisch oder Deutsch

Ist die Anmeldesprache Portugiesisch und die Zweitsprache Englisch, so wird die Verfahrenssprache in jedem Fall Englisch sein.

Anmeldungen können auch über Bemerkungen (Art. 41) angefochten werden: Dritte können beim EUIPO schriftliche "Bemerkungen" einreichen und anzeigen, dass eine Unionsmarkenanmeldung aus gewissen (normalerweise absolute Eintragshindernisse) Gründen zurückgewiesen werden muss. Im Unterschied zum Widerspruchsverfahren wird der Dritte durch seine "Bemerkungen" nicht zum Verfahrensbeteiligten. Seine Eingabe wird aber dem Anmelder zur Stellungnahme übermittelt.

Wenn der Anmelder glaubt, den Widerspruch nicht erfolgreich überwinden zu können, darf er das Warenverzeichnis beschränken oder die Anmeldung zurückziehen. Im Falle einer friedlichen Einigung (Zurücknahme der Anmeldung oder Beschränkung des Warenverzeichnisses) während der „Cooling-Off-Period" bekommt der Widerspruchsführer die Widerspruchsgebühr vom EUIPO erstattet, aber nicht für das bloße Zurücknehmen des Widerspruchs.

Die Eintragung erfolgt, sofern innerhalb von drei Monaten nach Veröffentlichung der Marke kein Widerspruch eingelegt wurde oder der Widerspruch zurückgewiesen wurde, nachträglich keine hinderliche Seniorität beansprucht wurde und natürlich die Eintragungsgebühr bezahlt wurde (Auskünfte über Gebühren Fax 0034-6-513 9114; Auskünfte über Zahlungsarten Tel.: 0034-6-513 9333). Widersprüche können den Anmelder leider noch lange nach Ablauf der dreimonatigen Widerspruchsfrist beim EUIPO erreichen, wenn der Widerspruch dort wegen heilbarer Mängel gelegen hat. Das ist sehr unschön für den Anmelder, der sich schon in Sicherheit wiegte. Wenn die Anmeldung einer Unionsmarke nicht zur Eintragung führt, kann sie in nationale Markenanmeldungen umgewandelt werden, die dann die Priorität des Anmeldetags der Unionsmarke erhalten. Wenn man ältere nationale oder internationale Marken (als Bündel nationaler Marken) in den EU-Ländern besitzt, können diese als ältere Rechte in die Unionsmarke eingebracht werden (Seniorität). Entscheidungen der Prüfer, der Widerspruchsabteilungen, der Markenverwaltungs- und der Rechtsabteilung und der Nichtigkeitsabteilung des EUIPO sind mit der Beschwerde anfechtbar. Beschwerde einlegen kann, wer an einem Verfahren beteiligt war, das zu einer Entscheidung geführt hat. Hilft die Stelle, deren Entscheidung angefochten wird, der Beschwerde nicht innerhalb eines Monats nach Eingang der Begründung ab, entscheidet eine Beschwerdekammer darüber, ob die Beschwerde zulässig (statthaft, form- und fristgerecht) und begründet ist. Die Entscheidungen der Beschwerdekammern sind mit der Klage beim Gericht erster Instanz der Europäischen Gemeinschaften anfechtbar (Merkblatt 63 vom Juni 1995 der GD XXIII).

5.5 Vorrechtsvereinbarung und andere Möglichkeiten der friedlichen Koexistenz

Eine Vorrechtsvereinbarung wird meist abgeschlossen, um sich außeramtlich abzugrenzen. Auf der nächsten Seite folgt ein gängiges Muster. Die Anmelderin einer Marke respektiert die älteren Rechte der Inhaberin einer ähnlichen Marke und erhält im Gegenzug die Erlaubnis zur Eintragung. Bei Gleichberechtigten kann aus der Vorrechtsvereinbarung auch eine Abgrenzungsvereinbarung werden. Auf dieser Basis können Duldung oder Zustimmung (Letter of consent) im Zusammenhang mit der Eintragung einer ähnlichen Marke ausgesprochen werden.

Vorrechtsvereinbarungen können auch abgeschlossen werden, wenn die Erfolgsaussichten in einem Widerspruch nicht besonders gut sind, aber die gegnerische jüngere Marke dennoch stört. In einem solchen Fall schickt man z.B. in Frankreich mit dem Gerichtsvollzieher eine Abmahnung wegen unerlaubter Nachahmung. Der Gegner wird danach gewöhnlich gerne bereit sein, den Konflikt über eine Vorrechtsvereinbarung beilegen zu können.

Es gibt auch die Möglichkeit der Markenübertragung bei zwei sehr ähnlichen oder sich anders störenden Marken. Dabei wird die Marke auf _einen_ Inhaber übertragen, der sie nun ungestört verwaltet und verteidigt. Der frühere Markengegner darf die Marke mitbenutzen (Beispiel XXX: Übertragung und gemeinsame Nutzung) oder sogar ganz alleine benutzen (Beispiel YYY: Übertragung und Rücklizensierung).

Beispiel XXX:

Die Firmen A. und B. haben jeweils die Marke XXX angemeldet, M. für Klasse 1, C. für Klasse 5. Nachdem man sich über eine strikte Abgrenzung der Warenverzeichnisse und gemeinsame Nutzung des Markennamens geeinigt hatte, war es nicht mehr gefährlich, XXX ganz auf M. zu übertragen, Kosten zu sparen und zugleich den Schutzumfang der Marke zu vergrößern. Vorrechtsvereinbarungen bei doppelter Inhaberschaft hätten dagegen die Marke verwässert.

Beispiel YYY:

Firma E. meldete die Marke YYY an, Firma D. erhob Widerspruch aus zahlreichen mit YY beginnenden Marken und wegen der Verwechselbarkeit mit D.-Produkten für die Weinindustrie. Der Widerspruch wurde zurückgenommen, weil sich folgende elegante Lösung anbot: E. übertrug die Marke YYY auf D. D. schützte damit ihren Block von YY - Marken, gewährte Firma E. jedoch eine kostenlose Exklusivlizenz und übernahm die Verwaltung und Verteidigung. Damit war beiden geholfen.

VORRECHTSVEREINBARUNG

Zwischen der *Firma A, Anschrift*, Inhaberin des Zeichens * Nr.*
- im folgenden "Inhaberin" genannt -

    u n d der *

Firma B, Inhaberin/Anmelderin des Zeichens * Nr. *
- im folgenden "Anmelderin" genannt -

I.

1) Die Anmelderin verpflichtet sich, aus der Eintragung und Benutzung ihrer Marke gegen die Marke der Inhaberin keine Rechte herzuleiten und auch Neueintragungen sowie Eintragungen von Abwandlungen der älteren Marke zu dulden, mit Ausnahme der Marke der Anmelderin.

2) Die Anmelderin verpflichtet sich ferner, die Eintragung nur für
".."
zu benutzen und das Warenverzeichnis entsprechend zu beschränken.

II.

Die Inhaberin verpflichtet sich, der Eintragung und Benutzung der angemeldeten /hinterlegten Marke unter den unter I. genannten Voraussetzungen zuzustimmen.

III.

1) Die Vereinbarung gilt für alle Länder, in denen die Inhaberin ältere Rechte hat oder erwirbt.

2) In Ländern, in denen der Anmelderin die älteren Rechte zustehen oder von ihr erworben werden, wird sie der Inhaberin die Eintragung und Benutzung ihrer Marke unter den entsprechenden Voraussetzungen gestatten.

IV.

Diese Vereinbarung gilt auch für solche verbundenen Unternehmen, die identische Marken für dieselben Waren registriert haben oder benutzten.

Ferner verpflichten sich die Parteien, die Pflichten aus dieser Vereinbarung ihren allfälligen Rechtsnachfolgern und Lizenznehmern aufzuerlegen.

Ort, den.. *Ort*, den.................................

Firma B *Firma A*

....
Unterschriften *Unterschriften*

6. Methoden zum Finden neuer Markennamen

6.1 Arten von Markennamen

Es gibt zahlreiche Möglichkeiten, Markennamen zu klassifizieren. Einige häufig vorkommende Gruppen sind:

Art	Beispiele
Eigennamen	Baedeker, Hugo Boss, Braun, Holzmann, Knorr (sowohl für Suppenwürze als auch für Bremsen), Leitz, Underberg, Zwack
Namensanfänge	**KIBEK** aus **Ki**nder**bek**leidung
Namenskürzel	**Adidas** aus **Adi** **Das**sler, **Agfa** aus **A**ctien-**G**esellschaft **f**ür **A**nilinfarben, **allmilmö** aus **Mil**ewski **Mö**bel, **Eduscho** aus **Edua**rd **Scho**pf, **elbeo** aus **E**rnst **L**udwig **B**ahner **E**rzgebirge **O**berlungwitz, **Haribo** aus **Ha**ns **Ri**egel **Bo**nn, **Hertie** aus **Her**mann **Tie**tz, **Leica** aus **Lei**tz und **Ca**mera, **Rollei** aus **Roll**film und **Hei**doscop, **Rowenta** aus **Ro**bert **We**i**n**t**ra**ud, **Tesa** aus **El**sa **Te**ssmer

Art	Beispiele
Zusammenziehungen	**Hanuta** aus **Ha**sel**nu**ss**ta**fel, **Milka** aus **Mil**ch und **Ka**kao, **Persil** aus **Per**borat und **Sil**ikat, **OSRAM** aus **Os**mium und Wolf**ram**, **Swatch** aus **S**wiss **watch**, **Ketchonaise** aus Ketchup und Mayonnaise
Namen aus Initialien	**Geha** aus **G**erhard und **H**übner, **HL** aus **H**ugo **L**eibbrand, **IKEA** aus **I**ngvar **K**amprad aus **E**lmtaryd in **A**gunnaryd, Kaffee **HAG** aus Handels AG, **Eszet** aus?
Vornamen	Carina, Mercedes, Monica, Monika, Piroschka, Serena
Herstellerhinweise	LUWA... von BASF Ludwigshafen, ...BAY von Fa. Bayer,
Kombinationen	Coffea (Reizarmer Kaffee und Tee aus der Apotheke), Resopal aus resin (= Kunstharz) und farbenprächtig wie der Halbedelstein Opal, Südsalz, Vivil (aus vif und agil?)
Abkürzungen	BMW, REW, SKF, SKW, WMF,
Titel	Admiral, Commodore, Der General, Konsul
Götternamen	Apollo, Apollinaris, Aurora, Hera, Heraklith, Juno (Aus gutem Grund ist Juno rund), Jupiter, Nike, Penaten (lat. Hausgötter), Zeus, aber Hermes und Mars direkt von Thierry Hermès bzw. Frank Mars
Namen aus Märchen und Sagen	Ajax, Rotkäppchen, Rumpelstilzchen, Rübezahl
Religiöse Namen	Benediktiner, San Pellegrino, St. Martin, St. Gero
Astronomische Namen	Astra, Jupiter, Milky Way, Sirius
Alchemistische Namen	Sonne & Mond (für Gold und Silber), Mercury
Griechische Buchstaben	Alpha, Omega, Sigma
Namen aus Übersetzungen und Fremdsprachen	Audi (lat.) aus Horch! (deutsch), Corange (franz.) aus dem Namen des Firmengründers Engelhorn, Lego (lat. ich lese zusammen, sammle), Kaloderma (griech. schöne Haut), Nivea aus nivis (lat. Schnee), prodomo (lat. für das Haus), Sinalco aus sine (lat. ohne) alcohol, Vis, Vim (lat. Kraft), Volvo (lat. ich rolle),
Eigenschaftsnamen	Amaretto, Hella, Kuschelweich, Süssli, Unicum, Mildessa

Art	Beispiele
Städtenamen	Clausthaler, Hoechst, Krombacher, Jever, Schwartau, Veronal
Geographische Namen	Erdal (nach Erthalstr. in Mainz), Mont Blanc, Nordsee, **Rema**zol (aus **R**h**e**in-**Ma**in), Schneekoppe
Namen, die die Anwendung beschreiben	Appretan (Appreturmittel), Sahnesteif, Tintenkiller, Tipp-Ex
Tiernamen	Adler, Bärenmarke, Barracuda, Jaguar, Marabu, Panda, Pelikan, Salamander, Schwan, Uhu
Ursprünglich (bei uns) bedeutungsleere Namen	Ata, Imi, Kodak, Omo, Sunil, Twingo, Xedos

Erstaunlich viele bekannte bis berühmte Marken sind Tiernamen. **Pelikan**, **Marabu**, **UHU** oder der Frosch von **Erdal** haben eines gemeinsam: Aussehen oder bestimmte Eigenschaften des Markentiers haben zumindest aus heutiger Sicht nicht das Geringste mit den geschützten Waren zu tun. Wenn der Pelikan weder blau ist noch schreibt, wenn der Uhu nicht klebt, wenn es keine nützlichen oder sympathischen Assoziationen gibt, was sollen dann solche Namen? Eine Erklärung wäre ein ehemaliger Zeitgeist, eine Mode, was der Apotheker August Fischer einer Anekdote nach auch bestätigte. Als er 1932 den ersten gebrauchsfertigen Kunstharzklebstoff der Welt erfand, suchte er nach einem Namen für sein „Kind". Fischer dachte sich: „Wenn die anderen einen Vogel haben - warum nicht auch wir?!" Und er gab seiner Erfindung den Markennamen „UHU – der Alleskleber".

Wir wagen einen weiteren retrospektiven Deutungsversuch: Hinter Tiernamen steckt einerseits eine Art zahmer Piraterie. Die Produkte sollten von der Bekanntheit der Tiernamen profitieren. Nach dem Schema der Gedächtnisstütze - man merkt sich zusätzlich den Knoten im Taschentuch und behält damit auch das eigentlich Merkenswerte besser - hat man also Tiere zu Werbeträgern bestellt. Andererseits erzeugt die Benutzung der Tiernamen Mehrdeutigkeit auf der sicheren Basis eines hohen Bekanntheitsgrades. Wer an Frösche denkt, muss nicht nur auf Kaulquappen und Kröten, sondern auch auf Schuhcreme gefasst sein. Wenn Tiernamen eine zweite Bedeutungsebene bekommen, entsteht eine Chance, eine Botschaft zu senden. Der Verbraucher fragt sich bei der ersten Begegnung: "Marabu - was ist das noch?" Und nun lernt er: Schreib- und Zeichengeräte, versehen mit einem schwarz-roten Schriftzug. Die Mehrdeutigkeit ist die erste Stufe auf dem Weg zur Abstraktion. **TEFLON**, das ein Computer aus der Abkürzung PTFE für Polytetrafluorethylen 1946 zusammenschüttelte, oder die neuen Markennamen wie **XEDOS** oder **TWINGO** für Autos gehen diesen Weg konsequent weiter. **Kodak**, das 1892 von George Eastman selbst geschaffene Kunstwort, war ein Vorreiter.

Bedeutungsleere Wörter verzichten auf das Lasttier und beanspruchen einen eigenen Parkplatz in unserem Wortschatz. Sobald der Verbraucher neugierig ist, wird dieser Parkplatz mit genau der Aussage gefüllt, die der Markenanmelder anbringen möchte. Der Vorteil ist, es gibt nur die gewünschte Aussage ohne Ballast für nur ein Produkt in einem frischen Gedächtnis. Der Nachteil ist, der Verbraucher muss notfalls mit vielen Vorankündigungen neugierig gemacht werden. Ein weiterer Nachteil entsteht aus der verstärkten Verwendung sonst selten genutzter Buchstaben wie x und y, z.B. in Xerox, X-large, Ajax, Atrix, Betrix, Blendax, noXon, Unox, Xyladecor, Xylamon und XAZZAX (von Asta Medica). Falls die Mode mit bedeutungsleeren Namen anhält, gibt es bald immer weniger interessante Marken, und die Verbraucher werden lernunwilliger.

6.2 Wie finden wir Ideen?

Ideen finden wir einerseits durch konzentrierte Annäherung, andererseits durch scheinbar spielerische Verfremdung. Dies gilt natürlich allgemein, und deshalb wollen wir auch zunächst auf dieser universellen Ebene bleiben, bevor wir uns auf das Gebiet Namensfindung und schließlich auf Namensfindung für Marken beschränken.

Sehen wir uns einige Näherungsverfahren an. Das sind Verfahren, die wir gut beherrschen, z.B. *Logik* und *Nachdenken*. Die *Induktion,* (das "Hineinführen"), der Schluss vom Einzelnen, Besonderen auf das Allgemeine, Gesetzmäßige lässt uns durch Beobachtung und Vergleich Gesetze finden. Die *Deduktion*, das Gegenteil der Induktion, das "Ableiten" des Besonderen und Einzelnen vom Allgemeinen, lässt uns einen Einzelfall erkennen, weil er einem allgemein gültigen Gesetz gehorcht, das wir schon kennen. Induktion und Deduktion helfen zu vereinfachen und zu ordnen.

Vereinfachen kann aber auch heißen: Überflüssiges entfernen, auf den Kern einer Sache kommen, sich auf Notwendiges oder Wesentliches beschränken. Das kann formell bedeuten: prägnant statt lang, einsilbig statt mehrsilbig. Darauf werden wir noch zurückkommen.

Ein Beispiel im übertragenen Sinn stellt die Fresnel-Linse dar (Bugdahl 1995, S.31). Die Brechkraft einer Linse hängt außer vom Brechungsindex des Materials von ihrer Krümmung ab. Wenn man den Krümmungsradius der Linse beibehält, aber dem Linsenkörper stufenweise Material entnimmt, hat man eine Fresnel-Linse, die nicht viel schlechter als die entsprechende volle Linse, aber sehr viel billiger und auch leichter ist. Schlechter ist sie, weil durch die Wegnahme von Material kein exakter Brennpunkt, sondern eine Serie von Brennpunkten entsteht. Billiger wird sie, weil die Fresnel-Linse im Spritzguss aus Kunststoff hergestellt werden kann. Für viele Anwendungen wie z.B. als Sucherlinse in Spiegelreflexkameras, als Sammellinse in Tageslichtprojektoren oder als Zerstreuungslinse mit Panoramaeffekt für

Wohnmobile ist die Qualität der Fresnel-Linsen völlig ausreichend und ihr geringes Gewicht der eigentliche Grund für die Anwendung.

Angewandt auf das Finden von Namen heißt das: Nicht unklar umschreiben wie "Putzteufel", sondern den Kern treffen wie "**Tintenkiller**". Nicht "**Iß dich schlank**", sondern "**Du darfst**" oder noch konkreter "**Nimm zwei**".

Die stärkste Vereinfachung ist die Verwendung des eigenen Namens als Marke. Das ist zwar nicht phantasievoll, aber in vielen Fällen langfristig erfolgreich. NOVEX verfügt im Firmennamen über Buchstaben, die sich als Quadrat, Kreis oder Dreieck darstellen lassen und trotzdem noch erkennbar sind. (Bild 6.1). Die Marke könnte sogar als Bildmarke aufgefasst werden. Das ist bemerkenswert, denn üblicherweise führt das Ausschmücken von Buchstaben zu Bildern, aber nicht das Vereinfachen.

Bild 6.1: Marke NOVEX

Vereinfachen, Auftrieb ohne Getöse, wo gibt es das bei einem Markennamen? **Unox** für einmalig gute Ochsenschwanzsuppe ist vielleicht ein schwaches Beispiel, gibt aber die Richtung an. Vereinfachen im Sinne von Weglassen kommt bei Markennamen häufig vor. Das hängt mit den Erkenntnissen aus den Forschungsgebieten Redundanz und pattern recognition (Mustererkennung) zusammen. Unter Redundanz verstehen wir - grob vereinfacht - das ohne wesentlichen Informationsverlust Weglassbare, also das zur Mustererkennung nicht unbedingt Erforderliche. Man kann für den Druck eines Porträts ein ziemlich grobes Raster verwenden und wird eine vorher bekannte Person trotzdem leicht wieder erkennen. Wenn in einem Text alle Buchstaben r oder alle Anfangsbuchstaben der Substantive fehlten, würde dies zwar stören, aber kaum den Sinn des Textes unkenntlich machen. In Kenntnis sowohl dieses Sachverhalts als auch der Versagungsgründe für Markennamen können wir durch Weglassen von Buchstaben Wörter gewinnen, die schutzfähig sind, obwohl sie eigentlich beschreibend wirken. Käse Fink aus Freiburg ist es erstaunlicherweise gelungen, für Käse die Namen **Pamesan**, Palesan, Panesan und Paresan anzumelden (Marken DE39547800 bis -803). Andere erfolgreiche Beispiele für Weglassen wären **Mil**(ch)**ra**(h)**m**, wenn der Name so entstanden ist, oder QuF für Kuhfutter oder **XS** für Excess.

<u>Ordnen</u> macht den Blick frei, indem es Wirrwarr in Schachteln mit Etiketten unterbringt. Manches Problem ist schon gelöst, sobald das geeignete Zuordnungskriterium gefunden wird. Dies gilt generell bei Produktserien mit vielen Untertypen, wie etwa bei Lacken oder Bleistiften.

Darstellen, besonders grafisches Darstellen, also Verbildlichen, bedient sich gleichermaßen der Ordnung als Erkennungshilfe. Machen wir uns einmal klar, dass der Kalender eine grafische Darstellung der Zeit ist, die Noten eine grafische Darstellung der Musik sind. So, wie es in der Mathematik grafische Lösungen gibt, kann das Darstellen auch auf anderen Wissensgebieten zu Problemlösungen führen. Ein Teil der Bildmarken nutzt grafische Darstellungen. Vorteilhaft ist dabei der hohe Aufmerksamkeitswert, nachteilig allerdings der eingeschränkte Schutzumfang, der sich dann eventuell auf eine bestimmte Gestaltungsform beschränkt (Marke *NEW MEN*).

Das Paar *Aktion / Reaktion* ist einerseits der Oberbegriff für jegliches Handeln und führt uns vor Augen, dass die bisher aufgeführten Verfahren ebenso wie die noch zu nennenden hierarchisch nicht sauber zu trennen sind und eine bloße Aufzählung bedeuten. Andererseits sind Aktion und Reaktion im engeren Sinne empirische Näherungsverfahren. Eine Aktion schafft neue Tatsachen, und neue Tatsachen erzeugen eine Reaktion. Aktion und Reaktion sind wie Wenn-Dann-Beziehungen. Wenn ich dies tue, dann passiert das. Wenn einer unbedacht aus Neugier handelt, dann kann er eine Überraschung erleben. Wenn man in einer teilweise unbekannten Umgebung bedacht handelt, stellt man damit Fragen, die mit der Reaktion beantwortet werden. Fällt die Antwort wie erwartet oder sogar besser aus, ermuntert sie uns zu weiterreichenden Aktionen, Fragen, Versuchen in der gleichen Richtung. Haben wir uns in unserer Erwartung geirrt, ist die Antwort also ungünstig oder ungünstiger als eine frühere, dann gehen wir in dieser Richtung nicht weiter, sondern bis zum letzten Erfolg zurück und versuchen es von dort in einer anderen Richtung. So findet man auch aus einem Irrgarten heraus. Dieses Verhalten - *trial and error*- ist allgemein üblich. Durch Versuch und Irrtum werden wir erwachsen und zu komplexen Persönlichkeiten. Wofür man uns lobt, wiederholen wir gern und immer besser. Was uns Misserfolg einbrachte, meiden wir.

Die Näherungsaktionen verlangen "ehrliche Arbeit", ja Schweiß. Dafür gelten sie als seriös. Schließlich gehören sie zum kulturellen Erbe und können Referenzen vorweisen. Anders die Verfremdungsaktionen, die nach Abenteuer "riechen", vielleicht auch Überraschungen bereithalten, zumindest aber Entspannung verheißen. Tatsächlich zielen diese Aktionen auf Entspannung und Entkrampfung, ja sogar auf Spielverhalten. Sie sind nicht erholsam, aber sie können so wirken, wenn unsere Hauptaktionen Näherungen sind. Sie sind auch nicht neu. Neu ist nur der bewusste Einsatz auch dieser Mittel zum Problemlösen.

Sehen wir uns einige Verfremdungsverfahren einmal näher an. Wie gelingt uns das Entrinnen? Zweifellos können wir mit gutem Willen und einiger Anstrengung ein *einsichtiges Neuanordnen der Information* erreichen. Wesentlich effektiver sind Verfremdungsverfahren wie die im Folgenden angerissenen.

Aus praktischen und vernünftigen Gründen sind wir uns gar nicht dessen bewusst, was wir alles für selbstverständlich halten. Wir halten auch manche Einschränkung für selbstverständlich und fügen uns unnötigerweise nicht existenten Ver- und Geboten. Müssen Pharma-Markennamen seriös klingen und auf -san, -ol oder -in enden (s. Bugdahl, Risiken und Nebenwirkungen für Markennamen bei Pharmaka)? Das *Infragestellen des Selbstverständlichen* ist eine erfolgssichere Methode, um den Wald vor lauter Bäumen zu erkennen oder einen Baum vor lauter Wald.

Analogien und *Assoziationen* tragen oft zu neuen Ideen bei. Grundsätzlich Neues zu finden, fällt uns schwer, aber Vorhandenes können wir leicht abwandeln oder übertragen. Auch das uns völlig Neue ist uns in seinen Grundelementen immer bekannt. Wir nehmen lediglich Informationen auf und modifizieren sie. Die Natur bietet uns einen unerschöpflichen Vorrat an Informationen und Beispielen: Die ersten Flugapparate waren den Vogelflügeln abgeschaut. Dachziegel liegen wie Fischschuppen übereinander. Man muss nur fragen: Wie macht das ...? oder Was ist so ähnlich wie ...? Zerlegen wir einen Gegenstand in seine Bestandteile (nach Form, Funktion, Größe usw.) und tauschen dann einen Bestandteil gegen einen anderen aus (*Substitution*), so dass das Kriterium einer Mindestähnlichkeit der Wirkung gewahrt bleibt - schon haben wir etwas Neues gefunden, vielleicht sogar erfunden. Ein Beispiel bei Katzenfutter: Whiskers (engl.) sind der Backenbart bei Gentlemen oder die Schnurrbarthaare bei Katzen. Vielleicht ist daraus **Whiskas** entstanden. Ein anderes Beispiel für Fruchtsaftkonzentrat: **Tritop** von Unilever oder De Betuwe B.V. gab es einmal in einer „baumlangen" Flasche mit einer Schraubkappe (tree top), die zugleich als Dosierbecher (add three tops of water) dienen sollte. Bei den Analogieschlüssen ist uns Wissen nützlich - und Gedächtnis, also Wissen um dieses Wissen. In die Kategorie Substitution fallen auch die Druckfehler und Versprecher. Meist gefürchtet, sind sie freundliche Helfer beim Ideenfinden. Auch bei dieser Einsicht ist uns Goethe schon wieder zuvorgekommen. "Ich denke immer, wenn ich einen Druckfehler sehe, es sei etwas Neues erfunden worden."

Was lernen wir daraus? Wenn es keine Druckfehler gibt, erzeugen wir uns selbst welche. Wie? Wir ersetzen einfach einzelne Buchstaben oder Silben durch andere, oder wir tauschen Plätze. Aus Kinderliedern kennen wir das schon, z.B. das vielstrophige Lied "Drei Chinesen mit dem Kontrabass":

Dra Chanasa mat dam Kantrabaß, saßen auf dar Straßan and arzahlten sach was. A da kam da Palaza. Ja was haßt dann das? .

Dre Chenese met dem Kentrebeß ....

Dri Chinisi mit dim Kintribiß ... usw.

Aus der Familie von Natalia Ginzburg stammt das Beispiel "Il baco del calo del malo", das nach Durchgehen der Vokalreihe schließlich mit "Il buco del culo del mulo" (Das Loch des A... des Esels) eine provokante Bedeutung gewinnt.

Auf dieser Ebene funktioniert auch folgender Spracherkennungswitz mit einem lieber nicht zu befolgendem Rat: Welche drei Wörter sollte man auswendig kennen, wenn man nach einer Feier von der Polizei angehalten wird?

1. Eishockey, 2. Kanufahren und 3. Wirsing.

Gelallt klingt das dann so:

1. Alles O.K., 2. Kann noch fahrn. und 3. Wiedersehn.

Wortpaare mit verwechselbar ähnlicher Aussprache können wir auch für Markennamen verwenden: z. B. PIGNIC oder PIG-NIC für Schweinefutter (wie pique nique für Schweine) oder PIGAMI (der Freund des Schweins) oder PIGMAHLion (ionisches Mahl für Schweine) oder COW COW für Kuhfutter (so delikat wie Caocao, doppelt weil für Widerkäuer). **Vileda** ist ein Kunstwort und Markenname für Faservliese, aber wohl nicht ganz zufällig klingt es auch so, wenn ein Preuße sagt "(zäh) wie Leder". Ähnlich sind die Lampen der Marke **Hella** vielleicht eine Idee heller als andere? Dem Prinzip "Beabsichtigter Hörfehler" können auch

Buddhistisches Standesamt (für Statistisches Bundesamt),

Neusehland (für einen Optiker),

Holz Cleanic (für reinigende Holzschutzmittel),

Brotway (für je eine Bäckerei/Konditorei in Frankfurt und am Niederrhein),

Herbstzeithosen (Hosen-Werbung von C&A),

Bonnie & Kleid (für eine Modeboutique) und **Pony & Kleid** (für Zeitschriften),

Artisocke (für einen Strumpfladen),

Nice to miet you (für Vermietung),

Mac Kropolis und **Hier sparta was** (Griechische Aktion bei Mac Donalds),

MAHATMA HUNGER, Delhikat, Tadsch Mahallo und Nasch mir (indische Aktion von Hallo Pizza, Münster)

Vaters Morgana (für Bier),

Saxess für Pflanzenschutzmittel von Bayer,

Kaddi-Lack für Lacke,

Firstglas für eine Kunstglaserei,

Gesunder Menschenversand für einen Verlag (nicht für eine Schlepperbande)

Pfanntasie für phantastische Pfannengerichte,

Miederträchtige Schönheitspharm für manngenehme Gestaltung,

"Wenn für Sie der **Dax** kein Tier und **Nikkei** keine Kamera ist" (Investmentfond Werbung)

sowie die geistreiche Marke **EYE Dentity Brillenstore** (~ Identity) zugeordnet werden.

Bild 6.2: EYE Dentity Brillenstore

Bild 6.3: Dauning street

Robert Gernhardt hat uns ein schönes Beispiel für das Prinzip "beabsichtigter Hörfehler" in seiner Goethegedicht-Parodie "Vom Pfirsich" geschenkt:

VOM PFIRSICH

        Ungezählter Pfirsichfrüchte
        Rund an Rund in dichtem Laube,
        Pfirsichernte unermesslich -
        Da mach ich mich aus dem Staube:
        Menge freut sich an der Menge,
        Dichter schon am Einzelfalle.

Ihm genügt der An-und-Pfirsich -
Kennt er einen, kennt er alle.

Wir sehen uns die Druckfehler, Dreckfuhler, Fehldrucker, Drückhefler, Mehldrücker, Ruckdealer so an, als seien sie Unbekannte. Und schließlich prüfen wir, ob uns diese Unbekannten nicht sympathisch sind oder zumindest anregend auf uns wirken. Mit diesem Vorgehen haben wir die *Semantische Intuition* entdeckt: Erst war das Wort. Wie sieht das Ding dahinter aus? Das ist die *Umkehrung* der Namensgebung. So ähnlich wie Druckfehler wirken Markennamen wie **Milram** oder **Botterram**. Solche Namen reichen aber auch in eine andere Kategorie hinein. Hier wird versucht, das Freihaltebedürfnis für Sahne und sinnverwandte Wörter zu umgehen und zugleich Produkte wie Kakao oder Margarine assoziativ in den Rang von Sahne zu erheben.

Schöpferische Konfrontation soll bedeuten, dass beim Zusammenkommen von scheinbar nicht zusammengehörigen, nicht zueinander passenden, ja unverträglichen Dingen plötzlich klar wird, dass es doch eine Verbindung gibt. Ein Beispiel:

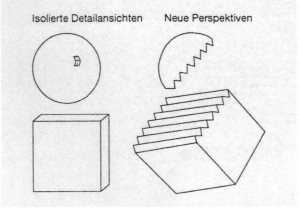

Bild 6.4: *Verbinden von unverträglich Erscheinendem durch Vergrößern der Kontaktfläche*

In der linken Hälfte von Bild 6.4 sehen wir einen Kreis, der eine Kugel darstellen soll und ein Quadrat, das für einen Würfel steht. Kugel und Würfel symbolisieren isolierte Detailansichten, die sich scheinbar nicht miteinander verbinden lassen. Schließlich hat die Kontaktfläche einer Kugel nur die Größe eines Punktes. Diese Einsicht hat übrigens zur Erfindung des Kugelschreibers geführt. Eine verbindende Konfrontation erreicht man durch eine Vergrößerung der Kontaktfläche, durch

Aufrauhen, durch Profilierung, durch gemeinsame Muster. Vielleicht mussten die V-Profile gar nicht erst erzeugt werden. Möglicherweise waren sie schon da und wurden hinter den glatten Fassaden nur nicht vermutet. Wenn es gelingt, unverträglich erscheinende Dinge zu verbinden, hat man immer ein Problem gelöst. Eine einfachere Art der Verbindung ist die *Kombination*. Die Kombizange ist als Beispiel trivial, zeigt aber, dass die praktischen Auswirkungen von Kombinationen nicht zu verachten sind. Ein technisches Beispiel - der VR6-Motor - bestätigt das nur. Der Sechszylindermotor für den VW Golf ist nicht so lang wie ein Reihenmotor (R6) und nicht so breit wie der V6-Motor. Die Zylinder sind gegeneinander versetzt und schließen nur noch einen Winkel von 15 Grad ein. Damit kann nun auch ein relativ kleines Auto mit einem Motor ausgestattet werden, der bisher der Oberklasse vorbehalten war. Die Erfindung bedingt hochwertige Werkstoffe, wäre aber schon viel früher möglich gewesen. Das Prinzip Kombination finden wir bei Markennamen häufig, und zwar in vielen Spielarten. Beispiele sind: **Eduscho, Südzucker, Hansa Saturn, Vitakraft, Compumark, Persil**. Die französische Chemiefirma **Rexim** legt Wert darauf, dass ihr Name aus **R**esearch, **Ex**port und **Im**port gebildet wurde, und nicht etwa durch Umkehrung aus MIXER. Ein ganz kompliziertes Beispiel stellte das Motto der Dynamit AG (später Dynamit Nobel) dar: **VISTRA** wurde aus Si **VIS** pacem, para bellum + per aspera ad as**TRA** gebildet, also aus den lateinischen Weisheiten "Wenn du den Frieden willst, bereite den Krieg vor" + "Durch Anstrengung zu den Sternen, durch Fleiß zum Erfolg" (Reimann, S. 108).

Besonders geistreich sind synergistische Kombinationen: Zwei Wörter ergeben zusammen ein neues Wort, das eine andere Bedeutung als seine Bestandteile hat. Beispiele hierfür liefert Thomas von Randow in seinem allwöchentlich erscheinenden Reimversteck. Im Frankfurter Allgemeine Magazin vom 15.3.1996 S. 68 hieß es:
"Breiförmig ist, so sagt das Lexikon, die Speise, gehst du mit deinem Auto auf die Reise. (MUS)
Bemüh' dich dabei, unsre Atemluft zu schonen. Drum bau das zweite ein. Es wird dich lohnen. (KAT)
Die Summe beider ist schnell erraten: Es würzt die Suppe, manchmal auch den Braten." (MUSKAT).

Eine Technik zum Finden solcher Markennamen besteht darin, rückwärts vorzugehen und längere Wörter zu trennen, ordentlich z.B. POL-STERN, GRÜN-DUNG, BAR-REN oder unordentlich ZUG-RIFF, TEE-NAGER. Weitere Beispiele für Kombination s. Punkt 6.2.3 Verkürzungen und Kalauer.

Das Gegenteil von Kombinieren ist *Trennen*. Auch durch Trennung lassen sich Markennamen gewinnen, z.B. **Satis & Fy** für eine Beleuchtungsfima in Karben bei Frankfurt/Main. Nach diesem Prinzip kämen wir auch zu Wonder & Full (Ful, Fool),

Amaz & Ing., Exit & Ing. (z. B. für ein Ingenieurbüro, das Türen plant und baut), Herr & Lich, Welt & Spitze.

Verzerrung wollen wir hier als Oberbegriff für Größenveränderungen sehen, also für *Verkleinern, Vergrößern, Verlängern, Verkürzen, Verdicken, Verdünnen* usw. Durch Vergrößerung und Verkleinerung gelang es Jonathan Swift, ungestraft Gesellschaftskritik zu üben. "Gulliver bei den Zwergen" und "Gulliver bei den Riesen" hat Swift nicht als Kinderbücher geschrieben, sondern um scharfe Kritik an seinen Zeitgenossen und am englischen Königshof zu üben. Verkleinern und Vergrößern sind nicht nur Techniken der Satire und der Karikatur, sondern die Problemlösetechniken, wenn es brenzlig werden kann. Sie schützen den Urheber und decken dennoch - durch ungewohnte Perspektive - deutlich Mängel auf. In der Chemie ist das Technikum als Problemlösestation beliebt. Das Vergrößern von Laborversuchen (upscaling) und das Verkleinern von Produktionsversuchen (downscaling) erlauben praxisnahe Versuche unter verringertem Risiko.

Ein Beispiel für Verkleinern (Matrjuschka-Prinzip: die Puppe in der Puppe) und Kombinieren ist der Auktions- und Schraubhammer, der in abnehmender Größe auch drei Schraubendreher im Schraubendreher im Schraubendreher enthält. Mit diesem Hammer kann man außerdem im Rahmen einer Brainstorming Session auf Ideenkiller hinweisen. Wort im Wort, gibt es das bei Marken? Die Frankfurter Messe warb 1996 für die ART FRANKFURT nach diesem Prinzip. In der F.A.Z. gab es Gutscheine für verbilligten Eintritt, die mit ST**ART**BAHN, **A**UFSICHTS**R**AT, **B**AHNHOFSVIE**RT**EL usw. betitelt waren.

Minimax ist eine echte Marke, die Verkleinern und Vergrößern beinhaltet. Andere Marken haben sich die international übliche Skala für Vorsilben bei ganz großen oder ganz kleinen Dimensionen zunutze gemacht:

Potenz	Vorsilbe	Herkunft	Marke(n) für
10 hoch 24	yotta (Y)	octo (lat. oder griech. 8)	
21	zetta (Z)	septem (lat. sieben)	
18	exa (E)	hex (griech. sechs)	Fotoapparate
15	peta (P)	pente (griech. fünf)	Fotoapparate, Motoren
12	tera (T)	teras (griech. Monster)	
9	giga (G)	gigas (griech. Gigant)	Gigaperls Waschmittel
6	mega (M)	megas (griech. groß)	Megaperls Waschmittel
3	kilo (k)	chilioi (griech. tausend)	
2	hekto (h)	hekaton (griech. hundert)	
1	deca oder deka (da)	deka (griech. zehn)	
-1	deci (d)	decimus (lat. zehntel)	
-2	centi (c)	cetum (lat. hundert)	
-3	milli (m)	mille (lat. tausend)	Degumille Kamillenextrakt
-6	micro (µ)	micro(s) (lat. o. griech. klein)	

Potenz	Vorsilbe	Herkunft	Marke(n) für
-9	nano (n)	nanus (lat. o. griech. Zwerg)	
-12	pico (p)	pico (span., ital. ein bißchen)	Modelleisenbahn; Espresso-Maschine PICCO
-15	femto (f)	femten (dän., norw. fünfzehn)	
-18	atto (a)	atten (dän., norw. achtzehn)	
-21	zepto (z)	septem (lat. sieben)	
-24	yocto (y)	octo (griech. oder lat. acht)	Joghurt Achterpack

Steigern als Vergrößerung in Stufen bietet sich auch für die Werbung oder für Markennamen an:

Dentissimo - das Beste für die Zähne.

May - Meier - am meisten! May hat das meiste Eis.

Umkehren ist ein uraltes Erfinderprinzip. Durch Umkehrung entstand aus dem geozentrischen Weltbild das heliozentrische, aus der Wassermühle der Schaufelraddampfer, aus dem Ventilator der Staubsauger. Selbst die Umkehrung kann man umkehren: Aus dem Beugungsbild des Beugungsbildes eines Objekts wird wieder das Objekt selbst (Ernst Abbé) oder allgemein: Aus der Negation der Negation entsteht eine neue Position. Im Kapitel Entrinnen müssen wir auf das Umkehrprinzip zurückkommen. Vorab drei einfache Beispiele, sozusagen aus dem Marken-Leben gegriffen.

Beispiel 1: Die allereinfachste Umkehrung ist die wörtlich genommene. So wird aus **Mozart** der Name der modernen Musik-Gruppe **Trazom**. Den Namen für ein Lexikon bayrischer Volksausdrücke könnte man notfalls nach der gleichen Methode gewinnen. **Nokixel** (Nachkieker auf norddeutsch?) ist ein *Palindrom* zu Lexikon (Reimann, S. 154). So wie Neger und Regen. Und **Otto**, was ich gut finde wie ATA, MAOAM, OMO, OXO und IMI. Fast-Palindrome sind TOYOTA,TOYOTA,TOYOTA und in English
"Madam - I'm Adam" sowie "A man, a plan, a chan(n)el - Panama" sowie
"Ah! a Mayan on a Yamaha!"
Auf französisch: "A l'autel elle alla, elle le tua là".
1991 war die einzige Palindrom-Jahreszahl des 20. Jahrhunderts. Das 21. Jahrhundert bietet 2002.
Schließlich können auch die Buchstaben eines gegebenen Worts neu gemischt werden. Christian MAYER verwandelte sich in Carl AMERY, Hans Maier in Jean Améry (Gernhardt, S. 76). Wenn die Umstellung der Buchstaben einen neuen Sinn ergibt, nennen wir das *Anagramm*. Anagramme könnten auch als Markennamen interessant sein. Besonders, wenn diese etwas über das Produkt aussagen.

Aus dem Internet können kostenlos verschiedene Programme zur Erzeugung von Anagrammen heruntergeladen werden, z.B.Wordpool. Dies ist ein Anagrammgenerator mit umfangreichen Konfigurationsmöglichkeiten. Basierend auf einer kategorisierten Wortliste mit über 320.000 Einträgen sucht Wordpool nach Voll- oder Teilanagrammen zu einer beliebigen Buchstabenfolge. Erzeugte Anagramme können in Dateien exportiert werden. Weiterhin stehen Dialoge zum Durchsuchen der Wortliste sowie eine Wortmustersuche zur Verfügung (*thema.giga.de/s/**anagramm-programm**-download*).

Aus BORIS BECKER kann man z.B. 90 Wörter gewinnen, z.B. beer, bock, bore, brick, brisk, broke, core, cork, creek, ice, Ike, Erik, krebs, ore, reck, rib, sick, Rick, Rob, rock, sober. Mehr oder minder sinnvolle Kurzsätze, die genau den Buchstabenvorrat von BORIS BECKER nutzen, sind: "Be sober, Rick"; Be krebs Rico"; "Bock beer, Sir"; "Beck bore Sir"; "Beck rib rose"; "Beck Rob rise"; "Brick be eros"; "Brick be rose".

Aus dem schönen und bekannten Namen "von Mühlendahl" –ehemaliger Vizepräsident des Unionsmarkenamtes EUIPO/OHIM - kann man 308 amerikanische Wörter (u.a. heaven, amende, avenue, humane, Holland, Ullmann (Sic!), Emanuel, loveland und lemonade) und 1160 meist unsinnige Sätzchen gewinnen. "Had even Ohm null" ("Er hatte sogar 0 Ohm", d.h. keinen Widerstand. "And he'll move hun"; "Heaven he'd mull on"; "Mullah vend he no"; "Human held novel".

Eine Anagramm - Software ist ohne die amerikanische Wortliste noch interessanter wenn sich alle Kombinationen vorgegebener Buchstaben gewinnen lassen - ohne Rücksicht auf ihre Bedeutung in irgendeiner Sprache.

Beispiel 2: Herkömmliche Gabel-Schraubenschlüssel passen nicht immer genau, besonders dann, wenn englische und deutsche Maße aufeinander treffen. Benutzt man sie trotzdem, runden die Muttern ab. Je runder aber die Mutter, um so weniger passen die Schraubenschlüssel usw. Aus diesem Teufelskreis führt der **Metrinch**-Schlüssel heraus, der schon in seinem Namen auf die (Zenti)meter-inch-Problematik verweist. Nach dem Umkehrprinzip wirkt ein Metrinch-Schlüssel mit seinem Wellenprofil nicht auf die Kanten, sondern auf die Flanken der Muttern und Schrauben. So findet er auf einer viel größeren Fläche an einer Stelle einen festen Halt und kann selbst schwergängige Verbindungen schonend lösen. Der Metrinch-Schlüssel ist zugleich ein Beispiel für Kombination.

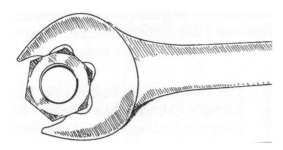

Bild 6.5: Das "Schraubwunder" METRINCH

Beispiel 3: Der einfache Kühltemperaturwächter ist ein pfiffiges Beispiel für das Umkehrprinzip. Bekanntlich kann es gefährlich sein, Tiefgekühltes zu verzehren, das durch Ausfall der Kühlung schon einmal aufgetaut war. Verdorbenes und unverdorbenes Kühlgut lassen sich aber nicht leicht unterscheiden. Deshalb der Wächter. Er besteht aus einer Kunststoffflasche (ein Wort mit drei f hintereinander), die halb mit Wasser gefüllt ist und die man zum Einfrieren senkrecht in die Truhe stellt. Danach legt man die Flasche waagerecht in die Truhe. Wenn aus dem stehenden Eisblock in der Flasche ein liegender geworden sein sollte, wissen wir, was passiert ist.

Übrigens: Eine Besonderheit wie ein Wort mit drei f hintereinander kann Aufmerksamkeit erregen, besonders wenn die f-s lautmalerisch eine Aussage unterstützen. Das wäre denkbar bei strömender Luft in Hydraulik-Systemen, bei Ventilen, Pumpen, Luftballons usw.

Kleine eingestreute Übung: Wer findet Wörter mit drei Konsonanten hintereinander? Auspuffflamme, Hafffrau, Mufffräse, Pappplatte, Wippropeller, Wetttransport, ...

Nach den neuen Rechtschreibregeln sind nun auch Schifffahrt und Flussschifffahrt sowie Flusssand, Stresssituation, Kennnummer und Programmmanager zugelassen, und damit wird die Übung leichter gemacht. Ein Wort mit drei e hintereinander wäre Seeelefant.

Verwirrende und zugleich einprägsame Buchstabenhäufungen finden wir auch bei den Wörtern "GEWINNMINIMUM" und "LOCOROTONDO" (Wein aus Apulien).

Das *Entrinnen* und die Möglichkeiten des Entrinnens durch *Infragestellen* und *Provokation* heben wir uns für das Kapitel 6.5 auf. Das Infragestellen des Bestehenden ist die Triebfeder des Fortschritts, das völlige Infragestellen allerdings der Tod. Heinrich Kleist hat diese Verfremdungsaktion zur Minimierung seiner Befindlichkeit (= Selbstmord) benutzt, obwohl er sonst doch eher zu verbissenen Näherungen (z.B. an die Gerechtigkeit) neigte. Vom Schüler Kleist ist aber auch überliefert, dass er die *Projektion* als Methode zur Lösung seiner Mathematikaufgaben erfolgreich einsetzte. Wenn ihm eine Rechenaufgabe nicht gleich lösbar erschien, erzählte er sie seiner kleinen Schwester, die ihm in

Mathematik durchaus nicht überlegen war. Dennoch war dieses Vorgehen meist erfolgreich, denn der Zwang, die Information auf eine einfachere Bildungsebene zu projizieren, einfach zu formulieren und sich höflich mit den wohlgemeinten, meist untauglichen, aber zu eigenen Denkbewegungen anregenden Vorschlägen der Schwester auseinanderzusetzen, half (über die langsame Verfertigung der Gedanken beim Reden).

Verzerrende _Reflexion_ betreibt, wer sein Problem z.B. ins Portugiesische, vom Portugiesischen ins Chinesische, vom Chinesischen ins Ungarische und vom Ungarischen wieder ins Deutsche übersetzen lässt. Er wird sein Problem kaum noch wieder erkennen, aber vielleicht ist er über ungewohnte Formulierungen der Lösung näher gekommen.

Der ungarische Schriftsteller Karinthy Frigyes hat diese Methode <u>absichtlich</u> benutzt, um humorvolle Gedichte zu erzeugen. <u>Unabsichtlich</u> humorvoll sind manchmal "Winke für Urlauber" aus automatischen Übersetzungsprogrammen. (Urlaub hat nichts mit "sehr alten Blättern" zu tun), wenn sie aus Computern stammen, die zunächst ins Englische und danach ins Deutsche übersetzen (ungarisch-englisch-deutsch: s.Bugdahl 1995, S.37 und französisch-englisch-deutsch: s. Bugdahl 1991, S.45).

Bei den Näherungsverfahren werden wir noch einmal auf Fremdsprachen zurückkommen, um Silben für die Namensfindung zu gewinnen. Hier geht es nicht um das Formelle, sondern um das Inhaltliche. Ein Beispiel für verzerrende Reflexion wäre, wenn ein nichtspanischer Hersteller von Kleinbildfilmen mit "Buenas Dias" und der augenzwinkernd als falsch erkennbaren Übersetzung "Gute Dias" wirbt. Auf ähnlich verballhornendem Niveau wäre eine Dienstleistungsmarke "Gänsefleisch" für eine sächsische Beratungsfirma, die gerne gegen Gebühr hilft, wenn das Stichwort "Genn Se vleisch?" oder "Können Sie vielleicht?" fällt.

Die _Transformation_ ist eine wichtige Problemlöseaktion. Mit Transformatoren können wir elektrische Spannungen hinunter- oder heraufsetzen, um elektrischen Strom gefahrloser zu nutzen oder verlustärmer zu transportieren. Aber auch das Rechnen mit Logarithmen beinhaltet Transformationen. Logarithmen sind "vorgekochte Zahlen", so wie manche Tiefkühlkost vorgekochtes Essen ist. Bei beiden spart man Zeit, weil Vorarbeit geleistet wurde. Mit Logarithmen spart man bekanntlich eine Rechenebene: Addition von Logarithmen bedeutet Multiplikation, Multiplikation bewirkt Potenzieren. Der gute alte Rechenschieber funktionierte so. In Großbritannien gab es eine bemerkenswerte Variante, die vom europäischen Kontinent unbemerkt blieb. Vielleicht weil sie einem Seemannsfernrohr ähnelt. Die logarithmische Skala war spiralförmig auf dem Rohr aufgetragen. So erreichte man auf kleinstem Raum leicht effektive Rechenlängen von 10 m.

Die Furcht, nicht besonders einfallsreich zu sein, ist völlig unbegründet. Sie können beliebig viele Ideen und Namen erzeugen, denn Sie besitzen ein mitwachsendes Instrumentarium, einen unendlich großen Werkzeugkasten dazu. Denken, sammeln, ordnen Sie, reagieren Sie auf Information, verfremden, abstrahieren, assoziieren, verzerren, kombinieren Sie, und schon haben Sie wieder Neues und auch neue Aktionen gefunden! Diese Prinzipien sind auch Bestandteile institutionalisierter Verfahren der Ideenfindung wie Brainstorming, Brainwriting, Morphologischer Kasten und Synektische Exkursion. Quickstorming, eine Brainstorming-Variante, arbeitet z.b. folgende Liste ab:

Prinzip	Erläuterung	Beispiel für Markennamen
1. Gulliver	Optik umkehren, Vorhandenes auf den Kopf stellen, Vergrößern, Verkleinern	**Minimax** **Cesar** (Futter für kleine Hunde)
2. Los!	Problem auf eine neue Ebene verlagern, Flucht nach vorn	**Gagarol** (Hühnerfutter - niedere Ebene) **Der General** (höhere)
3. Nichts wie weg!	Raus aus dem System; warum eigentlich nicht?	**Die Perle** - Zeitschrift für Frauen, die (noch nicht) wissen, was sie wollen; **Apple** (für Computer)
4. Domino	Angefangene Gedanken weiterdenken, an Vorhandenes anbauen	Ikea-Elch
5. Schritt für Schritt	Große Sprünge vermeiden, dafür mit kleinen Schritten vorankommen	**1,2,3 Pit stop** **Latzikatz** (von Latz)
6. Wirksamer Zusatz	Einbau eines Katalysators, der neue Reaktionen ermöglicht	Lacoste - Krokodil, IKEA-Elch Apple (angebissen = Verführung) **Hörmarken, Co-Branding**
7. Duo	Kombination von 2 Vorschlägen, die auf den ersten Blick nichts miteinander zu tun haben, Zwangsverknüpfung/ Verdopplung	**Degalex** aus Degussa und Latex COWCOW
8. Netzwerk	Mehrere verschiedene Teile zu einem neuen Ganzen verbinden	**Südzucker, Haribo**
9. Atom	Das Problem zerlegen und die Teile danach einzeln behandeln	**Winword** (Gewinne Wort) aus Word for Windows (für Fenster), **Satis & Fy**

Prinzip	Erläuterung	Beispiel für Markennamen
10. Analogie	Wie machen es andere? Wo gibt es ähnliches? s.a. eigenes Kapitel Analogien	**Mentadent, Degudent, Dentagard, Adidas**(sler), **Badedas, Duschdas**
11. Hier und heute	Gegenwärtige Trends aufspüren und verfolgen, modernisieren	**Topfit, Eazy**
12. Weniger	Überflüssiges weglassen, sich auf Notwendiges oder Wesentliches beschränken	**HOT TUBE** oder **HOTUBE** für Motorrad-Kat, **UVEX** (UV-Strahlen weg!) QuF für Kuhfutter, **XS** für Excess

Prinzipien zur Ideenproduktion nach Morawa mit eigenen Beispielen für Markennamen

Der Ehrlichkeit zuliebe müssen wir zugeben, dass zwar die Quantität der Ideen garantiert ist, aber nicht die Qualität. Das ist eine grundsätzliche Schwäche der "kreativen" Methoden. Von "kreativen" Methoden erwartet man kreative, originelle, einmalige, spritzige, frappierend elegante Lösungen. Sind die Lösungen so, dann sind sie gewöhnlich nicht sofort praktikabel. Sind die Lösungen jedoch einfach und praktisch, ist man wieder enttäuscht. "Das hätten wir aber auch anders und leichter oder direkter gefunden", ist ein typischer Kommentar. Der Kommentar ist unberechtigt. Erstens sind Einsichten zeitunsymmetrisch. Das heißt, vorher und nachher macht einen riesigen Unterschied aus. Der Aha-Effekt ist auf der Autobahn der Routinelogik nicht unbedingt zu erzielen. Manchmal bringt ihn ein Umweg (eine Verfremdung) über schlecht befestigte Wege. Zweitens muss die Lösung am Ende praktisch und logisch sein, denn wir können sie nur innerhalb unseres vernünftigen Wertesystems bewerten.

6.3.1 Namen aus einzelnen Buchstaben[11]

Das einfachste und mühsamste Näherungsverfahren zum Finden neuer Namen ist das Zusammensetzen der Namen aus einzelnen Buchstaben. Das ist natürlich trivial, wenn wir alle Buchstaben verwenden. Aber wie viele und welche Buchstaben sollen wir auswählen? Die Frage nach der Mengenbegrenzung der Buchstaben oder nach der Wortlänge beantwortet sich fast von selbst über die mögliche Anzahl von Kombinationen. Bei acht Buchstaben Wortlänge gibt es 208 827 064 576 Möglichkeiten, bei vier Buchstaben Wortlänge 456 976, bei drei Buchstaben

---
[11] Siehe hierzu auch Albrecht, S. 109 ff.

immerhin noch 17 576 Möglichkeiten, wenn man nach der Rechenvorschrift n^m, d.h. 26^8, 26^4 bzw. 26^3 vorgeht. Die Basis n=26 bedeutet dabei den Zeichenvorrat A bis Z des Alphabets, der Exponent m die Wortlänge.

Wortlänge m	Buchstabenvorrat A bis Z (n = 26)	Buchstabenvorrat A bis Z, Ä, Ö, Ü, (n = 29)
2	676	841
3	17.576	24.389
4	456.976	707.281
5	11.881.376	20.511.149
6	308.915.776	594.823.321
7	8.031.810.176	17.249.876.309
8	208.827.064.576	500.246.412.961
9	5.429.503.678.976	14.507.145.975.869
10	141.167.095.653.376	420.707.233.300.201

Buchstabenkombinationen, berechnet nach der Vorschrift n^m

Geht man nach der kombinatorischen Formel **n! : (n - m)!** vor, kommt man bei 3-buchstabigen Wörtern auf 26!:23! = 26x25x24 = 15600 Wörter und bei 4-buchstabigen Wörtern auf 26!:22! = 26x25x24x23 = 358800 Wörter. Die Wortlänge ist also allein wegen der Auswertbarkeit der Kombinationen zu begrenzen, z.B. auf drei oder vier Buchstaben. Solche Kurzwörter lassen sich ja miteinander zu längeren Wörtern kombinieren.

Außerdem reduziert sich die Menge aller denkbaren Kombinationen über die <u>Aussprechbarkeit</u>. Die meisten leicht aussprechbaren Wörter sind durch einen Wechsel von Konsonanten und Vokalen gekennzeichnet. Also begrenzen die wenigen Vokale die Wortausbeute.

Schließlich werden wir nicht alle Buchstaben unseres Alphabets verwenden wollen. Vielleicht auch nicht die in unserer Sprache am häufigsten vorkommenden Buchstaben e, n, i, r, s, t, a, d, u. Ein Beispiel für die Häufigkeit unseres häufigsten Buchstabens gefällig?

Sxhr gxxhrtx Damxn und Hxrrxn, auf dxr von Ihnxn gxlixfxrtxn Schrxibmaschinx fxhlt xin Buchstabx. Bittx lixfxrn Six ihn mir schnxll. Dankx.

Wie sind wir eigentlich zu unserem Abc gekommen? Hans Reimann (S.11) meint, wahrscheinlich infolge eines Missverständnisses. Dieses Missverständnis ist so hilfreich für die Buchstaben-Sortierung und -Auswahl, dass wir es hier einblenden wollen. Eine alte Gruppierung unserer Buchstaben auf einer indischen Tafel mag so ausgesehen haben:

#		a	e	i	o	u
1	Selbstlaute	a	e	i	o	u
2	Lippenlaute	b	f		p	v, w
3	Kehllaute		g	k	q	x
4	Zungenlaute			l	r	
5	Nasenlaute			m, n		
6	Zahnlaute	c			s	z
		d			t	
7	Hauchlaut		h			

Die Tafel gelangte über Syrien nach Kleinasien, wo man sie nicht waagerecht, sondern senkrecht las und so unser ABC gebar. Waagerecht wäre besser gewesen, weil die Gruppen der Laute so klar hervortreten.

Die Phonetiker teilen die Laute heute anders ein, aber für unseren Zweck genügt dies schon.

Die Buchstabenauswahl fällt leichter, wenn wir uns darüber klar werden, dass nicht nur Wörter, sondern auch schon Buchstaben eine Aussage besitzen. Dies ist besonders dann zu berücksichtigen, wenn wir Markennamen mit überwiegend phonetisch bedingter Aussagekraft suchen. S. Ertel (Erlangen 1969) hat Konsonanten und Vokale durch Testpersonen beurteilen lassen. Die Ergebnisse, stark vereinfacht zusammengefasst, lauten:

Bei Konsonanten ergaben sich drei Beurteilungsrichtungen, nämlich

Dynamik (positiv D+: Allegro, Schnelligkeit, Eile,
negativ D -: Andante, Langsamkeit, Gemächlichkeit)
Harmonie (positiv H+: Wohlklang, Annehmlichkeit, Freude,
negativ H-: Missklang, Überdruss, Freudlosigkeit)
Kraft (positiv K+: (Härte, Mächtigkeit, Überlegenheit,
negativ K-: Weichheit, Fügsamkeit, Ergebenheit).

Beispiele sind für

Dynamik D+: [s], [ks], [ts], [t], [p], [k]
D-: [m], [l], [v], [b], [n]
Harmonie H+: [m], [l]
H-: [ch] wie in Ach!, [s]
Kraft K+: [k], [s], [t], [r], [p], [ts]
K-: [l], [m], [v], [n].

Wie wir sehen, gibt es zwischen diesen Richtungen starke Verbindungen. So wirkt z.B. der Konsonant [s] zugleich schnell, unangenehm und stark, das [m] dagegen ruhig, angenehm und zart. Diese Korrelationen sind bei den Vokalen nicht so stark ausgeprägt.

Dynamik	D+:	[i], [e]
	D-:	[u:], [o:], [a:]
Harmonie	H+:	[a:], [o:], [e:]
	H-:	[é] wie in Rest, [y] wie in füllen
Kraft	K+:	[a], [e]
	K-:	[e] wie in Gabe, genau.

Andere Kategorien kommen hinzu:

Größe	G+:	[a] > [é] > [è]
	G-:	[i]
Schwere	S+:	[u], [o]
	S-:	[e], [i]
Aufregend, hell, scharfkantig	X+:	[i], [e]
Beruhigend, dumpf, dunkel, rund	X-:	[o], [u]

Die Vokale i und e stehen also für aggressiv, schnell, hell, klein, leicht und scharfkantig, die Vokale o und u für groß, langsam, schwer, träge, rund, ruhig und harmonisch.

Schneider (1986, S.168) erwähnt, das I sei der Lichtvokal. Man sähe es am Glitzern, Flimmern und Schillern. Das U sei dagegen ein Uhu aus Gruft und Dunkelheit. Aber: Der Lichtvokal regiert auch die Steigerung der Dunkelheit, die Finsternis. Und die Sterne glitzern nicht nur, sie funkeln auch. Ausnahmen, die die Regel bestätigen?

Die F.A.Z. vom 16.8.98 machte sich auf S.8 über einen Artikel in *Frau im Spiegel* lustig: "Verwenden Sie möglichst viele Wörter mit "a", "u" und "au". Dunkle Vokale gelten nämlich als erotisierend. Wir hatten uns schon immer gefragt, warum es mit "Darf ich Dir meine Briefmarkeneinsteckmappe zeigen?" meistens schiefging. Und haben es neulich gleich mit "Du mauschelnde Wuchtbrumme, Du" versucht. Die Ohrfeige war nicht ohne. Seien Sie vorsichtig! Irgendetwas stimmt mit den Tipps in *Frau im Spiegel* nicht."

Heinrich Böll wirft der Mutter seines "Clowns" vor, sie lege eine "trügerische I- und E-Sanftmut" an den Tag. Indizien für diese Einschätzung liefern Wörter wie reflektieren, reglementieren, diskriminieren, diskreditieren. Das hieße umgekehrt, A, O und U verkörperten das pralle Leben. Etwa Drama, Katastrophe und Unglück (Schneider, S. 168)? Also Vorsicht!

Grümmer und Drews (1994, S.96) haben ihre "Wertung der Vokale" poetischer ausgedrückt:

Kraftarm malt, ganz lahm, das **A**. Zahm lag da, was man dann sah.
Kettensprengend hehres **E**, herrschend schwer, verzehrend Weh.
Spritzig tiriliert mit **I**: Wie viel Licht im Ziel will sie?
Wohlform monoton vom **O**, droht vor Ort vom Großton so!
Dumpf und rund, tu kund, du **U**: Blut und Flut und Wut - nur zu!!

Ein Name sollte z.B. schnell, stark, hell wirken, wenn er die Vokale i und e und dazu Konsonanten wie s, k, ks, ts, t, p oder r enthält. Die Markennamen **Clio, Mini** und **Twingo** wären für kleine "Flitzer" also gut gewählt. Auf Pike, Peki (türkisch: schön), Peri, Kiks, Rets, Ksir, Etsi, Iksit, Eke, Eper (ungarisch: Erdbeere), Wörter, die man so bilden kann, scheint das im deutschen Sprachraum zuzutreffen. Sobald aber die Wörter eine Bedeutung haben, überwiegt der Eindruck dieser Bedeutung: Peki wirkt auf Türken nicht eilig, hart oder klein, eper auf Ungarn garantiert nicht scharfkantig. Keks assoziieren wir fallweise mal mit knusprig, mal mit weich oder pappig.

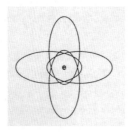

Bild 6.6: "e" als Indikator für schnell, stark, hell, klein, leicht, scharfkantig.

Es gibt sogar Versuche, den Vokalen Farben zuzuordnen: Arthur Rimbaud und Ernst Jünger haben, jeder für sich, eine Vokal-Farbgefühl-Skala aufgestellt. In mutiger Klarheit sind sie zu völlig verschiedenen Skalen gekommen. Das A ist bei Rimbaud "schwarz", bei Jünger "purpurrot", das O bei Rimbaud "blau" und bei Jünger "gelb". Über Gefühle lässt sich also auch streiten.

Einige Erkenntnisse können wir beim Suchen neuer Markennamen bewusst einsetzen. Dazu stellen wir zunächst ein Eigenschaftsprofil des zu benennenden Produkts auf. Das Profil sollte sich im Idealfall mit den Aussagen decken, die bei der Marktplatzierung geäußert werden sollen. Falsche Wunschprofile lassen sich auf Dauer nicht verkaufen, die Enttäuschung des Kunden ist ein teures Echo. Freiwillig Produktschwächen einzuräumen, wenn es dagegen genügend Stärken zu setzen gibt, wird vom Markt honoriert. Ausgehend vom ehrlichen Eigenschaftsprofil wählen wir nun aus der voranstehenden Zusammenstellung oder nach eigenem

Sprachgefühl Buchstaben aus, die diesem entgegenkommen. Um die Vielzahl der Möglichkeiten überschaubar zu halten, legen wir einige Begrenzungen fest:

☐ die Wortlänge (Vier Buchstaben genügen zunächst, durch Kombination können wir später immer noch längere Wörter gewinnen),

☐ das Verhältnis von Vokalen zu Konsonanten, das über den Wohlklang entscheidet (In der deutschen Sprache haben wir ein Verhältnis von ca. 40:60, in der italienischen eines von 46:54. Die tschechische Sprache ist besonders vokalarm und kennt Sätze wie "Strc prst skrz krk" = Steck den Finger in den Hals.).

☐ eine bestimmte Vokal- und Konsonantenfolge (Dadurch werden auch Rhythmus und Melodie mitbestimmt),

☐ Doppelbuchstaben wie ss, tt, ee und Ausrufe (Interjektionen) wie ah, oh, ach werden in diesem Suchstadium ausgeklammert und erst anschließend zur eventuellen Verbesserung der Ergebnisse wieder zugelassen.

Wählen wir ein praktisches **Beispiel**: Wir suchen einen neuen Namen für eine neuartige Variante eines bereits gut eingeführten Kamillenextrakts. Dieses Naturprodukt ist mild, zart duftend und wirkt entzündungshemmend. Der Name soll also Milde, Sanftheit, Harmonie und Gesundheit vermitteln. Für diese Aussage eignen sich die Konsonanten m, l, v, n und die Vokale a, o und e (wie in Gabe).

Legen wir nun die Begrenzungen fest:

☐ Wortlänge = 4 Buchstaben,
☐ Verhältnis von Vokalen zu Konsonanten = 50:50,
☐ Vokal- und Konsonantenfolge:

z.B. Erste Stelle: M; L; N
    Zweite Stelle: A; O
    Dritte Stelle: L; V; N
    Vierte Stelle: A; O; E.

Wir erhalten über diese Vorschrift folgende 54 Kombinationen:

MALA	LALA	NALA	MOLA	LOLA	NOLA
MAVA	LAVA	NAVA	MOVA	LOVA	NOVA
MANA	LANA	NANA	MONA	LONA	NONA
MALO	LALO	NALO	MOLO	LOLO	NOLO
MAVO	LAVO	NAVO	MOVO	LOVO	NOVO
MANO	LANO	NANO	MONO	LONO	NONO
MALE	LALE	NALE	MOLE	LOLE	NOLE
MAVE	LAVE	NAVE	MOVE	LOVE	NOVE
MANE	LANE	NANE	MONE	LONE	NONE

Von vornherein scheiden davon wegen feststehender anderer, hier störender Bedeutungen aus:
Mala (schlecht), Male (männlich), Lana (Wolle), Lave (waschen), Lola (Sängerin in "Professor Unrat" / "Der blaue Engel"), Mole (Landesteg), Move (Bewegung), Nave (Seefahrt).
Zwar auch schon bedeutungsgeladen, aber in der Assoziation passend, sind: Mano (zarte Hand), Man(n)a(h) (wie Nektar und Ambrosia; Götterspeise), Mono (einmal(ig), Mona (macht schön wie Mona Lisa), Love (aus Liebe zur Haut), -one (Verstärkungssuffix in romanischen Sprachen, Beispiele: poltrona, Matrone); Novo und Nove (neu).
Benutzen wir Silben aus dem Wort Kamille zur Kombination, lassen sich *Kamillone* (stärker in der Wirkung), *Kamil(l)ana* (sanfter), *Kami(l)lan* (auch medizinisch wirksam), *Kamilane* (zart wie Kashmir-Wolle), *Kamimola* (fremdartig angenehm) oder *Kamimone* (blütenzart wie Anemone), *Kamilnova* (neu), *Kamilnove* (neu und modern) bzw. *Monamille* (1000 mal so schön wie Mona Lisa oder meine Kamille), *Monomille* (1x1000, 1001 Nacht), Novamille, Lovemille (Amore mille, Kam more mille) gewinnen.
Mit diesen Vorschlägen wollen wir es bewenden lassen und noch ein **Beispiel** in der Gegenrichtung betrachten. Diesmal suchen wir einen Namen für eine durchsichtige Kunststoffplatte, der dynamisch und kraftvoll klingen soll.
Nach der voranstehenden Betrachtung kommen dafür folgende Buchstaben in Betracht:
D+: [s], [ks], [ts], [t], [p], [k]; [i], [e] und
K+: [s], [ts], [t], [p], [k], [r]; [a], [e].
Wir suchen wieder Wörter mit vier Buchstaben und legen willkürlich folgende Buchstaben-Reihenfolge fest:
Erste Stelle: P; S; T
Zweite Stelle: A; E; I
Dritte Stelle: P; R; T
Vierte Stelle: A; E.

Die Ausbeute sind wiederum 54 Wörter:

PAPA	PARA	PATA	PAPE	PARE	PATE
SAPA	SARA	SATA	SAPE	SARE	SATE
TAPA	TARA	TATA	TAPE	TARE	TATE
PEPA	PERA	PETA	PEPE	PERE	PETE
SEPA	SERA	SETA	SEPE	SERE	SETE
TEPA	TERA	TETA	TEPE	TERE	TETE

PIPA	PIRA	PITA	PIPE	PIRE	PITE
SIPA	SIRA	SITA	SIPE	SIRE	SITE
TIPA	TIRA	TITA	TIPE	TIRE	TITE

Aus dieser Tabelle scheinen TATA (wegen der gleichmäßigen Fachwerkstruktur der Platte und einer Assoziationsmöglichkeit zu Dach), PETA, TETA und TETE so oder als Baustein geeignet.

Solche Namen aus Buchstaben-Kombinationen wie in den beiden Beispielen kann man natürlich auch leicht über Computer erstellen.

Natürlich muss die Namenssuche nicht unbedingt von einzelnen Lauten ausgehen, sondern kann unmittelbar auf der Lautmalerei von Wörtern fußen: Zischen, rattern, hopsen bedürfen keiner Erklärung, man hört und sieht die Aktionen; der Unterschied zwischen zappelig und ruhig ist sonnenklar.

Wir können Namen auch durch Anregungen aus Fremdsprachen oder fremden Wissengebieten ganzheitlich gewinnen.

Schließlich können auch die Buchstaben eines gegebenen Worts neu gemischt werden (s. Anagramme). Software für die Namenskreation von Marken per Computer ist bei Latour, S. 110ff. beschrieben.

6.3.2 Einsilbige Wörter

Sparsamkeit ist modern! Die deutsche Sprache neigt zu einer Wortverkürzung, und das seit langem (s. Grümmer, S. 40-43) - abgesehen vom Behördendeutsch - das allerdings im Einklang mit unserer Behauptung gleich wieder vereinfacht wird. Aus dem arch-iastros wurde Arzt (alt), aus dem Proportionalwahlrecht der Proporz (jünger), aus Zinsabschlagsteuer ZAST, ein Teil des Zasters (jung). Aus Elisabeth wurde Elsa oder Betty, aus Bernhard wurde Bert, aus Ludwig Lutz, aus Friedrich Fritz, aus Joseph Sepp, aus Rudolph Rudi oder Rolf.

Auch viele vielsilbige Familiennamen wurden einsilbig: Cornelius wurde Nils, Bernhardt wurde Benz, Ulrich Uhl und Bartholomäus Bartsch. Wenn also Vor- und Nachnamen verkürzt werden, warum nicht auch Markennamen? Ludwig Ganghofer lässt einen alten Kutscher sagen: " Alles, was einen Wert hat im Leben, das spricht sich kurz: Tag, Nacht, Weib, Mann, Geld, Fleisch, Brot, Haus, Gott. ... Die kurzen Wörter lassen einem Zeit zum Leben."

Auch Sprichwörter beziehen ihre Prägnanz unter anderem aus der Häufung einsilbiger Worte:

Kommt Zeit, kommt Rat.
Wer die Wahl hat, hat die Qual.
Was ich nicht weiß, macht mich nicht heiß.

Wes Brot ich ess, des Lied ich sing.
Wie du mir, so ich dir.
Glück und Glas, wie leicht bricht das.
Erst wäg´s, dann wag´s, erst denk´s, dann sag´s.

Mit der Prägnanz kommt manchmal allerdings auch Härte ins Spiel. Die männlichen Einsilber Hass, Hohn, Groll, Zorn, Grimm und Neid wirken ganz anders als die weiblichen Zweisilber Liebe, Treue, Freude. Im Einzelfall wird also zu prüfen sein, ob ein einsilbiger Markenname unserem Ziel wirklich am besten dient.

6.3.3 AKÜs, d.h. Ab- oder Verkürzungen und Kalauer

Sparen kann man auch durch Abkürzungen. So sind viele Markennamen entstanden. Beispielhaft sei aus historischen und belletristischen Gründen **Opodeldok** erwähnt. Mit Opodeldok bekämpfte der brave Soldat Schwejk sein Rheuma. Dieses Medikament stammt von Paracelsus und setzt sich aus dem südeuropäischen Harz Opoponax, dem indischen Harz Bedellium und der Osterluzei (Aristolochia) zusammen und sollte eigentlich Opo-del-loch heißen (Grümmer, S.83).

Das Kunstwort **Snob**, heute eine Bezeichnung für einen Extravaganten, Vornehmtuer oder Gecken, stammt aus englischen Universitäten und ist ca. 150 Jahre alt. Es kommt von s. nob. = sine nobilitate und wurde bei der Immatrikulation nichtadeliger Studenten vermerkt (Grümmer, S.85).

Auch ein Künstlername ist wie eine Marke. Philipp Samuel Ochs aus den Vereinigten Staaten, als Erfinder der Basstuba und Komponist von Militärmärschen bekannt geworden, kennzeichnete sein Gepäck immer mit S.O. USA. Er wurde zu Philipp SOUSA, und sein Instrument heißt **Sousaphon** (Grümmer, S.85).

So ähnlich sind entstanden: **RIMOWA** aus **Ri**chard **Mo**rszeck **Wa**renzeichen oder **HARIBO** aus **Ha**ns **Ri**egel **Bo**nn. Akronyme sind auch als Künstlernamen beliebt: Der Maler und Fotograf **Man Ray** hieß eigentlich **E**man**u**el **Ra**dnitzky. Das Schöne bei dem neuen Namen ist, dass er nun auch noch eine Bedeutung hat.

Aus der Produktpalette oder dem Tätigkeitsbereich abgeleitete Namen sind: **Aral** aus **Ar**omaten und **Al**iphaten; **Degussa** aus **De**utsche **G**old- **u**nd **S**ilber**s**cheide**a**nstalt; **VARTA** aus **V**ertrieb, **A**ufladung, **R**eparatur **t**ransportabler **A**kkumulatoren GmbH.

Auch die Bildmarke AWA von Piaggio (Bild 6.7) ist ein Beispiel für eine sparsame Abkürzung. Sogar in zweifacher Hinsicht, denn die Marke könnte auch als AXA gelesen werden.

(151) 12. 11. 1996   665 113
(732) PIAGGIO VEICOLI EUROPEI S. P. A.
V. LE RINALDO PIAGGIO, 23, I-56025 PONTE-
DERA (IT).

(Voir original en couleur à la fin de ce volume.)
(531) 26. 1; 27. 5; 29. 1.
(539) La marque consiste dans le mot AWA en graphie particulière au centre d'une figure essentiellement ovale constituée d'une série de lignes.
(591) rouge, gris.
(822) IT, 12. 11. 1996, 691.451.
(300) IT, 07. 08. 1996, MI96C 7384.
(831) AT, BX, CH, DE, ES, FR, PT.

Bild 6.7: Bildmarke AWA

Inhaltsstoffe verbergen folgende Namen: **Aspirin** aus **A**cetylsalicylsäure und **spir**ea ulmaria (salicylsäurehaltige Staude); **Em-eukal** aus **M**enthol und **Eukal**yptus; **Odol** aus **Od**ous (griechisch ∠ahn) und **ol**eum (lat. Öl). Theoretisch könnte man sich den Namen auch aus "Alkoh**ol**haltiges Mundwasser gegen Mundgeruch (**Od**our)" ableiten.

Akronyme finden sich auch zunehmend im wissenschaftlichen und Verwaltungsbereich, weil die Fachbegriffe einfach zu lang sind. <u>Sprechende Akronyme</u>, also solche, die ein sinnbehaftetes Wort ergeben, sind wie Marken. Beispiele:

ISOLDE = Innerstädtischer Service mit optimierten logistischen Dienstleistungen für den Einzelhandel,

USCHI = Ultraschall Leit- und Informationssystem,

ZEUS = Zentraleinheit für Überwachung und Steuerung,

DAVID = Diagnose-Aufrüst- und Vorbereitungsdienst mit integrierter Displaysteuerung (F.A.Z., 9.7.96., S. 9).

Reine Abkürzungen ohne direkt erkennbaren Sinngehalt können gefährlich sein, wenn das Publikum einen Sinn erfindet, der unerwünscht ist. Hierzu zwei Beispiele: **Toyota MR2** musste in Frankreich zu Toyota MR gemacht werden, weil MR2 wie emmerdeur (ausgewachsenes Ekel) oder emmerdé (in der Patsche, Tinte, Sch ... sitzen) klingt.

Um sich von britischem Rindfleisch abzuheben, das möglicherweise BSE (Rinderwahnsinn) - verseucht gewesen sein könnte, erfanden die französischen Fleischproduzenten den Zusatz "Viande Française" (französisches Fleisch), den sie abgekürzt als **V F** verwendeten. Die sensibilisierten und witzigen Verbraucher lasen das als Vache Folle (verrückte Kuh). Deshalb verschwand das V F schnell wieder.

Gewarnt werden muss auch vor der nachträglichen Abkürzung bekannter Marken. Deichsel (1997) weist zu Recht darauf hin, dass die Verstümmelung von Traditionsnamen eine Selbstzerstörung von Marken ist. Als Beispiele führt er an: British Airways verkürzte sich zu BA, Swissair zu SAirG; Asea und Brown Bovery machten ABB aus sich. "Das positive Vorurteil, durch unzählbare Einzelhandlungen im Verlauf von Jahrzehnten zu einem Erfahrungsraum verdichtet", "die bewusste Unnachdenklichkeit eines Publikums beim Kaufvorgang" wird willkürlich einer Aktualisierung oder Modernisierung geopfert: "Ein Name macht sich zum Niemand".

Die Kalauer sind eine Erfindung der Zeitschrift "Kladderadatsch", die sich "aus Kalau" die neuesten Witze melden ließ. Eine der Definitionen für den Kalauer lautet: Ein Kalauer ist das Verschachteln zweier Wörter, die von Geburt an nichts miteinander zu tun haben und plötzlich eine lang gehegte, geheime, Beziehungen aufdeckende Ehe eingehen (Reimann, S. 150). Ein idealer Kalauer wäre, wenn ein Wort aus den Buchstaben 1,2,3,4,5,6,7,8 besteht und ein zweites aus den Buchstaben 3,4,5,6,7,8,9. Das Überlappen beider Wörter ergäbe unter Weglassen des Doppelten ein Wort 1,2,3,4,5,6,7,8,9. Beispiele: Aus Winter und Intermezzo wird **WINTERMEZZO**, aus très elegant **TRELEGANT**, aus Fresh und Restaurant wird **FRESHTAURANT**, aus Schmatzen und Schatzinsel **DIE SCHMATZINSEL**, aus Advocat und Incasso **ADVOCASSO**, aus Zebra und Elefant wird **ZEFANT**, aus nice und icecream wird **N'(ice)cream**, aus .Marrakesch und cash wird **Marracash**, der Name eines Spiels, bei dem in Dirham gefeilscht wird.

[511] 42   [210] 39622115.7   [111] 396 22 115
[220] 14.05.1996   [151] 30.01.1997   [450] 10.04.1997
[540]

ANWALTLICHES DEBITOREN-MANAGEMENT

(Siehe auch „Wiedergabe farbig eingetragener Marken")

[732] Rabaa, Volker, Villastr. 1, 70190 Stuttgart, DE; Vogel, Frank, Villastr. 1, 70190 Stuttgart, DE; Ruck, Andreas, Villastr. 1, 70190 Stuttgart, DE

[750] Rechtsanwälte Rabaa, Vogel, Ruck & Partner, Villastr. 1, 70190 Stuttgart

[510] 42: Anwaltliches Debitoren-Management im automatisierten Mahnverfahren und Erbringung von anwaltlichen Dienstleistungen aller Art im Bereich des Forderungseinzuges.

[591] blau, rot

Bild 6.8: Advocasso

Dieses Herstellprinzip der Kalauer ist ideal für das Finden von Markennamen. <u>Die Neigung ist groß, beschreibende Namen zu wählen und möglichst viel Information</u>

in den Namen zu stopfen. Beschreibende Namen sind aber nicht schutzfähig, und zu viel Information überfrachtet den Namen. Da kommt nun das Herausschneiden eines (gemeinsamen) Mittelteils und die damit erreichte Abweichung von der glatten Beschreibung wie gerufen. Aus Tallois (Pariser Erfinder, 19. Jh.) und demior (Messing-Legierung mit bis zu 1% Gold) wurde Talmi, heute Synonym für Unechtes. Aus Fleur und Europa wurde so FLEUROP, aus Margarine und butterähnlich wird BUTTARINE, aus breakfast und lunch BRUNCH. Besonders schön ist es, wenn nach dem Herausschneiden ein Wort mit einer ganz neuen Bedeutung entsteht, das sich wiederum mit seinen Erzeugern in Zusammenhang bringen lässt: Aus Olymp(ic) und pig entsteht OLYMPIG, ein interessanter Name für Schweinefutter: Die Schweine werden davon so gesund, dass sie olympiareif werden, oder OLYMPIG wird einfach als Schweinehimmel verstanden.

Aus ART und GALERIE kann man ARTERIE machen - Lebensader gleich Kunstgalerie. Eine Kombination von Kalauer und Abkürzung ist folgende Idee der Werbeagentur GGK aus dem Jahre 1981:

schreIBMaschinen.

Die Kalauer müssen vor Sprachgrenzen nicht Halt machen. Aus Car und cartoon wird Car Toons: Von Manfred Mayer stammt das Heft "Oldtimer- und Youngtimer Car Toons". Eine schöne frankoitalienische Schöpfung ist "Das Hochzeitspaar in Italien": l'Italie = lit à lit (Reimann, S. 152). Italienische Büstenhalter der Marke "Ferrucio Busoni" könnten den philologisch Interessierten auf dem deutschen Markt Freude bereiten.

6.3.4 Rhythmus

Schläft ein Lied in allen Dingen,
die da träumen fort und fort.
Und die Welt hebt an zu singen,
triffst du nur das Zauberwort.

Joseph Frh. von Eichendorff (1788-1857)

Rhythmus hat bei kurzen Namen - wie bei den meisten Markennamen - keine Bedeutung. Aber wir könnten ja auch längere oder zusammengesetzte Markennamen erfinden. Ein gelungener Versuch wäre sehr einprägsam und hätte einen hohen Aufmerksamkeitswert, denn unser Sprachempfinden sehnt sich nach Rhythmus. Denken Sie an Redewendungen wie "Auf Schritt und Tritt", "mit Mann und Maus", "durch dick und dünn", "durch Wald und Flur". Wird ein einsilbiges Wort mit einem zweisilbigen kombiniert, so kommt es ausnahmsweise vor, dass wir mit dem Zweisilber beginnen: „Hopfen und Malz", „Wasser und Brot". Meist gilt jedoch das so genannte Gesetz der wachsenden Glieder: Erst kommen die Einsilber, dann die Zweisilber, dann die Dreisilber usw.. Beispiele sind: „Brief und Siegel", „Gold und Silber", „Kind und Kegel", „Lust und Liebe", „Leib und Seele", „Ross und Reiter", „Samt und Seide", samt und sonders, „Schloss und Riegel", „Wind und Wetter", „Pauken und Trompeten", "Die Welt als Wille und Vorstellung" (Kant), "Götter, Gräber und Gelehrte".

Wir übersetzen sogar falsch, um das Gesetz der wachsenden Glieder zu befolgen: Churchills Befürchtungen für 1940 "blood, toil, tears and sweat" wurden bei der Übersetzung auf drei Glieder verkürzt, und die Reihenfolge wurde auch verändert: "Blut, Schweiß und Tränen". Ja, aus Liebe zum Rhythmus verfälschen wir sogar unsere Klassiker. Schiller schrieb: "Der Mohr hat seine Arbeit getan ..." (Friedrich Schiller, "Die Verschwörung des Fiesco zu Genua", 3. Akt, 4. Szene). Wir zitieren falsch: "Der Mohr hat seine Schuldigkeit getan .." (Schneider, 1989, S. 229)

Es könnte sein, dass die Bekanntheit der Marke **Haribo** über den Reim "macht Kinder froh und Erwachs'ne ebenso" stark zugenommen hat. Nutzen wir das Gesetz der aufsteigenden Glieder für aufsteigende Marken! Eine Bildmarke "Ross & Reiter" könnte gut ankommen. Eine Marke "town & country" gibt es schon über 30-mal, sowohl für Geländereifen, Kleidung, Fahrräder, als auch für Pfeifentabak.

Nez au vent, coeur content!

6.4 Brainstorming

"Gehirnsturm" übersetzt man wörtlich und kann sich darunter nicht so recht etwas vorstellen. Das Wort Brainstorming wird öfter gehört als richtig verstanden. Es stammt aus den 40er Jahren von Alex F. Osborn, einem amerikanischen Werbefachmann. In seinem Werk "Applied Imagination - Principles and Procedures of Creative Thinking", erschienen 1953, erklärte er dieses Verfahren zur Ideenfindung, und danach wurde es weltweit populär. Um es gleich zu sagen: Auch Brainstorming kann aus dem Vakuum keine Ideen hervorzaubern. Im Gegenteil: Brainstorming ersetzt weder Allgemeinbildung noch Fachwissen. Aber es hilft, unbewusstes Wissen hervorzulocken.

6.4.1 Prinzip der Methode

Brainstorming profitiert
- ☐ vom Abrufen unbewussten oder unbeachteten Wissens,
- ☐ vom positiven Denken und dem Ausschalten der Kritik,
- ☐ von der heterogenen Gruppe.

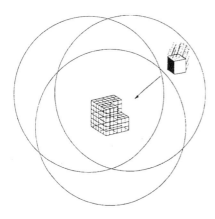

Bild 6.9: Abrufen unbewussten Wissens

Bild 6.9 zeigt drei Kreise, die jeweils das Wissen *einer* Person umschreiben sollen. Überlappungen bedeuten gemeinsames Wissen. Allen drei Personen ist ein Problem in der Schnittmenge aller drei Kreise bewusst, aber nur eine Person ist im Besitz der fehlenden Information. Diese Person ist sich dessen aber nicht bewusst, denn sonst existierte für sie das Problem ja nicht. Gelockerte Atmosphäre und das Ausschalten von Selbstkritik sollen die benötigte Information erkennen lassen und freisetzen. Das Ergebnis nennt man Synergieeffekt. *Synergie* ist, wenn das Zusammenwirken über die Addition hinausgeht. Dabei spielt es keine Rolle, ob der Besitzer der Information sich plötzlich seines Besitzes bewusst wird oder aber ein Fremder den Wert einer leichthin geäußerten Information erkennt. Vielleicht ist der Vergleich mit dem Flohmarkt hilfreich: Dort treffen sich Leute, die etwas loswerden wollen, und solche, die unbestimmt etwas Interessantes suchen.

Zunächst sollten nur positive Aspekte beachtet werden, wenn wir auf Ideensuche sind.

6.4.2 Regeln

Wie sich leicht aus den Prinzipien ableiten lässt, gelten beim Brainstorming folgende Regeln:

Regel 1: Keine Kritik
Regel 2: Möglichst viele und wilde Ideen
Regel 3: Fortführen von Ideenansätzen

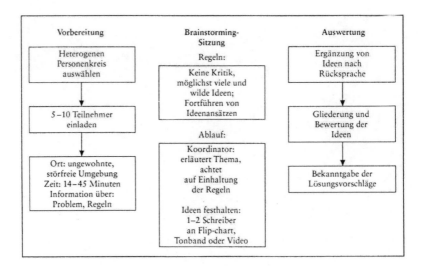

Bild 6.10: Brainstorming

Vorbereitung, Ablauf und Auswertung des Brainstormings sind bei Bugdahl 1995 S.20 ff ausführlich beschrieben.

Enttäuschungen entstehen beim Brainstorming durch mangelnde Vorbereitung der Teilnehmer und durch ungenügende Entkrampfung. Für Anfänger ist das Abarbeiten einer Checkliste (z.B. Quickstorming) ergiebiger. Erwarten Sie nicht unbedingt direkt verwertbare Ideen aus der Sitzung. Verwenden Sie für die Auswertung (Ernte und Nachlese) mindestens das Fünffache an Zeit. Der größte Nutzen ergibt sich meist aus Anregungen zum Weiterentwickeln oder Abwandeln.

6.5 Brainwriting

Brainwriting heißt schriftliches Brainstorming und bezweckt wie dieses die gegenseitige Anregung der Teilnehmer zur Ideenproduktion. Da die Ideen hier nicht laut hervorsprudeln, müssen sie in schriftlicher Form zirkulieren. Dazu gibt es verschiedene Möglichkeiten. Die bekannteste ist die Methode 635 von Bernd Rohrbach. Die Methode heißt so, weil

☐ 6 Teilnehmer jeweils
☐ 3 Ideen im Zeitraum von je
☐ 5 Minuten aufschreiben und die Ideenliste 5x weitergeben.

Jeder Teilnehmer bekommt folgendes Formblatt oder bereitet sich ein ähnliches Formular selbst vor.

Problem:		Datum:	
Ideen	/ Lösungsvor-schläge		
1	2	3	Signum

Formblatt für Brainwriting / 635

Schnelle Rechner haben sofort erfasst, daß diese Methode in 30 Minuten 108 Ideen liefern kann, weil ja 6 Teilnehmer in 6 x 5 Minuten jeweils 6 x 3 = 18 Ideen produzieren sollen. Diese vorsichtige Zielformulierung braucht Sie nicht zu beunruhigen. Die hohe Zeitausbeute wird meist erreicht, besonders dann, wenn Sie die 5 Minuten pro Runde flexibel verteilen. Im 1. Durchgang haben alle Teilnehmer spontan Ideen und brauchen höchstens 3 Minuten. Die aufgesparten Minuten aus den ersten Runden kann man gut in der 5. und 6. Runde gebrauchen, wenn die Ideen schon spärlicher fließen.

Mit Brainwriting lernen Sie eine einfache, effektive und fast garantiert erfolgreiche Methodengruppe kennen. Brainwriting ist viel einfacher und viel erfolgssicherer als Brainstorming.

6.5.1 Prinzip der Methode 635

Ablauf

Das Prinzip des Brainwritings ist die gegenseitige Assoziation in einem Rotationsrhythmus. Bei der Methode 635 wird dieses Prinzip durch folgenden Ablauf verwirklicht:

1. Genaue Definition und Analyse des Problems
2. Verteilen der Formblätter, Ausfüllen der Kopfzeile
3. Start. Jeder Teilnehmer trägt in die obere Zeile des Formblatts 3 Ideen ein und schreibt sein Signum in das letzte Feld der Zeile.
4. Nach spätestens 5 Minuten werden die Formblätter im Kreis weitergereicht, so dass jeder Teilnehmer ein Blatt mit 3 fremden Ideen vor sich hat. Er schreibt nun in die 2. Zeile 3 weitere andere Ideen, die entweder ganz neu, oder aber Abwandlungen oder Ergänzungen zu vorangegangenen Ideen sind.
5. Nach weiteren 5 Minuten werden die Blätter wieder weitergereicht, und zwar in der gleichen Richtung wie beim vorigen Mal. Die nächste Zeile wird ausgefüllt, usw.
6. Die 635-Sitzung ist beendet, wenn alle Teilnehmer auch die 6. Zeile eines Blattes, das sie in früheren Runden noch nicht gesehen hatten, ausgefüllt haben.

7. Die Auswertung erfolgt wie beim Brainstorming, durch Klassifizieren der Ideen in direkt nützliche, interessante, erneut zu prüfende und abzulehnende. Natürlich können Sie auch abstimmen lassen oder das Punktklebeverfahren (Jeder Teilnehmer erhält z.B. 5 Klebepunkte, die er bei den Ideen anbringt, die ihm am besten gefallen) verwenden.

Vorteile der Methode
Die Methode hat folgende Vorteile:
Die Teilnehmer genieren sich, leere Felder auf ihren Formblättern zu hinterlassen. Sie stehen unter Zeit- und Leistungsdruck. So kommt die hohe Ideenausbeute von 108 Ideen in 30 Minuten zustande. Wie beim Brainstorming ist keine Kritik zugelassen, aber hier muss auf die Einhaltung der Regel nicht so sorgsam geachtet werden: Es gibt keine Möglichkeit für Dominante oder hierarchisch Höherstehende, andere zu blockieren oder von anderen blockiert zu werden. Die sachlichen Qualitäten redeschwacher Teilnehmer kommen zum Vorschein, was wiederum einen Motivationseffekt hat. Spätestens wenn der Strom der eigenen Ideen zu versiegen droht, beschäftigen sich die Teilnehmer mit anderen Standpunkten. Das erzieht zu tolerantem Verhalten. Insgesamt wird ein kooperativer Stil gepflegt und der Gruppenkontakt verbessert. Deshalb eignet sich die Methode 635 auch besonders in spannungsgeladenen "kritischen" Gruppen, die bei einer Diskussion Konflikte austragen würden.
Besonders hervorzuheben ist, dass die Ideen und ihre Urheber schriftlich fixiert werden. Bei ganz großen Ideen kann das sogar patentrechtliche Folgen haben. Stehen solche Ideen aber nicht schon in der 1. Zeile, sollte man sie gerechterweise als Gemeinschaftsideen behandeln. In der 1. Zeile können auf den einzelnen Formblättern Mehrfachnennungen nahe liegender Ideen vorkommen. Das ist verständlich und sogar nützlich. Die Spontanansätze sind entweder direkt realisierbare Problemlösungen oder - wie in den meisten Fällen - ziemlich wertlos. Die Niederschrift ist jedoch aus hygienischen Gründen wertvoll. Danach ist der Kopf frei für originellere Gedanken. In der 4. bis 5. Zeile finden sich deshalb meist die interessantesten Ideen. In der 6. Zeile können sich schon wilder Übermut, Albernheit, gedanklicher Terrorismus, Verzweiflung breitmachen. Diese Vorschläge sind vor der Beurteilung vielleicht noch einmal aufzubereiten, z.B. im Brainstorming. 635 eignet sich sehr gut zur Namensfindung. Eine Übersicht über andere Brainwriting - Methoden findet sich in Bugdahl 1995, S. 55ff.

6.5.2 Praktische Beispiele zu 635

Die Methode 635 braucht nicht viel Übung. Anhand der folgenden Beispiele können Sie den Verlauf einer 635-Sitzung gut verfolgen, auch wenn jeweils nur eines von 6 ausgefüllten Formularen wiedergegeben ist.

Beispiel 1:

Problem: Neue	Milchverpackung			
1	2	3	Sign.
Schraubkappe mit Dorn	Kanister mit Bajonettverschluss	Flasche mit Stöpsel	A
Klettverschluss	Kunststoffflasche mit Griff wie Weichspüler	Kaugummi-Stöpsel (Zweitnutzen)	B
Reißverschluss	Flasche mit aufgeschraubtem	aufgesetztem Trichter	C
100 ml in Becher mit Bart-schoner für Junggesellen	2 Becher gegeneinander verschraubt	selbsthaftende, ausklappbare Gießtülle	D
Porzellanbecher mit Siegel-folie (für Tassensammler)	im hohlen Spazierstock für Touristen	im großen Trinkhalm mit ab-beissbarem Stopfen	E
Butter wie üblich + Mittel, das daraus Milch macht	gefrorene Milchwürfel	im Kunststoffeuter, danach als Badekappe verwendbar	F

Beispiel 2:

Problem: Namensfindung	für eine Fachwerkplatte aus	Kunststoff mit Wellenprofil	
1	2	3	Sign.
AVA (wie das V-Profil)	VAVA	VIVA	A
AWA	AVAFLEX (Profil+Eigenschaft)	VIVALEN (Profil+Material) (Poly-len))	B
WAMIT (Profil+Extras mit dazu)	VATAN (frz. klanglich: Los!)	VIVATOP (Profil+Qualität+Anwendung oben)	C
DURIT (Eigenschaft Härte)	VADUR (Profil+Härte)	VAVIDUX (Profil+König (lat.))	D
DURID	DURALITE	POLIGHT (klangl. wie höflich)	E
WELL (Profil+Qualität)	CORRU (wie engl. gewellt)	NONAME NIXGUT	F

Die Methode 635 lässt sich durchaus auch mit 5 oder mit 7 Teilnehmern anwenden. Sie nennen die Methode dann einfach 534 oder 736. Noch kleinere oder größere Gruppen sind allerdings nicht so erfolgreich: Bei weniger als 4 Runden kann es vorkommen, dass die Teilnehmer noch aus dem Vollen schöpfen anstatt schöpferisch zu werden. Bei mehr als 7 Runden droht die Gefahr des "Ausblutens" und der Frustration. Bilden Sie besser mehrere Gruppen, die miteinander wetteifern werden, auch wenn sie getrennt tagen. Lassen Sie nach den 635-Sitzungen jeweils einen Sprecher der Gruppen die originellsten Ideen vortragen. Der Sprecher bezieht seine Nennungen von den Teilnehmern. Es hat sich bewährt, dass jeder Teilnehmer auf dem Formular, das zuletzt vor ihm liegt, die drei originellsten Ideen heraussucht und dem Gruppensprecher nennt. Es ist keine Schande, sondern normal, wenn ein Teilnehmer seine eigenen Ideen originell findet. Allerdings sollte er versuchen, möglichst objektiv zu sein. Sie fragen absichtlich nach den originellsten und nicht nach den brauchbarsten Ideen. Natürlich ist das Ziel eine praktische Problemlösung. Aber bevor wir uns mit der erstbesten brauchbaren Idee zufrieden geben, wollen wir doch erst einmal ausloten, ob es nicht durch Abwandeln des Absurden etwas nicht nur Brauchbares, sondern sogar Hervorragendes gibt. "Drum prüfe, wer sich ewig bindet, ob sich nicht noch was Bess´res findet", meinte schon Wilhelm Busch, wenn auch in einem anderen Zusammenhang.

6.6 Entrinnen

6.6.1 Hintergrund: Problemlösen = sich vom Problem lösen
Unser leistungsfähiger Verstand nimmt ständig Informationen auf und bildet Muster aus ihnen - mit einer inneren Struktur und mit Etiketten zum Wiederfinden. Die Muster setzen sich fest, wenn sie öfter angewendet werden. Sie lassen sich ergänzen und kombinieren. (Übrigens erklärt das auch unseren Erfolg beim Verbessern und Optimieren.) Zum schnellen Wiederfinden des ganzen Inhalts benötigen wir nur wenige Stichwörter - ganz wie im Katalog einer Bibliothek oder bei einer Datenbank. Aber das Umstrukturieren des Inhalts eines Musters ist fast unmöglich, wieder analog zur Datenbank. Bei einer Datenbank hilft man sich, indem man den Inhalt auslädt, die Struktur neu definiert und dann den Inhalt wieder einlädt (Das erklärt die Seltenheit von Grundsatzerfindungen).
Warum wollen wir umstrukturieren?
Weil die Informationen in der Reihenfolge ihres Eintreffens das Muster gebildet und dann weiter komplettiert haben, ist das Muster zeitzufällig und die Anordnung der Informationen nur eine von vielen möglichen Anordnungen. Es ist sehr wahrscheinlich, dass es viel bessere Anordnungen gibt - je nach Ziel und Problem.

Wir nutzen vorhandene Information nicht optimal, wenn wir sie nicht immer wieder umstrukturieren (Bild 6.11).

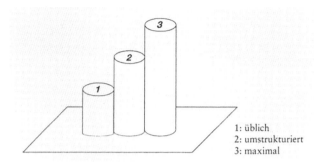

Bild 6.11: Nutzung von Information

Das Umstrukturieren ermöglicht die Aufnahme und den Einbau neuen Wissens und damit neue Einsichten.

Dies ist auch schon eine wichtige Einsicht. Noch wichtiger ist jedoch die Lehre, die wir daraus ziehen können: Um neue Muster zu gewinnen, müssen wir die alten verlassen.

"Ein Problem zu lösen heißt: sich vom Problem zu lösen." (J. W. v. Goethe).

Eine Möglichkeit, zu neuen Einsichten zu kommen, besteht natürlich darin, wieder bei Null anzufangen. Mehrwissen durch Unwissen? Ja, da stoßen wir wieder auf das Umkehrprinzip. Unwissen bietet eine hohe Chance, auf einem *neuen* Weg ins Ziel zu gelangen. Unwissen ist unschuldig, unbefangen, vorurteilsfrei, unvorbelastet, aber in reiner Form selten.

Wir können Unwissen also nur simulieren, indem wir zeitweise die eigene Kennerschaft auflösen ("Jetzt stellen wir uns ganz blöd" aus der "Feuerzangenbowle"). Wohlgemerkt: Erfahrung und Routine sind sehr wertvoll. Sie führen auf einem Wege zum Ziel, der einmal als der beste galt. Das kann sich geändert oder sogar nie gestimmt haben.

Tradition ist manchmal Routine minus Geist.

Wenn wir Information besser nutzen wollen, wenn wir neue Einsichten suchen, müssen wir von der Autobahn der Routine abfahren, ausbrechen, entrinnen (Bild 6.12). Das Entrinnen kann zum Aha-Effekt führen. Von einem neuen Standpunkt aus sehen wir das Ziel plötzlich in einem anderen Zusammenhang. Im Besitz der neuen Einsicht können wir eventuell sogar wieder ein altes Wegstück Routine benutzen und auf diesem bequem und schnell ins Ziel kommen.

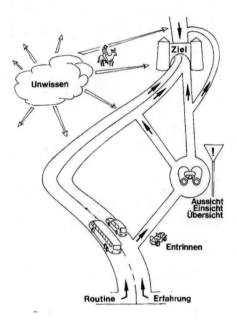

Bild 6.12: Entrinnen

Beim Witzerzählen passiert genau das gleiche. Wir folgen gebannt der Logik einer falschen Spur und erkennen bei der Pointe schlagartig, dass es noch eine andere Betrachtungsmöglichkeit gab.

Problemlösen erfolgt fast immer in drei Stationen:
1. Zuerst nähern wir uns angestrengt dem Problem durch Definition, Analyse, Informationssammlung und Konzentration auf die Suche nach Lösungen.
2. Wenn keine Lösungen gefunden werden konnten, entfernen wir uns vom Problem. Der Suchraum wird erweitert, und wir setzen Zusatzinformationen, andere Ideenfindetechniken, Heurismen ein.
3. Wir nähern uns dem Problem von einer neuen Warte aus, hoffentlich mit dem Entdeckerschrei "Heureka" (Bild 6.13).

Bild 6.13: Problemlösen heißt sich vom Problem lösen

Wie gelingt uns das Entrinnen in Stufe zwei? Zweifellos können wir mit gutem Willen und einiger Anstrengung ein *einsichtiges Neuanordnen der Information* erreichen. Wesentlich effektiver sind die Verfremdungsverfahren:
☐ Infragestellen des Selbstverständlichen,
☐ Provokation,
☐ Analogiesuche,
☐ Umkehren und Negation,
☐ Verdoppeln,
☐ Reizworttechnik,
☐ Wunschkonzept,
☐ Verbesserungsanfälliger Bereich.

6.6.2 Infragestellen des Selbstverständlichen

"Die "dumme Frage" ist gewöhnlich das erste Anzeichen einer völlig neuen Entwicklung."
(Alfred North Whitehead)

Dumm zu fragen ist leichter gesagt als getan. Aus praktischen und vernünftigen Gründen sind wir uns nämlich gar nicht dessen bewusst, was wir alles für selbstverständlich halten. Wir halten auch manche Einschränkung für selbstverständlich und fügen uns unnötigerweise nichtexistenten Ver- und Geboten. Beispiele s. Bugdahl 1995, S. 65-66.
Das Erkennen des Selbstverständlichen bedeutet die eigentliche Schwierigkeit. Frisch erfüllte Wünsche sind die Basis für neue. Frisch im Amt Beförderte halten ihre neue Würde ebenso schnell für selbstverständlich wie frisch mit der Bahn beförderte

den neuen Standort. Wir erinnern uns noch an die vorige Selbstverständlichkeit, aber kaum noch an die vorvorige und erst recht nicht an noch ältere oder fertig übernommene Selbstverständlichkeiten.

6.6.3 Provokation

"Erstaune mich, ich warte." (Impresario Sergej Diaghilew zu Jean Cocteau, s. Schneider, 1989, S.265)

Provokation ist auch ein Infragestellen des Selbstverständlichen, geht aber durch "freche", z.b.. unwahre, unlogische, unmögliche, sichtlich falsche oder verletzende Behauptungen noch einen Schritt weiter. Die Provokation dient als Lösemittel gegenüber starren Strukturen. Bekanntlich hat Bert Brecht mit Hilfe provozierender Schilder "Glotzt nicht so blöd!" das Publikum vom kulinarischen Theater lösen wollen. Er hat die Provokation als Verfremdungsverfahren bewusst genutzt. Man kann den Begriff Lösemittel auch ruhig chemisch-physikalisch sehen: Die Molekülordnung im Festkörper wird durch das Lösemittel zerstört. Das Lösemittel trennt. Es ist ein Umstrukturierungswerkzeug oder eine Neuanordnungsvorrichtung. Durch Provokation wollen wir
- ☐ alte Muster infragestellen und auflösen (Befreiung) und/oder
- ☐ neue Muster schaffen (Duldung durch aufgeschobenes Urteil).

"Me-ti sagte: Unsere Erfahrungen verwandeln sich meist sehr rasch in Urteile. Diese Urteile merken wir uns, aber wir meinen, es seien die Erfahrungen. Natürlich sind Urteile nicht so zuverlässig wie Erfahrungen. Es ist eine bestimmte Technik nötig, die Erfahrungen frisch zu erhalten, so dass man immerzu aus ihnen neue Urteile schöpfen kann."
Bert Brecht,   Me-ti. Buch der Wendungen (Ed. Uwe Johnson 1965), S. 42.

<u>Alte Muster infragestellen</u>
Diskussionen von verhärteten Standpunkten aus können leicht zu emotionalen Überreaktionen führen. Wenn dabei jemand weit über das Ziel hinausschießt, kann diese Provokation zur Lockerung der Starre, zum Lächeln, Lachen, zur Meinungsänderung führen.
Provokation richtig eingesetzt, kündigt eine Beurlaubung des logischen Denkens an. Edward de Bono hat das Kunstwort PO vorgeschlagen, um die positive Seite der Provokation von Missverständnissen freizuhalten und die Ausbeute zu erhöhen. Mit PO kündigen wir eine Provokation an und mildern sie zugleich, indem wir die Provokation zugeben. Wir sagen damit: Dies ist keine Perversion und kein Angriff,

sondern nur der Versuch, alte Muster zu zerreißen. Eine leidenschaftliche Verteidigung ist also nicht notwendig.

Alte Muster sind Klischees. Je nützlicher sie sind, um so eher werden sie zum Klischee - und je klischeehafter die Muster sind, umso nützlicher werden sie. Ihre Anwendung spart Zeit, Denken und Geld. Erfolgreiche Klischees vermitteln jedoch auch die Illusion absoluter Gültigkeit. Die Provokation ficht diese falsche Gewissheit an. Mit ihrer Arroganz - Provokation ist anmaßend - macht sie auf die stille Arroganz der Klischees aufmerksam.

<u>Beispiel</u>: PO Wasser bleibt im Eimer, wenn man ihn umkippt!
Wir geben zu 10l Wasser in einem Eimer eine Schaufel Superadsorber, z.B. vernetztes Natriumpolyacrylat und rühren um. Nach wenigen Minuten können wir den Eimer umkippen, ohne dass Wasser ausfließt. Die (stark vereinfachte) Erklärung hat wieder mit Lösemitteln zu tun. Der Superadsorber möchte sich im Wasser lösen, kann aber nicht, weil er ein riesiges Netzwerk darstellt. Also holt er sich das Wasser zu sich und quillt so lange auf, bis kein freies Wasser mehr übrig ist. Anwendung: Pampers Babywindeln.

<u>Neue Muster schaffen</u>
Durch das Auflösen alter Muster wird Information freigesetzt. Bleiben wir beim obigen Beispiel: Geben wir in den Eimer mit dem im Netz (altes Muster) gefangenen Wasser (Information) ein wenig Säure oder Lauge, geht das Netzwerk kaputt, und das Wasser kann ausfließen. Durch Verbundnetze, Klischees, Klassifikationen und Etiketten sind unendlich viele Informationen gefangen. Die Provokation kann sie befreien. Das natürliche Verhalten unseres Verstandes setzt die Informationen unaufgefordert neu zusammen. Das verlangt nur anfängliche Toleranz. Wir müssen die inkorrekt erscheinende Provokation und ihre Denkfolgen zunächst dulden und unser negatives Urteil aufschieben. Unrichtige Gedanken sollten wir nicht zu früh verwerfen, denn sie können zu richtigen führen. Denken wir nicht, um Recht zu behalten, sondern um Wirkungen zu erzielen! Die Geschichte der Wissenschaft wimmelt von Beispielen, dass etwas unmöglich erschien und dann später ausgezeichnet funktionierte.

6.6.4 Analogien

"Analog" ist nicht etwa das Präteritum von "Anna lügt" (Pardon!), sondern bedeutet "entsprechend, ähnlich, gleichartig". Mit Analogien entrinnen wir nicht grundsätzlich (wie beim Infragestellen) oder trotzig (wie bei der Provokation), sondern sanft. Wir wollen nur in Gang kommen. Analogien erzeugen Bewegung, erst wenig, dann immer mehr. Durch Analogie wird der Schneeball zur Lawine. Da Analogien definitionsgemäß nicht identisch, sondern nur ähnlich sind, entsteht diese

Verschiebung. Zunächst ist es mehr eine Formverschiebung, die aber bald zu einer Inhaltsverschiebung führt. Kinder kennen das aus dem Spiel "Stille Post", bei dem eine Nachricht flüsternd weitergegeben wird und am Ende kaum noch wieder zu erkennen ist. Eine Analogie für größere Kinder in der Armee gibt es bei Bugdahl (1995, S.70).

Beim Problemlösen dienen uns Analogien zur Erzeugung von Bewegung um der Bewegung willen. Wir wollen nichts beweisen, sondern lassen uns mittragen, egal wohin die Reise geht. Aber wir passen ganz genau auf, was passiert. In Bild 6.14 ist so eine Reise dargestellt. Wir beginnen mit einer Tür an einer Schräge. Durch Kippen entsteht eine Falltür, unter der wir uns folgerichtig eine Treppe vorstellen. Wenn die Treppe bewegliche Stufen hat (wie in der Überraschungsbude auf dem Jahrmarkt), könnte sie auch flach sein wie eine Tastatur.

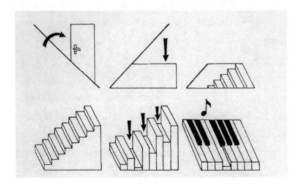

Bild 6.14: Analogiereise

Bild 6.15: Aus dem Elefanten eine Teekanne machen und umgekehrt

Wie Bild 6.14 und 6.15 zeigen, können Analogien zu einer Transformation führen. Dieses Vorgehen benutzen wir ja auch in der Mathematik, z.B. bei "eingekleideten Aufgaben". Anstelle langer Wörter für Personen oder Werte vergeben wir Symbole wie a, b, c, x, und y, sowie x_1, x_2 oder x_n, stellen Beziehungen her, formen diese durch Kunstgriffe um und verwandeln am Ende die Symbole wieder in die Umgangssprache. Ein feines Beispiel für eine zarte Analogie ist der Markenname

Camelia. Er bezieht sich auf den Roman "Die Kameliendame" von Alexandre Dumas: Die schöne Marguerite wechselte allmonatlich die weißen Blüten kurzfristig gegen rote aus.

Eine formelle phonetische Analogie stellt die Marke **Q8** (engl. kju eight = Kuweit) für die kuweitische Tankstellenkette dar. Orthographisch analog gibt sich die deutsche Marke 396 16 381 **π'casso Fashion**.

Ein kleiner Test: Bitte antworten Sie schnell auf folgende Fragen:

Welche Farbe hat Schnee? Nivea-Creme? Schreibpapier? - Sie werden jeweils "weiß" geantwortet haben.

Was trinkt die Kuh? - Sie werden vermutlich "Milch" geantwortet haben, weil Milch auch weiß ist.

Dieser Test zeigt, wie gut Analogien und Assoziationen programmiert werden können. Das Zusammenspiel von Marke und passender Werbung kann sehr effektiv sein.

Ein anderer Test:

Was ist das:
Es hat 4 Buchstaben, fängt mit Po an und braucht viel Papier?
(Die Post)

Was aber ist das:
Es hat ebenfalls 4 Buchstaben, fängt mit Po an und braucht noch mehr Papier?
(Ein Poet)

Jetzt aber:
Es hat 4 Buchstaben, fängt mit Po an, und man kann sich draufsetzen?
(Ein Pony).

Letzter Versuch:
Es hat 4 Buchstaben und ist die Verlängerung des Rückgrats?
(Der Hals!)

Dieser zweite Test spielt mit der jeweils nahe liegenden Antwort Popo, die immer falsch ist. Schließlich sind die Testpersonen so sehr auf den Wortanfang Po konditioniert, dass sie den Wegfall dieser Restriktion gar nicht merken.

Analog können wir als Alternative zu digital betrachten, wenn es um Rechner oder die Anzeige von Werten geht. Die Digitalanzeige hat sich bewährt, wenn es um exakte Einzelwerte geht; die Analoganzeige ist für das Verfolgen einer kontinuierlichen Bewegung unübertroffen. Der Prestigewert (snob value) der ersten

Uhren mit Flüssigkristall-Anzeige war höher als ihr Nutzwert, wie folgender, heute kaum noch verständlicher ungarischer Witz beschreibt:
Ein Polizist steht an der Kreuzung und sieht immer wieder stolz auf seine neue Digitaluhr. Ein Passant bemerkt das und fragt: "Ach bitte, können Sie mir wohl sagen, wie spät es ist?" -"Sehr gerne. Es ist jetzt genau 11 geteilt durch 24. Aber ausrechnen müssen Sie es selbst".
Auch die Firma Citroen ließ sich von der Begeisterung für die Digitalanzeige anstecken. Der Geschwindigkeitsmesser rollte unruhig den durch eine Lupe vergrößerten Zahlenstrahl hin und her, so dass der Fahrer gleichfalls unruhig wurde. Um die Geschwindigkeit ablesen zu können, war man fast versucht anzuhalten. Viel nützlicher für den Fahrer ist eine Mittelung über Einzelwerte oder eine Trendanzeige, die sich mit einem Blick erfassen lässt.
Auch bei den Armbanduhren ist man weitgehend wieder zur Analoganzeige zurückgekehrt. Es ist für die Kinder zwar schwer, das Ablesen zu lernen. Aber einmal gelernt, ist diese Anzeige viel schneller, meist hinreichend genau und notfalls ohne Brille lesbar. Ein weiterer ungarischer Witz beschreibt eine andere Retransformation von digital in analog:
"Hier ist Strandradio Danubius. Es ist 8 Uhr 48, für Besitzer von Digitaluhren: Brezel - Stuhl - Brezel."
Wie wäre es mit der analogisierten Telefonnummer als Marke? Tippen Sie doch bitte 77345 in Ihren Taschenrechner ein, und drehen Sie ihn dann um. Lesen Sie nun **ShELL**? **ESSO** entspricht der Ziffernfolge 0553. Bei diesem Spiel gibt es keine große Vielfalt, weil nicht alle der 10 Ziffern, auf den Kopf gestellt, als Buchstaben lesbar sind. Vielleicht reichen sie aber für manche Firmennamen oder Markennamen aus. Danach brauchen Sie nur noch die passende Telefonnummer zu beantragen. Die japanische Firma **NISSAN** ist ähnlich vorgegangen. Ihre Telefonnummer in Tokio endet auf 5 5 2 3, was sich japanisch spricht wie GO GO NI SAN!
Unter Analogien können wir auch <u>Synonyme</u> einreihen, also Wörter gleicher Bedeutung. Es gibt nämlich kaum Wörter gleicher Bedeutung, oder wenn, dann nicht lange. Die Wörter spezialisieren sich mit der Zeit. Der "Kandidat" heißt der "Weißgekleidete" nach der weißen Toga, in der sich im alten Rom der Bewerber um ein Staatsamt vorzustellen hatte. "Mein Mann ist im Büro" hätte früher nur eine Motte sagen können: Bureau war ein grober Wollstoff, dann auch der Schreibtisch, der damit bespannt wurde, dann der Raum, in dem die Schreibtische stehen, dann der Arbeitsplatz derer, die die Schreibtische benutzen (Schneider, 1989, S.238). Die Geschichte des Worts "Porzellan" begann damit, dass einst die Italiener das lateinische porcus (Schwein) zu porcella (Schweinchen) verkleinerten. Später wurde daraus ein Vulgärwort für Vagina. Die Venezianer leiteten daraus eine übertragene Bedeutung ab, die wieder sittsam war: Die Meermuschel porcella. Als die ersten

chinesischen Keramiken nach Venedig kamen, nahmen die Kaufleute fälschlich an, das edle Geschirr sei aus zermahlenen weißen Meermuscheln. Sie nannten das Material folgerichtig "porcellana", und dieser Name, eroberte das Abendland (Schneider, 1989, S.18).

Die Gesetzmäßigkeit der Sprachentwicklung können wir für das Finden von Markennamen nutzen. Ein direkt beschreibender Markenname ist bekanntlich nicht eintragbar, vielleicht aber ein Synonym. Ein Beispiel: Heute wäre "Lokomotive" beschreibend, aber der historisch ältere deutsche Name "Dampfross" wohl kaum noch. Ein Synonym für Lokomotive ist natürlich auch "Zugspitze". Sie erinnern sich vielleicht an folgenden Witz:

Ein Mann liest seiner Frau (oder umgekehrt) aus der Zeitung vor: "Tourist von der Zugspitze abgestürzt". Antwort: "Selber schuld! Was hat ein Tourist auch auf einer Lok zu suchen."

Die Indianer, in den USA von den Dampfrössern niedergezwungen, nannten sie steam chicken, also Dampfhühner (Schneider, 1986, S. 169).

Auch politische oder nationale Zwänge wirken sich mitunter kreativ auf die Namensfindung aus:

Die Deutsche Demokratische Republik machte sich z.B. lächerlich durch die Sprachschöpfung "Jahresendflügelfigur" als Ersatz für "Weihnachtsengel".

Die "Politische Korrektheit" ersetzt "Zwerg" durch "Vertikal Herausgeforderter", "blind" durch "anderssichtig", "behindert" durch "andersbefähigt" sowie die abgelösten Begriffe Neger, Schwarze, Farbige und Afroamerikaner durch "Menschen der Farbe" (Behrens, S.12, 27). Der amerikanische Nachrichtensender CNN verbot sich 1994 z.B. die Ausdrücke *verrückt, Geburtsfehler, schwarzer Kontinent* und *Stiefkind* (Behrens, S.13).

Johannes Gross bemerkte im F.A.Z. Magazin vom 13.12.96 auf S. 8 dazu: "Kein Deutscher stößt sich noch daran, wenn die Seinigen als Krauts oder Huns bezeichnet werden; wie ein Amerikaner, der von Afro-Americans statt Blacks reden muss, es hinzunehmen weiß, dass er als Whitey benannt wird. Merke: Die Politische Korrektheit ist asymmetrisch."

Die Grünen in ihrem Bemühen, auf die Gleichberechtigung der Geschlechter hinzuweisen, haben auch manchen Lacherfolg erzielt, z.B. mit Kindinnen und Kinder, Petrasilie und Petersilie, BürgerInnensteig usw. Auf MörderInnen oder FaschistInnen bestanden sie allerdings nicht.

Frankreich bemüht sich mit seinem "Dictionaire des termes officiels de la langue française" um Sprachreinheit. Das Werk enthält auf 464 Seiten 3500 fremdsprachliche, meist englische Begriffe und den ersatzweise empfohlenen französischen Ausdruck. Beispiele:

Restauvite für fast food,

baladeur für Walkman,
sonal für jingle (Behrens, S.154).
Was können wir daraus lernen? Anstelle eines beschreibenden Markennamens, den wir für verboten erklären, suchen wir "korrekte" Analoga.
Gute Markennamen sind manchmal wie Spitznamen. Sie charakterisieren kurz, humorvoll und einprägsam ein Detail. Ein kleiner, schneller Peter heißt Pit, ein großer Rothaariger wird zu "Elbe 1" (Leuchtschiff vor der Elbmündung), eine lange Dünne "gotisches Wunder", ein kleiner und dynamischer Mensch "The running inch", eine elegante Kollegin "Schwarze Gräfin" oder "Hohe Frau". Wenn etwas Neues zu benennen ist, findet der Volksmund häufig sehr treffende, bildhafte Ausdrücke. Metaphern (Beispiele) sind "Butterberg", "Währungsschlange", "Geisterfahrer" oder "Ampel-Koalition" (rot-grün = SPD-Grüne). Solche Namen nützen und ergötzen, was schon Horaz mit "podesse et delectare" von guter Literatur gefordert hat.
Die Zeit entrinnt, sagt eine Redewendung. Analogien helfen beim Entrinnen. Wie wir der Analogiebildung ein wenig nachhelfen können, sehen wir unter Punkt Random Entry oder Reizworttechnik.

6.6.5 Umkehren und Negation

Das Umkehrprinzip ist ein bewährtes Erfinderprinzip. Wir haben bereits Gutenbergs Erfindung der beweglichen Lettern als Umkehrung des Ganzseitendrucks, den Kühltemperaturwächter und den Metrinch-Schraubenschlüssel als Beispiele erwähnt. Bekannte Umkehrpaare sind:

Ptolemäisches und Kopernikanisches Weltbild,
Ventilator und Staubsauger,
Wassermühle und Schaufelraddampfer,
Elektromotor und Dynamo.

Können Sie sich einen Personenaufzug vorstellen, der umgekehrt als sonst üblich? Der übliche Lift wird über Stahlseile hochgezogen. Die Umkehrung wäre, von unten zu drücken. So etwas gibt es auch: Die Aufzugskabine steht auf einer Säule und wird hydraulisch bewegt wie ein Wagenheber in der Autowerkstatt. Der japanische Textilhersteller Tenjin hat sich nicht damit zufrieden gegeben, dass diese Umkehrung bereits angewendet wird. Das ist weise, denn es gibt immer etwas zu verbessern. Tenjin dachte an die zunehmende Menge älterer gehbehinderter Menschen in ihren eigenen Häusern und hat sich Folgendes ausgedacht (Japaninfo Nr.3 vom 1.3.93, S. 14):

<u>Beispiel 1</u>: Druckluftaufzug "Aviator" für zwei Stockwerke
Die Kabine steht auf einem dicken Schlauch, der faltbar wie ein Balg ist. Wenn der Benutzer nach oben will, steigt er ein und drückt auf einen Knopf. Daraufhin füllt

sich der Schlauch mit Luft und hebt die Kabine langsam hoch. Beim Hinunterfahren wird die Luft langsam abgelassen. Das zulässige Höchstgewicht beträgt 130 kg. Der Aufzug ist leicht zu installieren und natürlich viel billiger als ein üblicher.

Beispiel 2: Rückspulen des Films im Fotoapparat
Komfort kann man auch übertreiben. Dass der Film nach Belichtung in den meisten analogen Fotoapparaten von einem Motor zurückgespult wurde, war nicht nur unnötig (es ging manuell leicht und schnell), sondern auch Batterieverschwendung (diese Anwendung verbrauchte mehr Energie als das Fotografieren) und Geräuschbelästigung (besonders bei einer leisen Passage in der Oper). Aber wenn man schon den Motor einbauen wollte, dann ließ sich über das Umkehrprinzip doch noch ein Nutzen herausholen. Die Fotoapparate der Firma Fuji spulten den ganzen Film nicht *nach*, sondern *vor* der Belichtung durch. Mit jeder Aufnahme wurde dann der Film um eine Bildbreite in die Patrone zurückbefördert. Das hatte zwei Vorteile: Erstens gibt es nur beim Filmeinlegen ein Geräusch, und dies erfolgt zu einem Zeitpunkt, der nicht überraschend kommt. Zweitens sind alle Aufnahmen geschützt in der Patrone. Bei ungewolltem Öffnen des Fotoapparats ging nur unbelichteter Film verloren.

Ein formelles Umkehren der Schreibrichtung nutzt die Werbung der Firma Vissmann für die Werbeaussage "Spitzentechnik". Das beispiel folgt auf der nächsten Seite:

Bild 6.16: Spitzentechnik

Auch das geheimnisvolle SATOR-Quadrat ist ein Beispiel für das Umkehren:

R	O	T	A	S
O	P	E	R	A
T	E	N	E	T
A	R	E	P	O
S	A	T	O	R

Dieses Quadrat wurde bei Ausgrabungen in Pompeji, in eine Säule eingeritzt, von Matteo Della Corte gefunden. Die 25 Buchstaben ergeben, von welcher Seite man sie auch liest, immer die gleichen fünf Wörter. Das Wort TENET bildet ein Kreuz, und einige Forscher meinen, dies sei (79 nach Christi) die älteste Darstellung des christlichen Kreuzes. Lange hat man gerätselt, was die Wörter wohl bedeuten sollten. Besonders das im Lateinischen unbekannte Wort AREPO störte. Eine Deutung von Ludwig Diehl sollte die Auflösung sein. Man muss den Text "bustrophedon"- wie der Ochse beim Pflügen wendet - lesen: also die erste Zeile von rechts nach links, die zweite von links nach rechts, usw. Dann heißt der Text: "Sator opera tenet, tenet opera sator" oder "Der große Sämann (Gott) hält die Werke in seiner Hand; die Werke hält in seiner Hand der große Sämann". Ein Markenname in der Art eines solchen magischen Quadrats wäre geistreich und einprägsam.

Umkehren kann auch verboten werden: Der neuseeländische Besitzer der Stute "Tulsy Tsan" musste sein Pferd umbenennen, weil man entdeckt hatte, dass sich der Name auch von hinten lesen lässt. "Nasty slut" heißt soviel wie "miese Schlampe". Dies hätten Zuschauer eines Pferderennens als Beleidigung auffassen können (Handelsblatt vom 24.4.98, S.48).

Den Sonderfall der <u>konsonantischen Umkehrung</u> benennt Georges Perec in seinem geheimnisvollen Roman "53 Tage". Es geht dort u.a. um Codenamen in der französischen Resistance. Ein Widerstandskämpfer erzählt, die Gestapo beschäftige Spezialisten, um die Pseudonyme zu identifizieren. Der Codename eines Herrn Serval war Louviers. Lou**V**ie**RS** ist die konsonantische Umkehrung von **S**e**RV**a**L**. Hier hätten wir also eine Methode, aus einem "verbotenen" beschreibenden Wort innerlich verwandte, aber ganz andere Worte für Namen zu gewinnen. So geführt, kann die Fantasie leichter arbeiten als gänzlich frei.

Das Umkehren findet auch bei manchen optischen Effekten statt, z.B. bei raumerfüllenden Mustern des Graphikers Maurice Escher, bei dem ambivalenten Poster „Beine" von Shigeo Fukeda (Bild 6.17) oder bei den Kippfiguren.

Sehr bekannt sind inzwischen die Kippfiguren "Junge Frau - Hexe" oder "Kaninchen - Ente". Sie dienten Psychologen für Tests oder zur Erklärung der Tatsache, dass z.B. Historiker auf der Grundlage identischen Materials zu gegensätzlichen Schlüssen kommen können. In den 30er Jahren waren "upside downs" - umkehrbare comic strips, z.B. die von Gustave Verbeek sehr beliebt. Wir wollen uns hier mit zwei Beispielen für Kippfiguren begnügen, einem Muster, das schon in antiken Bodenfliesen vorkommt (Bild 6.18) und einer angeschnittenen Torte (Bild 6.19).

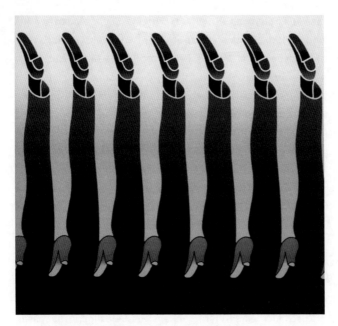

Bild 6.17: „Beine" von Shigeo Fukeda

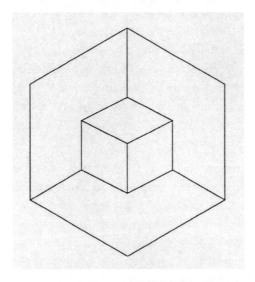

Bild 6.18: Antike Bodenfliese, Detail

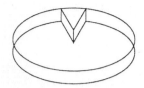 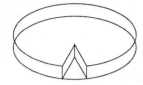

Bild 6.19: Wo ist das fehlende Tortenstück?

Diese Bilder zeigen ganz verschiedene Arten des Kippens. Das Fliesenmuster (Bild 6.18) kippt von alleine um. Wenn wir es ganz entspannt und ohne irgendeine Erwartung betrachten, wird aus dem flachen Muster ein Körper, der sich etwa alle drei Sekunden umwandelt. Diese Umstrukturierung hängt mit seiner Mehrdeutigkeit und mit unserem unterbewussten Bemühen um Eindeutigkeit und Einfachheit zusammen.

Das fehlende Tortenstück (Bild 6.19) wirft ein Licht auf unsere bodenständigen Sehgewohnheiten, also auf eine Selbstverständlichkeit. Wenn wir das Bild über Kopf betrachten, ändert sich für uns der Bildinhalt.

Im erweiterten Sinn gehören zur Umkehrung auch die didaktische Umkehrung und die Bedeutungsumkehrung. Üblicherweise wird durch Erklären gelernt, dann das Gelernte durch Beispiele belegt und verankert. Eine didaktische Umkehrung dieses Prinzips beschritt die Firma Apostroph mit ihrer raffinierten Marke (Bild 6.20). Aus dieser Marke offenbart sich dem Unkundigen, was ein Apostroph ist, und der Kundige freut sich über die ungewöhnliche Wiedererkennung. Mit Aha-Effekt Gelerntes prägt sich naturgemäß gut ein.

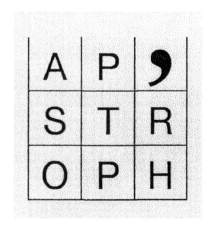

Bild 6.20: Apostroph erklärt sich selbst – rückwirkend

Die Bedeutungsumkehrung ist eine besonders anspruchsvolle Art der Umkehrung. Bild 6.21 zeigt ein pf(e)iffiges Beispiel. Nachdem in den letzten Jahren die Zahl der Nichtraucher stark zugenommen hat und die Raucher nun allein aus gruppendynamischen Gründen in die Defensive geraten, bedarf es eines starken Signals, um Aufmerksamkeit zu erregen und dann eine Aussage sympathisch anzubringen. Ob man nun das Rauchen O.K. findet oder nicht, ein eye catcher ist smOKe über das Wort im Wort gelungen. Aber das ist schon wieder ein anderes Prinzip (das Kryptogramm) um Markennamen zu finden.

Bild 6.21: smOKe - Versuch der Umkehr der öffentlichen Meinung

6.6.6 Verdoppeln

Ein Beispiel für erfolgreiches Verdoppeln ist vielleicht das Tandem. Aber nur, was die Last- und Kraftaufbringung angeht. Die Fahrfreude ist getrübt, wenn z.B. die Sozia immer nur einen breiten Rücken sieht oder wenn der Vordermann argwöhnt, er arbeite ganz alleine. Diesen Nachteilen ist abzuhelfen, wenn wir der Verdoppelung auch noch das Infragestellen des Selbstverständlichen beimischen. Es gibt ein Tandem, auf dem man nicht hintereinander, sondern nebeneinander sitzt (Bugdahl 1995, Titelbild).
Bei Markennamen finden wir eine ganz einfache Art des Verdoppelns, nämlich Doppelbuchstaben, sowohl direkt nacheinander (**Eggü**, **Maggi**), als auch im Sinne des Stabreims (Pablo Picasso, **Paloma Picasso**, Igor Incasso). Frank Wedekind war Reklamechef bei Maggi, aber er hat die Marke Maggi trotzdem nicht erdacht. Es handelt sich um einen italienischen Familiennamen, der eigentlich Maddji ausgesprochen wird. Ein guter Autorenname ist auch wie eine Marke. Brecht war sich dessen wohl bewusst. Er stilisierte seinen Namen im Laufe der Zeit von Berthold über Bertold zu Bert Brecht und **BB** (Gernhardt, S. 19).
Das Verdoppeln kann auch spiegelbildlich erfolgen: So kann man zu 2 x 3 = 8 kommen, wenn sich die beiden Dreien mit dem Bauch gegenüberstehen. Zwei sich in gleicher Weise gegenüberstehende E ergeben einen interessanten Block, zwei sich gegenüberstehende C die Bildmarke von **Coco Chanel**.. Zwei R, die sich nicht

bäuchlings berühren, sondern Rücken an Rücken stehen, bilden eine Art Krone, z.B. in der Bildmarke von **Cerruti**.

Bild 6.22: Bildmarken von Cerruti, Gabriele Garcia-Greno und Coco Chanel

[511] 18   [210] 396 41 923.2   [111] 396 41 923
16, 25
[220] 26.09.1996   [151] 18.12.1996   [450] 20.03.1997

[732] Neckermann Versand AG, Hanauer Landstr. 360–400, 60386 Frankfurt, DE
[750] Neckermann Versand AG, Hanauer Landstr. 360, 60386 Frankfurt
[510] 16: Druckereierzeugnisse; 18: Leder und Lederimitationen sowie Waren daraus, nämlich Taschen und andere, nicht an die aufzunehmenden Gegenstände angepaßte Behältnisse sowie Kleinlederwaren, insbesondere Geldbeutel, Brieftaschen, Schlüsseltaschen; Häute und Felle; Reise- und Handkoffer, Regenschirme, Sonnenschirme und Spazierstöcke; 25: Bekleidungsstücke, Schuhwaren, Kopfbedeckungen.

DE Markenblatt Heft 8 vom 20.03.1997

Bild 6.23: Marke CC von Neckermann

Die Kfz-Werkstatt Schrempp hat sich eine schöne Bildmarke schützen lassen, die ebenfalls mit Verdoppelung arbeitet und dabei räumliche Wirkung erzielt. Auf den ersten Blick könnte man meinen, es handele sich um eine Marke für München, die die Frauenkirche und M für München zeigt. MM ist beliebt bei Markenanmeldern. Die

Sektmarke MM schafft die Verbindung zu den Handlinien. Man könnte sie auch als (ver)sprechend ansehen, wenn schon vor reichlichem Sektgenuss doppelt gesehen wird.

Bild 6.24: Bildmarken MM

Eine rotationssymmetrische Verdopplung stellt die Bildmarke **NEW MEN** dar. Die Wörter NEW und MEN stehen in einer Art Kursivschrift so übereinander, dass beim Drehen des Blocks NEW als MEN gelesen wird und umgekehrt.

Ein weiteres Beispiel für Verdoppeln ist unter Bilderkennung in Bild 6.25 (Bitte setzen Sie die Folge fort) zu sehen. Wenn man die linke Seite abdeckt, ist das Rätsel schnell gelöst. Das nächste Zeichen sind also zwei Sechsen, die mit dem Rücken zueinander stehen.

Bild 6.25: Bitte setzen Sie die Folge fort

Betrachten wir das Verdoppeln einmal etwas allgemeiner. Glauben Sie, dass eine Information mehr wert ist, wenn wir sie zweifach besitzen? Wenn Sie schnell antworten sollen, werden Sie wahrscheinlich "Nein" sagen. Es genügt vollkommen, etwas einmal zu wissen. Dann geht Ihnen vielleicht ein Licht auf, während Ihr Blick grübelnd die Glühbirne Ihrer Leselampe streift. Die Glühlampe ist möglicherweise ein Markenfabrikat namens TUNGSRAM. Der Name ist aus **Tungs**ten (engl. Wolfram) und Wolf**ram** entstanden, also aus einer Verdoppelung der Information. Die Schöpfungen TENWOLF oder WOLFTEN wären inhaltlich nichts anderes, klingen aber nicht so gut.

Eine Weiterführung der Verdoppelung ist die Vervielfachung oder Reihung, ein beliebtes Gestaltungsprinzip bei Künstlern. Die Bildmarke Mammut möge als gelungenes und selbsterklärendes Beispiel dienen.

Bild 6.26: Mammut

[511] 16 [210] 39638107.3 [111] 396 38 107
26, 31
[220] 30.08.1996 [151] 02.10.1996 [450] 20.02.1997
[540]

[732] CS Dekorband Produktions GmbH, Fabrikst. 15, 63897 Miltenberg, DE
[750] Patentanwälte Ullrich & Naumann, Gaisbergstr. 3, 69115 Heidelberg
[740] Ullrich & Naumann, Gaisbergstr. 3, 69115 Heidelberg
[510] 16: Bänder, Papierbänder, gummierte Bänder, Stoffbänder, Schmuck- und Dekorationsbänder; Schnüre, Kordeln, Bordüren, Drähte zu Dekorationszwecken; Dekorationen für Kränze, Bouquets, Blumenarrangements; 26: Künstliche Pflanzen bzw. Blumen, insbesondere aus Papier, Seide und/oder Kunststoff; 31: Trockenblumen für Dekorationszwecken; Kränze und Ringe aus natürlichen Pflanzen bzw. Blumen und/oder aus getrockneten Pflanzen bzw. Blumen, Dekorationen für Kränze, Bouquets, Blumenarrangements, vorzugsweise aus pflanzlichen Materialien, insbesondere aus getrockneten pflanzlichen Materialien.

Bild 6.27: Trinität und profane Bildmarke

Bild 6.27 zeigt so etwas wie eine kirchliche Marke, Hasen als Symbol für die Dreifaltigkeit, die allzeit wacht, alles sieht und alles hört (Endres S.77). Diese "Bildmarke" Trinität ist auf einem Fenster im Dom zu Paderborn zu sehen. Wenn solche Bilder nicht zu bekannt und symbolgeladen sind, darf man sie auch für profane Zwecke verwenden.

6.6.6.1 Kloninge

Was das ist? Beim Anblick eines Autos mit dem Hamburger Nummernschild HH rufen Sie vielleicht "Hummel Hummel", und der Fahrer antwortet wahrscheinlich "Moors Moors". Rühmkorf hat solche Doppelsilblinge sehr treffend Kloninge genannt (S. 40 ff). Kloninge begegnen uns
- bei Tieren (die Hunderasse Chow - Chow, die Pandabären An-An und Chi-Chi, der Vogel Kuckuck, die Tse-Tse-Fliege),
- als Spiele (das Kartenspiel Mau mau, das Fadenspiel Jo-Jo und Toto),
- als Städtenamen (Baden-Baden)

• bei Nahrungsmitteln (Bonbon, Kaokao Chow Chow (eine besondere Art von Pickles in Pennsylvania; der Name, wie der der Hunderasse, stammt aus dem Chinesischen und bedeutet "lecker lecker"),

• in Entmündigungschiffren gegenüber "geistig Herausgeforderten", wie es "politisch korrekt" heißt (deutsch: plem plem, balla balla, französisch: zinzin, englisch: dumdum. Die Russen wurden im 2. Weltkrieg als Urrä-Urrä abgestempelt, was von ihrem deutschstämmigen Schlachtruf Hurra-hurra kam. Nach dem Krieg hießen sie kurzzeitig wegen ihrer Sammelleidenschaft für Uhren Uri-Uri (Rühmkorf S. 73).

• in humorvollen Umschreibungen beim Bezahlen (Pinke-Pinke für Geld; halbe halbe oder fifty fifty beim Teilen und sam-sam, d.h. jeder zahlt für sich, aber alles geht auf einen Haufen)

- und besonders häufig

• in Beinemachformeln (deutsch: marsch-marsch, hopp-hopp, zack-zack, olé olé, beim Tanzen Cha-cha-cha und Cancan; englisch: chop chop, französisch: allez allez, russisch: dawaij dawaij, ungarisch: gyerünk gyerünk oder hej hej, schwedisch: heja heja, griechisch: tschabuk tschabuk),

• in Abwiegelungschiffren und Bremssignalen (deutsch: sachte sachte, plattdeutsch: suttche suttche, italienisch: piano piano, französisch: peu à peu, türkisch: yavaš yavaš),

• in Wohlgeschmacksbekundungen (Lecker lecker, prima prima, niederländisch: jammie jammie, englisch: goodie goodie, neugriechisch: popóo, türkisch: pohpoh, ungarisch: nyam nyam, indonesisch: barang barang) - und

• in der Kindersprache (Mama, Papa, ham ham, Dada, Killekille, Wauwau, Pipi, Popo, AA, Töff töff ..).

Eine nahe liegende Anwendung haben Kloninge in einigen Sprachen zur Kennzeichnung von Mehrzahl im weitesten Sinne: z.B. im Indonesischen: orang = Mensch, orang orang = Menschen. Ein ausgedachtes Beispiel ohne Beweis: tom = Baum; tom tom = Bäume und vielleicht tom tom tom = Wald. Im Türkischen bezeichnen Kloninge u.a. Teile eines Ganzen (tarne = Stück für Stück, citcit = lautmalerisch Druckknopf aus zwei Hälften) und Wiederholungen (rap rap = Gleichschritt, sipir sipir = Tröpfeln, sikir sikir = Klimpern, dirdir = schwatzen. Im Ungarischen heißt "je ein .." "egy egy...".

Kloninge dienen auch der Hervorhebung, z.B. in der Bibel. Dort heißt es: "Es werden nicht alle ins Himmelreich kommen, die Herr Herr zu mir sagen" und "Deine Rede sei ja, ja, nein, nein, und was darüber ist, das ist von Übel". Das feierliche Herausstellen und Einprägen besorgen Kloninge in Hymnen, wie z. B. in der deutschen: "Deutschland, Deutschland über alles, über alles .. " und der britischen: "Rule Britannia - Britannia rule the waves".

Die gedoppelten Urlaute haben als leicht eingängige Ohrenkleber und Umgarnungsformeln eine große Kraft, und so ist es kein Wunder, dass sie zunehmend für Markennamen entdeckt werden. **Cri Cri, fil à fil, Tête-à-tête und vis-à-vis** sind französische Varianten der Kloninge. Die amerikanische Marke **TAM TAM** für Computer Software sucht die Analogie zur Buschtrommel. Die Marke **TOI TOI** mit dem Herzchen als I-Punkt ist besonders geistreich, den Toi ist der Anfang von Toilette (= Herzhäuschen), und Toi-toi bedeutet (Daumen-)Drücken für den Erfolg.

Was halten Sie von **Cowcow** als Markenname für Futter für die Kuh (cow) und andere Widerkäuer (2x Kau), das so lecker ist wie Caocao? Oder von **Pur Pur** für ein superreines (pure) oder leicht zu gießendes (pour) Produkt, das vielleicht sogar purpurfarben ist? Mit diesen Bespielen verabschieden wir uns von den Kloningen mit einem kurzen **bye bye**.

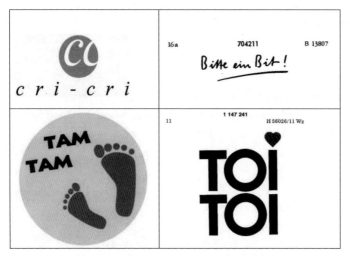

Bild 6.28: Kloninge Cri Cri, Bitte ein Bit!, Fil à fil, TAM TAM, TOI TOI

6.6.6.2. Doppelmoppler

Während die Doppel-setzung der Kloninge einen Elementarreim darstellt, ist die agglutinierende Reimart eine Zer-setzung im wörtlichen und übertragenen Sinne. Die Spottreime der Kinder zeigen dies: Renate - Tomate - Granate oder Ilse-Bilse (Das Märchen vom Fischer und seiner Frau) oder Ulli-Knulli (Erich Kästner). Ursprünglich ist wohl nicht Komik oder der Wunsch nach Veränderung der Ursprung des Reims, sondern die Freude am Gleichklang. Wenn Kinder einmal zwei Wörter gefunden haben, die sich reimen, wiederholen sie diese mit größtem Wohlgefallen erstaunlich oft. Später in der Entwicklung erstreckt sich die Freude über die akustische Harmonie hinaus auf eine Verformung mit inhaltlicher Dissonanz. Respektverweigerung, Trotz, Destruktion, Namens- und Denkmalschändung können mehr oder weniger spielerisch dabei herauskommen.

Deshalb dienen die lautmalenden Doppelmoppler
- als humorvolle Kritiker unperfekter Ordnung oder Qualität, z.B. in deutsch: Klimbim, Larifari, Papperlapapp, Heckmeck, Rambazamba, Remmidemmi, kunterbunt, Kuddelmuddel, englisch: huggermugger, niederländisch: reutemeteut, schwedisch: huller om buller, finnisch: hyrskin myrskin, serbokroatisch: tamo amo, türkisch: abur çubur, ungarisch: irkafirka (Gekritzel), limlom (Trödel), zegzug (verwinkelt)
- zur Diskriminierung der Allgemeinheit: Krethi und Plethi, Hans und Franz, Hühn und Perdühn,
- in Zauberwörtern wie Hokuspokus (hoc est corpus meum), Simsalabim, Woodoo,
- in Hastdunichtgesehn-Formeln wie Ruckzuck, Rummsdibums, Schwuppdiwupp, Hollerdiepolter, (niederländisch: holderdepolder, englisch: helter skelter, türkisch: paldir küldür, schwedisch: huxflux)
- als Entschleuniger in französisch: pêle-mêle, ungarisch: hébe hóba (gelegentlich),
- zur Verkleinerung in ici pici (ungarisch = winzig) Honolulu Strandbikini, inci finci (sehr zart), csihi-puhi (ungarisch = Haue)
- als tröstende Verharmlosung in eiwei, ungarisch: ejnye-bejnye,
- in kulinarischen Mischungen: Auflauf, Risibisi, Tuttifrutti, Muckefuck, Schorlemorle, Picknick (pique nique)
- in Tanz und Musik: Boogiewoogie, Hoki Poki (kanadischer Tanz), hurdy gurdy (mittelalterliche Drehleier), honkytonk (verstimmtes Pub-Klavier), Super Trooper (Song von Abba), Techtelmechtel, Walkietalkie.

Schließlich erklären die Doppelmoppler auch satirisch die Weltverhältnisse: Chaos in Laos, Allende am Ende, Ayatollah - Assaholla.

Nolens volens wenden wir uns wieder der Nutzanwendung für Marken zu. Whiskas **Kitbits**, Intercity **Quickpick, Häck Mäck** (Marke des WDR), **hotzpotz** (Marke der Milberg Filmproduktion) und **run fun** sind Beispiele.

Viva la Viola! war der Slogan für das Bratschen-Fest 1998 in Kronberg.

Wir erwähnten schon **Pig nick** oder Pig nig oder Pig nique für Schweinemastfutter.

Bild 6.29: Doppelmoppler

6.6.6.3. Zwiebacke

Unter Zwiebacken verstehen wir nach Rühmkorf abweichend geformte Zwiegestalten, die weder eine Dopplung (wie die Kloninge), noch schon einen Reim (wie die Doppelmoppler) darstellen. Während bei den **D**oppel**m**opplern der Konsonant variiert wird, ist es bei den Zwiebacken der Vokal. Zw**i**eb**a**cke mit dem Wechsel von I auf A sind in der Umgangssprache sehr beliebt: Bimbam, Hickhack, Ticktack, Zickzack, Wirrwarr, Klippklapp, Schnippschnapp, Mischmasch, Ritschratsch, Wischiwaschi, Singsang, Klingklang, Piff-paff-puff, . Der Flohmarkt (Krimskrams) unter dem Denkmal der Brüder Grimm in Hanau heißt sehr treffend **Grimms-Krams**.

I-O-Zwiebacke sind: Hipphopp, tiptop, dingdong und Ping pong, **King Kong** als Filmtitel war gut gewählt. Solche "Wortwörter" sind leicht auszusprechen und einprägsam. Allerdings sind sie meist beschreibend und eng mit der jeweiligen Sprache verbunden. Aber nicht ganz so beschreibende und global verwendbare Namen dieses Typs geben gute Markennamen ab. Beispiele sind die sprechende Marke **tripp trapp** für die Kombination von Kinderstuhl und Trittleiter und die Marke **Ping Pong** mit dem chinesischen Anklang.

Diese Zwingformel Zwieback diente und dient auch politischen Zwecken (Blut und Boden, Schmutz und Schund, Schimpf und Schande) und musste sogar für Ergebenheitsformeln herhalten (Für Führer, Volk und Vaterland (fü-fü-fo-fa)). Die Medien nutzen die rhythmische Reihung (rhy-rei) und das Prinzip Zwieback bewusst für Schlagzeilen und Titel: Tages-Themen (ta-te), Hier und Heute (hi-heu), Bericht aus Bonn (be-bo), Morgenmagazin (mo-ma), Sport-Spiegel, Mainzel-Männchen, Kultur-Kalender, Siebter Sinn, Ziehung der Lottozahlen, Titel, Thesen, Temperamente, Sterns Stunde, Bios Bahnhof. Unser Glaubens- und Vergnügungsleben ist von der Bibel bis zum Bildschirm von Verdopplungen unterwandert. Stab- und Endreim sowie Rhythmus bedrängen und verlocken uns.

Sie sind schlichte Ohrenreize, nach deren Pfeifton wir tanzen und den Einkaufs- und Beleuchtungsquellen entgegenstreben wie die Pawlowschen Hunde den Signalen ihrer Futterglöckchen (Rühmkorf S. 36).

"Rhythmus" ist ein "Weg in die religiöse Ekstase, und der Reim die berückende Steigerung dieses Skandierens", sagte 1933 Walter Muschg in seiner Arbeit "Vom magischen Ursprung der Dichtung". Überlegen Sie doch einmal, ob Ihre Waren und Dienstleistungen nicht mittels Rhythmus und Stabreim bekannter würden und somit höhere Umsätze erzielen könnten. Vielleicht helfen Ihnen neue Kloninge, Doppelmoppler und Zwiebacke dabei.

Das Namensfindungsprinzip Verdoppelung werden wir noch einmal beim Morphologischen Kasten in Kap. 6.7 berühren. Auf die Verdoppelung kommen wir auch bei den optischen Effekten in Kap. 6.8 zurück.

Bild 6.30: Ziebacke

6.6.7 Random Entry / Reizworttechnik, Warenhausmethode

Das Gemeinsame dieser Methoden sind Zufallswörter, die als Reflexionswand und zur Zwangsverknüpfung dienen. Es sind also suchfelderweiternde Maßnahmen.

Bei der Warenhausmethode streifen wir wirklich oder gedanklich durch ein Kaufhaus und bleiben bei einem Gegenstand stehen. Dann versuchen wir, Beziehungen zwischen diesem Gegenstand und unserem zu benennenden Produkt herzustellen.

Die Reizworttechnik benutzt ein Lexikon und zwei Zufallszahlen. Die erste Zahl bestimmt die Seite, die im Lexikon aufzuschlagen ist, die zweite Zahl die Zeile des zu verwendenden Wortes. Das so gefundene Zufallswort *muss* verwendet werden, auch wenn es noch so unpassend erscheint. Es soll ja gar nicht passen, denn wir wollen doch entrinnen. Entrinnen ist zwar etwas gegen die vorhandene Ordnung Gerichtetes, aber in sich durchaus nichts Undiszipliniertes. Im Gegenteil. Denken wir einmal an das Entrinnen aus einem Gefängnis. Ein Ausbruch verlangt genaue

Planung und disziplinierte Ausführung. Wer auf dem Gefängnishof herumspringt und schreit: "Ich will raus, ich will raus", bleibt sicher drin. Analog müssen wir bei der Reizworttechnik ernsthaft heraus wollen und gewissenhaft Beziehungen zum Hoffnungsträger Reizwort knüpfen. Wenn die Reizworttechnik als albernes Spiel empfunden wird, ist die Brauchbarkeit der Methode gefährdet. Beispiele für die Reizworttechnik liefert der folgende Abschnitt CAC.

Sehen wir uns eine gedachte Zwangsverknüpfung rückwirkend an einem sehr einfachen Beispiel an: Unter Windows (eine Computer Software) gibt es einen Zeichensatz Wingdings, der anstelle der Buchstaben Symbole enthält. Wenn wir unter diesen Symbolen einmal die heraussuchen, welche sowohl einen Kreis beinhalten als auch irgendetwas, das mit Licht zusammenhängt, finden wir : Schneeflocke, Stern, Bombe, Sonne, Filmspule, Blume, Mond, Türkische Flagge. Diese Symbole könnten wir also als Zwangsverknüpfungen von Kreisform und Licht auffassen. Das Computerprogramm Wingdings kann keine Verknüpfungen herstellen, aber wir. Und über gedachte willkürliche Verknüpfungen könnten wir uns auch zu anderen Bildzeichen anregen lassen.

6.6.8 CAC = Computer Aided Creativity

Im Zeitalter von Computer Aided Design (CAD), Computer Aided Manufacturing (CAM) und vielen anderen CA* (* ist der Platzhalter) darf natürlich auch CAC, Computer Aided Creativity nicht fehlen. Ihre erste Reaktion darauf ist vielleicht der Ideenkiller: "Das geht aber zu weit. Das einzige, was ein Computer nun wirklich nicht beherrscht, ist Kreativität!" Richtig, Computer sind a priori nicht kreativ, aber Computer-Programme können die menschliche Kreativität anregen und trainieren helfen. Das sollte uns doch gerade nach dem vorangegangenen Abschnitt "Reizwortmethode" nicht wundern. Warum soll uns ein PC-Programm nicht Reizworte und ein paar methodische Anleitungen liefern können?
Die Software IDEGEN++ kann es, und zwar sehr gut. Wir hatten das Vergnügen, es zu testen, und teilen gerne unsere Erfahrungen mit. IDEGEN++ stammt von der finnischen Firma CAC-Research. Es konnte z.B. bei Technische und wissenschaftliche Software Reinhold Ellmer, Postfach 1247, 58207 Schwerte bezogen werden. Das Programm läuft unter WINDOWS und ist sehr leicht zu installieren und zu bedienen.
IDEGEN ist aus IDEen GENerieren zusammengesetzt. Das Wort "idegen" gibt es im Finnischen nicht, aber im Ungarischen bedeutet es "fremd". Die Verwandtschaft innerhalb der finn-ugrischen Sprachen ist hier nicht spürbar, denn fremd heißt finnisch "vieras". Nur die Ungarn besitzen also mit IDEGEN ein intelligentes Akronym, das auf die Ideenerzeugung durch Verfremdungsverfahren hinweist.

IDEGEN++ erfüllt zwei Funktionen: Es dient
- zur Lösung spezifischer Probleme mit systematischer Führung durch die dafür notwendigen Denkprozesse und
- zum Erlernen und Einüben von kreativen Problemlösungsprozessen.

Das Programm versucht nicht, das Problem zu verstehen (was es ja auch gar nicht könnte), sondern leitet nur an. Alte Hasen können ihren eigenen Fragenkatalog zur Erzeugung von Ideen eingeben, oder Osborns Checkliste, Morawas Quickstorming-Katalog (s. Bugdahl 1995), sogar Kopmeyers 64 magische Fragen. Anfänger und nicht nur diese können sich auch in einer gesteuerten Runde führen lassen. Wir waren natürlich neugierig auf die fremde Führung und haben sie in Anspruch genommen. Das Vorgehen umfasst

Anregung der Ideenproduktion durch Reizwörter oder -bilder (Erzeugung der Datei *.IDE),

Beurteilung der Ideen (Datei *.URT) und

Ausgabe der bewerteten Problemlösungsvorschläge (Datei *.AUS).

Der große Vorrat an Reizworten und -bildern liefert Reflexionswände zum Denken oder direkt Findetechniken:

Doch sehen wir uns lieber an einem praktischen Beispiel an, wie IDFGEN++ funktioniert.

6.6.8.1 Problem

Als Problem wählten wir: Finden eines Markennamens für eine neue und umweltfreundliche Art von Isolierplatten für Kühlschränke. Sehr reine und extrem feinteilige synthetische Kieselsäure wird in speziell entwickelten mehrlagigen Folien evakuiert und in Plattenform gepresst. Die **V**akuum-**I**solier-**P**latten oder Vacuum Isolation Panels haben viel bessere Isoliereigenschaften als der sonst in Kühlschränken verwendete Polyurethan-Hartschaum, und sie sind absolut umweltfreundlich. Die Platten liefen in der Entwicklungszeit unter dem Werktitel VIPs. Nachdem das Produkt marktreif geworden war, stellte man fest, dass der schöne Name VIP nicht (oder nicht mehr) eintragungsfähig war.

6.6.8.2 Ideenproduktion

In der Phase Ideenproduktion stellt IDEGEN++ Reizwörter oder -bilder vor und bittet dazu um Ideen, um eine möglichst hochfliegende und eine praxisnähere. Zum Namenfinden haben wir diese Aufgabe für uns abgewandelt. Anstelle der hochfliegenden Idee leiten wir aus dem vorgegebenen Reizwort Assoziationen ab. Mit dem Reizwort "Milchstraße" können wir z.B. *Weltall, Blick von oben, abgehoben, Sternennebel, Kälte usw.* als Assoziation gewinnen. Anstelle der vom Programm geforderten praxisnäheren Idee bringen wir nun die Assoziation und unser Problem "Namensfindung für Vakuum-isolier-platten in Kühlschränken" zusammen. Diese Assoziation ist ein begrenzter Auftrag und sollte nun eine Lawine von Namensideen lostreten, z.B. GALAX, KOSMOS, ARKTIS, POLAR, ARKOPOL, KRYOS, ASTRAX usw. Versuchen wir es weiter mit unserem Problem:

Reizwort	1. Assoziation	2. Assoziation: Abgeleitete Namen
Milchstraße	Weltall, Blick von oben, abgehoben, Sternennebel, Kälte	GALAX, KOSMOS, KOSMOPOL, ARKTIS, POLAR, STARVAC, ARKOPOL, KRYOPOL, KRYOSIL, KRYOVIP, KRYOS ASTRAX, BRRH!
Geldbündel	Gewinnpotential	GOLDGRUBE, STERNTALER, KRÖSUS, GOLDSTAR, ISOSTAR, ISOSPAR, ISOCASH, SAVE, EUROVIN, ISOPOLAR, CHRYSO (=Gold-), CHRYSOVIP, CHRYSOSIL, CHRYSIL, VALOVIP,
Margerite	Weiße Schönheit, Natur, Korbblütler, Umweltfreundlichkeit	MARGARITA, RITA, EISBLUME, BLANCA, BIANCA, BLANCIP, ICY, SCHNEEHASE, SCHNEEHUHN, PINGUIN, EISBÄR, POLARKREIS, CORIOLIS, CORIPOL, NORDLICHT, POLARFUCHS, EISFUCHS (ALOPEX lagopus), ALOVIP, IGLU, IGLUSIL, IGLUVIP, VIGLU, ESKIMA, ISOVIGO KRYOVERT
Schutz-handschuhe	Schutzfunktion, Deckel	GLOVE, FROSTGLOVE, HOOD, OVERALL, FREEZEOVER, JIFFY, ICECUP, PROTECTOSIL
Tausendfüss-ler	Vielseitigkeit, viele kleine Teilchen	MANYPOL, MANYMOL, MANYCOOL, VERSAPOL, AMBISIL, VISIL KRYOVER, KRYATOM
Rechen-maschine	Sparpotential, Ökonomie	ECOVIP, ECOSIL, ECOPOL, ECOFRIDGE, ECOFRIGO, ECOICE, ECOFREEZE, ECONOVAC, ICECO, POLARECON, ÖKOPOLAR; ÖKOFROST, ÖKOFREEZE, ÖKOPAN, POLARCOIN, POLARSPAR, POLARSAVE, KRYOSPAR, KRYOFREEZE, ZEROSIL
Mikroskop	Feinaufbau des Produkts einbeziehen	VACUPOL, VACISO, VACUSIL, VACUMOL, VACUFRESH, MOLEcool, SILICool, KRYOMOL, REFRISIL
Teile zusammen-fügen	Vakuum, Isolation, Silikat, Panel verbinden	VAKUSIL, ISOLPAN, VISP, SIP, SIPAN, ISOVAC
Kopfstand	Umdrehen, auch an Wärmeisolation denken	ANTIHOT, TEMPRED, REDUTEMP, STABIP, STATEMP, TEMPESTA, TEMPEST, TEMPESTAT, SILO, SILIP, SILOP, THERMOFROST
Tüpfelchen auf dem i	Basis mit Zusatz, etwas Pfiffiges	VACUPAC, VACUSIL, VACUVIP, VACUPAN, VACUDAS, VIPPI
Windmühle	Natürlichkeit, billige Energie, Drehung	NASIL, NASIP, NATUSIP, SILNAP, EISWIND, TORNADO, NATORNO, usw.
Sinfonie	usw.	
Zirkus		
Wasser-mühle		
Armee		
usw.		

Nach dieser abgebrochenen Ideensuche sagt IDEGEN++, wie lange sie gedauert hat, und kritisiert sehr direkt, wenn der Benutzer zu schnell aufgehört oder einzelne Reizwörter übersprungen hat.

6.6.8.3 Beurteilung der Ideen

Nun folgt die Beurteilungsphase. Das Programm bietet Standardfragen, lässt aber auch eigene Beurteilungsfragen zu. Die Standardfragen sind durchaus sinnvoll und helfen, das übliche Brainstorming-Manko der uneffektiven Ernte zu beseitigen. Auch hier kritisiert das Programm, wenn der Benutzer sich nicht die rechte Mühe gibt. Die Fragen im Menüpunkt Beurteilung sind:

- Wie gut wird das Problem mit der neuen Idee gelöst?
- Welche positiven Nebeneffekte hat die Idee?
- Welche weiteren Probleme müssen gelöst werden, damit die Idee praktisch umgesetzt werden kann?
- Quantitative Beurteilung. Kennzeichnen Sie praktische, machbare Ideen mit + bis +++, großartige, aber schwer umsetzbare Ideen dagegen mit * bis ***.

Nach der Beurteilung ordnet IDEGEN++ die Ideen. Es entsteht die Datei *.AUS, die ausgedruckt werden kann.

Hier ein Auszug:

+++ KRYOR (Kältegold), ALOPEX (Eisfuchs), ZEROSIL, ICY, MOLEcool, SILICool, SIP, VISIL, ISOVAC, BRRH!, ViPPi

++ CHRYSOVIP, CHRYSIL, KRYOSIL, KRYOVIP, IGLUSIL, IGLUVIP, VIGLU, VACUSIL, VACUPAN, VACUVIP, VACUPAC, REFRISIL, VISP, ISOVIP, KRYOS, PROTECTOSIL, SIPAN, AMBISIL, ECOFRIGO, ESKIMA, VACUDAS

+ CHRYSO, ARKOPOL, JIFFY, ICECUP, ASTRAX, ECOVIP, ECOPOL, ECOSIL, KRYOVERT, TEMPESTA, ARKOPOL, VALOVIP, ISOVIGO, STARVAC

.

IDEGEN++ ist nicht für die Suche nach Markennamen konzipiert worden, aber es ist auch hierfür geeignet. Ob für das Ideenfinden und Problemlösen alleine oder in der Gruppe, ob für den Beruf, die Familienkonferenz oder die Schule: Uns hat IDEGEN++ angenehm überrascht. Wir beurteilen es mit +++.

6.6.9 Wunschkonzept / Verbesserungsanfälliger Bereich VB

Manche Menschen verbringen 50% ihrer Zeit damit, sich zu überlegen, was sie sich wünschen. Sie würden auch bekommen, was sie wünschen, wenn sie nicht 50% ihrer Zeit ...

Was wir uns dringlich, zielstrebig und ausdauernd wünschen, das lässt sich oft auch verwirklichen. Wir dürfen es eben nicht nur beim Wünschen belassen. Aus Leid muss ein Lied, aus Schmerz ein Werk und aus Kummer Kohle werden (Gernhardt, S. 48). Unter Wunschkonzept wollen wir das Stadium verstehen, in dem wir uns einer diffusen Unzufriedenheit bewusst werden und gewissermaßen seufzend irgendeine Zustandsverbesserung erhoffen. Wenn wir es beim Seufzen belassen, richten wir uns ungemütlich ein oder leben sogar gefährlich wie der resignierende Frosch in der Milchkanne (siehe Ambiguitätstoleranz). Wenn wir aber das unbestimmte Bedürfnis, eine Situation (oder ein Produkt) zu verbessern, genauer orten und dann eingrenzen, stecken wir ein Suchfeld ab, machen wir einen Bereich sichtbar, der für Verbesserungen wie geschaffen ist. Mit dem "Verbesserungsanfälligen Bereich" (VB) (oder der Idea Sensitive Area (ISA) nach de Bono) haben wir aus einem *latenten* Problem ein *sichtbares* gemacht, das wir nun nur noch lösen müssen. Als Eselsbrücke: Wissen Sie, wie man Zebras fängt? Das ist so ähnlich. Sie treiben die Zebras zunächst durch eine sehr eng gepflanzte Plantage von Gummibäumen. Dabei werden die schwarzen Streifen der Zebras abradiert. Und dann ist es einfach: Sie fangen die Zebras nun wie weiße Pferde.

Lösungen sichtbarer Probleme sind nicht immer leicht zu finden, - deshalb liefert dieses Buch ja auch eine Menge Ratschläge, - aber es gibt eine Grundgewissheit: den Handlungsbedarf. Wenn es brennt, muss gelöscht werden. Ein Leck muss gestopft werden. Wenn das Feuer gelöscht oder das Leck gestopft ist, ist das Problem gelöst und damit verschwunden. "Gut getan ist dieses nun, Julchen kann was andres tun", wie es bei Wilhelm Busch heißt. Der Zusammenhang zwischen Problemfinden und Problemlösen ist in Bild 6.31 dargestellt.

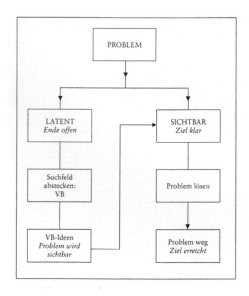

Bild 6.31: Problemfinden kommt vor Problemlösen

Problemfinden ist manchmal noch schwieriger als Problemlösen. Wie finden wir ein unsichtbares Problem? Indem wir einen verbesserungsanfälligen Bereich VB abstecken. VB ist keine (fehlende) Idee, sondern ein Gebiet, in dem Ideen zu finden sein werden. Wie funktioniert die Methode VB? VB ist leichter erklärt als getan.

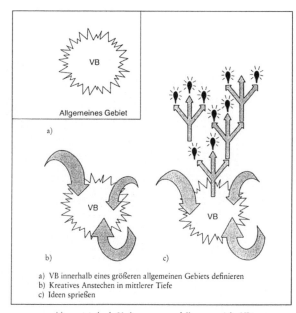

Bild 6.32: Methode Verbesserungsanfälliger Bereich (VB)

1. Zuerst stecken wir den VB ab (a). Selbst wenn dieser Bereich eigentlich kein Problembereich war, wird er nun durch Benennung dazu. Ernennungen und Beförderungen (ver)schaffen Bedeutung.
2. Nun folgt die kreative Bemühung: Wir schießen Wunschvorstellungen in den VB (b). Dieses Wunschdenken nennen wir absichtlich kreativ, denn allein dadurch wird es kreativer. So wie wir uns für eine Feier u.a. durch Umziehen vorbereiten, versetzen wir uns hier in die Erwartung, als Antwort gleich viele gute Ideen zu haben (c).
3. Das Einschießen der Wunschvorstellungen muss in der richtigen Eindringtiefe erfolgen.

Zu spezielle Vorschläge sind schon Lösungen und regen das Denken nicht an. Zu allgemeine Konzepte stellen auch keinen Denkanreiz dar, der Denker fühlt sich nicht angesprochen und bleibt untätig. Konzepte in der richtigen mittleren Penetrationstiefe aber lassen das Eis schmelzen. Die Ideen sprudeln nur so heraus, als ob sie aufgestaut gewesen wären.

In Ihrem Bekanntenkreis finden Sie leicht Beispiele: Manche Leute regen uns nicht an, weil sie für alles eine Lösung haben oder Binsenweisheiten zum Besten geben. Interessant finden wir die Menschen, die uns selbst interessanter werden lassen. Mit solchen Menschen erzielen wechselseitig gegebene Stichworte (in der richtigen Eindringtiefe) reichlich wertvoll empfundenen Gesprächsstoff.

Warum VB?

Haben wir nicht schon genügend Probleme, müssen wir auch noch zusätzliche finden? Die Antwort lautet: ja. Erinnern wir uns an das Zitat von Jadwiga Rutkowska: "Wir sollten uns mit den großen Problemen beschäftigen, solange sie noch ganz klein sind".

Aus der Beobachtung unserer Umgebung könnten wir manchmal folgern: Wer keine Sorgen hat, der macht sich welche. Oder: Die Summe des Ärgers pro Person ist konstant. Oder: Exogener Ärger + endogener Ärger = 100%. Die "überempfindlichen" Mitbürger könnten eigentlich glücklich sein, dass sie keine größeren Probleme haben. Seit Neandertal machen sich Menschen Sorgen, wenn sie gerade keine ernsteren Probleme haben, d.h. sie nutzen ruhigere Zeiten zur Optimierung. Die Sammler- und Jäger-Gruppe, die dann verbesserungsanfällige Bereiche aufspürte, also VB zum Problemfinden und -lösen einsetzte, hatte einen Vorteil im Kampf ums Dasein. VB ist also uralt, steckt in uns und ist wichtig. Wichtiges öfter zu tun, hält uns nur das Dringende ab. Problemlösen ist dringend, Problemfinden wichtig. Wer Dringendes tut, reagiert; wer Wichtiges tut, agiert. Legen Sie sich selbst oder gemeinsam mit Ihren Mitarbeitern einen Vorrat an VBs an - zur gelegentlichen Betrachtung in einer ruhigen halben Stunde.

6.7 Morphologischer Kasten

Brainstorming, Brainwriting, die Methoden des Entrinnens, Synektik und auch die Semantische Intuition sind schöpferisch-intuitive Methoden. Nun wollen wir uns einigen systematisch-analytischen Methoden zuwenden. Und zwar solchen Techniken, die ein Problemfeld systematisch in Einzelfelder aufgliedern und die dann einen kreativen Schluss zulassen. Hierzu zählen der Morphologische Kasten, die Morphologische Matrix, das Morphologische Tableau, Attributive Listing und die Funktionsanalyse. Diese Methoden sind einander sehr ähnlich und haben den gleichen Hintergrund.

Den Boden für die Morphologie haben mehrere Denker bereitet: Raimundus Lullus, aber auch René Descartes (1596-1650). Zu Descartes´ Grundregeln systematischer Erkenntnisfindung (Discours de la Méthode) zählten:

- "Zerlege jedes zu untersuchende Problem in so viele Teile als möglich ...
- Ordne deine Gedanken. Beginne mit den einfachsten und arbeite dich dann Schritt für Schritt ...
- Stelle eine möglichst vollständige Liste aller Fakten zusammen und verschaffe dir einen so umfassenden Überblick, dass du sicher bist, nichts ausgelassen zu haben ..."

Als Erfinder der Morphologischen Methoden kann trotz Vorgängern der Schweizer Physiker und Astronom Fritz Zwicky (1898-1974) gelten. Er war Professor am California Institute of Technology in Pasadena, Hauptastronom an den Sternwarten Mount Wilson und Mount Palomar. Alle seine wissenschaftlichen Erfolge errang er mit der morphologischen Methode, für die er mit missionarischem Eifer immer neue Anwendungen suchte.

Morphologie ist die Lehre von den Formen, Strukturen, Gestalten. Es war wieder einmal der Geheimrat von Goethe, der den Begriff Morphologie in den deutschen Sprachgebrauch einführte. In seinem Sinne dürfen wir Morphologie auch als "Lehre vom geordneten Denken" deuten. Aber wie sieht denn nun ein Morphologischer Kasten aus? Enttäuschend und täuschend ähnlich wie ein Kasten, also ein Quader (und nicht unbedingt ein Würfel) mit Schubfächern für geordnete Inhalte (Bild 6.33). Der Kasten ist laut Zwicky nicht auf drei Dimensionen beschränkt, aber nur so ist er als Kasten anschaulich. Zur Anwendung kommt er meist sogar nur zweidimensional, als Morphologische Matrix.

6.7.1 Prinzip: Problemlösen durch Strukturierung und Zwangsverknüpfung

Wenn wir die erste Kastenreihe für Parameter (unabhängige Merkmale) reservieren und in den übrigen Schubfächern Ausprägungen dieser Parameter sammeln, löst der Kasten auch andere Aufgaben. Ein Parameter ist wie ein Stellknopf, z.B. ein

Lautstärkeregler bei einem Radio. Ausprägungen dieses Parameters wären z.B. aus, leise, Zimmerlautstärke, laut, sehr laut.

Zu jedem der Parameter wurden Ausprägungen gesammelt. Nach der so erreichten Feldüberdeckung gibt es mehrere Nutzungsmöglichkeiten:

1. Standortbestimmung

Die den status quo treffenden Ausprägungen werden hervorgehoben, z.B. eingekreist.

2. Standortveränderung:

Ausgehend vom 1. Parameter wird mindestens eine andere Ausprägung hervorgehoben.

3. Parameter-Optimierung

Die wünschenswertesten Ausprägungen pro Parameter werden zeilenweise eingekreist.

4. Ideenfindung durch Zwangsverknüpfung

Die besten Ausprägungen nach 3. werden miteinander verbunden.

Damit haben wir die Vielseitigkeit der Morphologischen Methoden umrissen. Sie eignen sich als Problemlösetechniken sehr gut bei Kombinationsproblemen. Voraussetzung ist, dass

- [ ] das Problem eindeutig definiert ist,
- [ ] die Elemente (Parameter) voneinander unabhängig sind,
- [ ] die denkbaren Lösungsvorschläge (Kombinationen von Ausprägungen) erst einmal kritiklos registriert werden.

Die Methoden stehen der herkömmlichen Denkweise nahe. Sie sind deshalb einleuchtend und sofort einsetzbar. Mit ihrer Hilfe lassen sich manche Probleme auch im Alleingang lösen. Selbst ein ziemlich unvollständiger Morphologischer Kasten ist nicht selten eine erstaunliche Hilfe für die tägliche Praxis.

Schließlich kann der Morphologische Kasten auch dazu dienen,

- [ ] sich den vollen Umfang eines Problems klarzumachen (gegen Einseitigkeit) oder
- [ ] bei einer Fülle von Lösungswegen Prioritäten zu setzen (gegen Verzettelung).

Allein die Systematik ist ein hervorragender Schutz für den Anwender des Morphologischen Kastens, da ihm Einseitigkeit oder Verzettelung nicht vorgeworfen werden können. Im Gegenteil: Die Systematik beeindruckt Vorgesetzte, gibt ihnen Anregungen, wie sie selbst weiter anregen können, spart ihnen Zeit durch den tabellarischen Überblick und hilft entscheiden.

6.7.2 Die Methoden Morphologie, Funktionsanalyse, Attributive Listing und ihre Nutzung für das Finden von Markennamen

6.7.2.1 Morphologischer Kasten

Das Ablaufschema für den Morphologischen Kasten zeigt Bild 6.33. Dieses Schema ist zwar leicht verständlich, aber das Prinzip erklärt sich am leichtesten und einprägsamsten mit einem Beispiel wie dem in Bild 6.31 gezeigten.

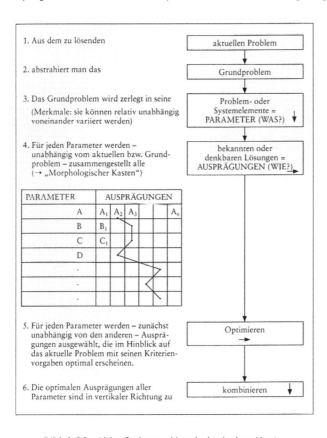

Bild 6.33: Ablaufschema Morphologischer Kasten

Parameter ↓	Ausprägungen →									
Titelheld	Journalist	Kriminalrat	Playboy	Sportler	Gangster	Oberst a. D.	Student	Filmstar	Kammerjäger	Gastarbeiter
Emordeter	Reiche Ehefrau	Stadtrat	teures Rennpferd	Minister	Double	Wermutbruder	Spion	Vorgesetzter	Prostituierte	Showmaster
Todesursache	Erschrekken	Erschießen	Erdolchen	nicht feststellbar	Selbstmord	Von Klippe gestürzt (erzwungen)	Gift	gespielter Unfall	Erwürgen	Erhängen
Ort der Handlung	London im Nebel	Pariser Nachtclub	Altersheim	Golfplatz	Hawaii	Sierra Madre	Frankfurter Börse	Urwald	Arbeitsplatz	Niemandsland
Mörder	Erbe (männlich oder weiblich)	Gärtner	Titelheld	Bezahlter Killer	Pfarrer	Kellner	Konfirmandin	Mafia-Boss	Tante Hedwig	Fabrikant
Motiv	Geldgier	Blutgier	Neugier	Gewohnheit	erotischer Kitzel	aus Versehen	Vergeltung	Mitwisser beseitigen	in Trunkenheit	Ermordeter hatte Pickel
Aufklärung durch	Zufall	Indizien	Verstand des Titelhelden	Selbstanzeige	nie aufgeklärt	Spuren im Schnee	geheimes Schriftstück	Geheimdienst	Zeuge	Traumerscheinung

Bild 6.34: Morphologische Matrix für ca. 80 Mio. Kriminalromane

Projizieren Sie Bild 6.34, decken alle Zeilen außer der ersten ab, und fragen Sie dann die Teilnehmer einer Problemlösesitzung, wer der Titelheld sein soll. Reagieren Sie auf den ersten Zuruf und kreisen Sie das genannte Feld (z.B. Kammerjäger) ein. Gibt es mehrere Nennungen, lassen Sie abstimmen. Sollten akzeptable Vorschläge kommen, die in der Matrix nicht enthalten sind, weisen Sie sie nicht zurück, sondern nehmen Sie sie auf. Dann decken Sie die 2. Zeile auf und kreisen auf Zuruf wieder eine Ausprägung ein usw.

Nachdem Sie in der letzten Zeile eine Ausprägung für den Parameter "Happy End" gewählt haben, verbinden Sie die eingekreisten Ausprägungen. Nun ist der Krimi fertig und muss nur noch erzählt werden.

Neue Ideen entstehen durch die Zwangsverknüpfung an sich (oder in sich) optimaler Ausprägungen, die in summa aber nicht harmonieren. Es entstehen Kombinationen, die wir üblicherweise nicht ernst nehmen. So dient der Morphologische Kasten also nicht nur dem vollständigen Erfassen eines Realitätsausschnitts, sondern regt auch zu kreativen Problemlösungen an.

Aber wie dient der Morphologische Kasten dem Finden von Markennamen?

Wir führen eine Funktionsanalyse durch (s. weiter unten) und gewinnen daraus die Parameter, die unser Produkt oder die Dienstleistung charakterisieren. Für diese **Parameter**, die wir in unserer Umgangssprache Deutsch ausgedrückt haben, suchen wir nun **Ausprägungen**, d.h. hier Übersetzungen in anderen Sprachen. So gewinnen wir Anregungen, Silben und Wörter, die nicht willkürlich sind, sondern mit dem Produkt verbunden sind. Außerdem hilft dieses Vorgehen über Anregungen aus

Fremdsprachen, Produktstärken zu betonen und hierfür international aussagekräftige Namen zu finden.

Beispiel: Übersetzungstabelle für bedeutungsvolle Wörter im Zusammenhang mit dem Produkt Fachwerkplatte

Deutsch	Englisch	Französisch	Italienisch	Portugiesisch	Türkisch	Ungarisch	Russisch
steif	stiff	rigide	rigido	teso	sert	merev	tugoj
fest	steady	robuste	fermo	firme	sa`g´lam	szilárd	krepkij
dicht	tight	étange	fitto	cerrado	sik	áthatlan	plotnüj
glatt	smooth	lisse	liscio	liso	düz	sima	gladkij
geschickt	skilful	adroit	abile	habil	mahir	ügyes	lowkij
beständig	resistant	durable	resistante	duradouro	sabit	tartós	protschnij
leicht	light	léger	leggiero	ligeiro	hafif	könnyü	ljochkij
dämmen	restrain	digue	arginare	calafatear	sed	szigetelni	Sapruzsiwenije
Fachwerk	studding frame work	cloisonnage	tavolato a caselle	madeiramento	cekmece	Faszerkezet	karkosnoje sooruzsenije
Platte	sheet	plaque	lastra	chapa	levha	lemez	plitá

Die aus Wörterbüchern oder eigener Kenntnis stammenden Wörter tragen nicht immer die Hauptbedeutung des entsprechenden deutschen Wortes, sondern absichtlich die ausgefalleneren Bedeutungen.
Wie werten wir eine solche Übersetzungstabelle aus?
Vielleicht ist schon auf Anhieb ein Wort dabei, das uns gefällt. DURADURO (beständig), TARTOS, CALAFA(T) (gedämmt) und HAFIF (leicht) klingen interessant und passend.
Wir können mit der Übersetzungstabelle auch in eine Brainstorming- oder Brainwriting- Sitzung gehen, oder wir benutzen die eingangs erwähnten allgemeinen Ideenfindetechniken wie Kombinieren, Verdoppeln, Umkehren usw.
Durch Kombination entstehen:
STEADYSTIFF; RIGIDUR; ROBULIS(S); A(D)DURA; RIGIDIG; FERMOFIT; ABIFIT; ARGILEG; TAVOLIS; ARGITA; RESTABIL; DURADUR; CALAC(H)APA; CERTES; CERCAL; CERLIS; HABIT; FIF; MELAR; SIMALAN; ATTAR; SAPLIT; PLOT; GLAKAR; PLISO; TUKAR aus jeweils einer Sprache und
z. B. ÜGALAM (geschickt und fest), ARGIPLIT (Dämmplatte); STETAN; STERRA; SKIMA; DURATAR; TESOPLAC; ADROFERM; ABILIS; TAVOMER; SMOLAR; PLITABIL über alle Felder.
Durch Verdoppeln erhalten wir: RIGISTIFF (extrasteif), RIGIMER; TESOTUG; CERRAFIT (extradicht), ADROSKIL (besonders geschickt), CHAPALASTRA;

PLITAPLAC; FAFRAM; CALASED; ARGIDIG; LEGILIG; ADROBIL; LISODÜS; ETASIK; PLOTFIT; SAFERMO.

Natürlich können wir auch Wörter verändern, wie z.B. lemez in LIMES.

6.7.2.2 Morphologisches Tableau

Das Morphologische Tableau, auch Problemfeld-Darstellung oder Erkenntnismatrix genannt, gilt als Weiterentwicklung des Morphologischen Kastens. Allerdings erhebt ein Morphologisches Tableau keinen Vollständigkeitsanspruch. Im Tableau stehen sich in Vorspalte und Kopfzeile nicht Parameter und Ausprägungen, sondern zwei Parameter gegenüber. Die Fächer enthalten die Ausprägungen. Zum Finden von Markennamen kann das Morphologische Tableau dienen, indem wir z. B. die Parameter "Produkteigenschaften" und "andere Wissensgebiete" gegenüberstellen. So gewinnen wir assoziativ Anregungen aus anderen Wissensgebieten.

Beispiel: Assoziative Verknüpfungen von gewünschten Aussagen über das Produkt Fachwerkplatte mit verschiedenen Wissensgebieten

Eigenschaft /Wissensgebiet	steif	beständig	leicht	glatt	dämmend	Fachwerkplatte
Astronomie	Rakete	Fixstern	Nebel	UFO	Atmosphäre	großer Bär
Biologie	Knochen	Koralle	Schmetterling	Schleim	Kork	Wabe
Chemie	Bindung	Edelmetall	Titan	Seife	Schaumstoff	Sandwichmolekül
Geographie	Berg	Steine	Wüste	Gletscher	Wald	Kontinentalplatte
Geologie	Stalagtit/-mit	Granit	Bimsstein	Quarz	Asbest	Schiefer
Geschichte	Bismarck	Osman	Napoleon	Metternich	Stasi	Pyramide
Heraldik	Brustpanzer	Rüstung	Helmbusch	Lanze	Kettenhemd	Schild
Literatur	Don Quichote	Held	Simmel	Seifenoper	Trojanisches Pferd	Nibelungen
Malerei	Staffelei	Firnis	Pinselhaar	Lasur	Rahmen	Stativ
Musik	Xylophon	Gong	Piccoloflöte	Akkord	Pedal	Flügel
Meteorologie	Brise	Kumulus	Cirrus	Schnee	Wolke	Schichtwolke
Militär	Parademarsch	ABC-Schutz	Tropenhelm	Gewehrlauf	Bunker	Unterstand
Mythologie	Jupiter	Gaja	Hermes	Circe	Labyrinth	Knusperhaus
Physik	Strecke	Schwerkraft	Vakuum	Fläche	Schicht	Doppelschicht
Sport	Schutzhelm	Fechtmaske	Federball	Rennrodel	Ellenbogenschoner	Segelflugzeug
Verkehr	Schienen	Kursbuch	Hovercraft	Raureif	Stau	Hangar
Wirtschaft	Planwirtschaft	Akquisition	Aufschwung	Konjunktur	Baisse	Bank

Welche Vorschläge für einen Markennamen können wir hieraus gewinnen?

z.B. statom, herom, parlin, xylocirr, osmasur, osmator, titagong, stapyr, tiffy, gajamit, geofix, pyramilit, cevos, certan, zitan, nufo, geotiv, petan, hetan, stakol, pyrinth, atomid, titalle, kumucord, vakura, koradon, wotan, stalastar, quanapol, davinal, wolkat, usw.

6.7.2.3 Funktionsanalyse

Diese Morphologie-Variante stellt zu erfüllende Funktionen (was?) und denkbare oder vorhandene Lösungen (wie?) gegenüber, z.B. für ein Schreibgerät, für einen Staubsauger, für einen Produktmanager. Die Funktionen sind dabei nicht auf technische begrenzt, sondern können auch z.B. organisatorische Funktionen innerhalb des Managements sein (Bugdahl 1990).

Die Funktionsanalyse leistet gute Dienste vor der Namensfindung. Bevor wir einen passenden Namen finden können, müssen wir uns über die Funktionen des zu benennenden Produkts im Klaren sein. Die Funktionsanalyse grenzt das Produkt von anderen ab oder zeigt Gleichartigkeiten auf. Starke und schwache Funktionserfüllung durch das Produkt werden deutlicher sichtbar, wenn man den Vergleich zu Alternativen hat. Möglicherweise bereitet die Funktionsanalyse nicht nur die Namensfindung vor, sondern führt zu Ideen, die das Produkt verbessern.

6.7.2.4 Attributive Listing

Auch diese Methode von Robert Platt Crawford, ehem. Professor der Nebraska-Universität, ist mit dem Morphologischen Kasten eng verwandt. Wie beim Kasten wird der Gegenstand der Untersuchung - das kann auch ein vorläufiger Markenname sein - in unabhängige Parameter oder Merkmale zerlegt. Zu diesen wird dann der Ist-Zustand der Ausführung aufgeführt. Dann sucht man andere Gestaltungsmöglichkeiten. Attributive Listing bietet sich an, wenn man ein vorhandenes Produkt (Konzept, Muster, Gegenstand, Verfahren usw.) verbessern will. Dazu gibt es zwei Möglichkeiten:

☐ Einen Teil (oder einige Teile) des Produkts verändern oder
☐ alle Teile verändern und ein gänzlich neues Produkt schaffen.

Die *systematische Variation* bei Rodelschlitten zeigt Bugdahl 1995, S.115. Variatio delectat!

Not macht erfinderisch (Sprichwort). Aber nur die Erfinderischen (Zusatz von Johannes Gross). Der Morphologische Kasten macht auch ohne Not erfinderisch, und nicht nur die Erfinderischen. Das behaupten wir und bitten Sie, uns so lange zu glauben, bis Sie es selbst wissen.

In diesem Sinne ein letztes Morphologisches Tableau, das uns zugleich als eine kleine Wiederholung und Zusammenfassung dienen soll:

P2 P1: Methoden	Durchschn. Dauer (Min.)	Zahl der Teilnehmer	Notwendige Erfahrung	Anforderung an Moderator	Protokoll
Brainstorming	15 - 45	5 - 10	gering	mittel	Flipchart/Tafel
635	30 - 45	6 (5 - 7)	gering	gering	Formular
Collective Notebook	1 Monat	beliebig	gering	mittel	Notizbuch
Kärtchenbefragung	30	beliebig	gering	gering	Kärtchen/Wand
Brainwriting-Pool	30	5 - 8	gering	gering	Formular
Galerie-Methode	45 - 60	5 - 12	mittel	mittel	DIN A1-Bögen
Reizworttechnik	15 - 30	5 - 10	gering	mittel	Flipchart/Tafel
CAC	60 - 360	1 - 10	gering	gering	Computer
Synektik	120 - 480	5 - 12	mittel	hoch	Flipchart/Tafel
Morphologie	30 - lange	1 - beliebig	mittel	mittel	Matrix, Tableau

6.8 Optische Effekte

Optische Effekte interessieren uns hier wegen der Bildmarken. Es gibt viele Stimmen, die meinen, im Fernsehzeitalter seien die Konsumenten fast nur noch durch "Images" zu beeinflussen. Das ist richtig und falsch, wie Schaefer (1996) in einem Leserbrief einleuchtend dargestellt hat. Unabhängig davon, wie richtig diese Grundannahme ist, wird eine sich selbst erfüllende Prophezeiung daraus, wenn immer mehr Werbeleute daran glauben, entsprechend handeln und damit die Macht der Bilder verstärken.

Die meisten Artikel des täglichen Gebrauchs sind angeblich so ähnlich, dass zu ihrer Unterscheidung Argumente nicht mehr geeignet sind, sondern nur noch Bilder - oder Töne. Das mag teilweise stimmen. Es gibt auch Fälle von Opportunismus, nämlich wenn die Produktunterschiede absichtlich nicht erklärt werden. Die Waschmittel von heute sind völlig andere als die von vor 20 Jahren. Aus Angst vor der - von den Grünen in der Bevölkerung verbreiteten - Chemiefeindlichkeit verraten das aber die Waschmittelhersteller nicht und differenzieren sich lieber über die Form (Perlen statt Pulver; flüssig statt fest). Wenn den Konsumenten aber die wesentlichen Produktunterschiede verschwiegen werden, wenn sie nicht gefunden oder geglaubt werden, dann werden die Konsumenten tatsächlich zu den Bildern getrieben.

Wegen des Überangebots an Information muss die selektive Wahrnehmung herausfiltern, was wichtig erscheint. Bilder fallen stärker auf und sind schneller wahrnehmbar als Text. Das spricht scheinbar wieder für den Vormarsch der Bilder. Aber es gilt auch: Die Selektion der Botschaften erfolgt blitzschnell und zum Teil unterbewusst vor allem danach, ob sie für den Empfänger persönlich relevant sind. Die Wichtigkeit einer Aussage ist aber eher in Worten als in Bildern zu vermitteln.

Die zunehmende Babysitter-Funktion des Fernsehens führt zu einer Aufspaltung der Bevölkerung in eine Unterschicht von Zuschauern und eine Oberschicht von Lesern. Die TV-bewachten Kleinen lernen durch schnelles Hinsehen, lange bevor sie ein Buch vor die Augen bekommen. In der Schule nützt schnelles Hinsehen nicht mehr und führt häufig zur Leseschwäche. Diese Schicht wird durch Texte schwerer ansprechbar sein. Wenn sich die Markenspezialisten danach richten und den "Sehern" keine echte Information mehr anbieten oder zumuten, dürfte das äußerst schädlich für die soziale und politische Entwicklung sein.

In diesem Sinne möchten wir möglichst anspruchsvolle Bildmarken finden.

6.8.1 Typografische Symmetrie der Buchstaben

Fangen wir trotzdem einfach an: Die einfachste Art sind Wortmarken, die nicht in Standardschrift geschrieben sind. Ähnlich einfach ist die Ausnutzung der Symmetrieeigenschaften der Buchstaben. Folgende Großbuchstaben sind <u>horizontal</u> spiegelsymmetrisch:

B C D E H I K O X

Markennamen wie KOCH, DEICH, HDI oder CHIKO ließen sich also buchstabenweise wie Schaschlik auf einen Drehspieß stecken und würden sich nach einer halben Umdrehung unverändert zeigen.

Analog könnten wir folgende Großbuchstaben <u>vertikal</u> auf einem Gyros-Spieß rotieren lassen:

A H I M O T U V W X Y.

(Anmerkung für den Druck: bitte vertikal drucken!)

Dafür eigneten sich Markennamen wie OMO, TIM, TUI, TOMMY und VOX.

Die Prüfung auf Duplikate zeigt, dass H, I, O und X sowohl horizontal, als auch vertikal spiegelsymmetrisch sind und nicht nur das. Folgende Großbuchstaben sind rotationssymmetrisch, lassen sich also um ihren Mittelpunkt drehen:

H I N O S X Z.

Markennamen wie NINO, OHIO, SONOX oder XOX lassen sich also besonders schön drehen und wenden, auf Drehachsen und Drehtellern - und natürlich auf dem Papier.

In der Bildmarke HEXER ist das erste E spiegelverkehrt gesetzt, was die Aussage unterstützt und zugleich eine schöne Zentralsymmetrie EXE schafft. Diese Marke ist ein richtiger Hingucker.

Bild 6.35: Bildmarke HEXER

6.8.2 Aus Bedeutung und Doppelbedeutung entstehende Bildzeichen

Das Beispiel Bistro Leiter zeigt uns anschaulich, wie einprägsam und selbsterklärend Bilder sein können.

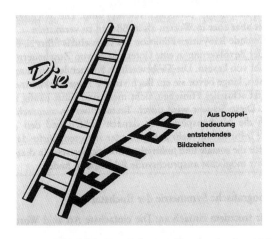

Bild 6.36: Der Schatten beschreibt das Bild

[111] Nr. 439 142
[220] Hinterlegungsdatum: 22. November 1996
[730] Inhaber/in: Schweiz. Buchhändler und Verleger-Verband, Baumackerstrasse 42, 8050 Zürich
[540]

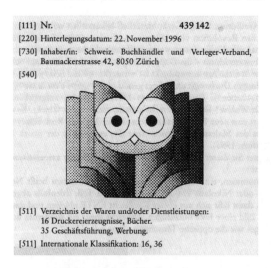

[511] Verzeichnis der Waren und/oder Dienstleistungen:
16 Druckereierzeugnisse, Bücher.
35 Geschäftsführung, Werbung.
[511] Internationale Klassifikation: 16, 36

Bild 6.37: Bucheule

Die "Bucheule" ist ein gelungenes Beispiel für die grafische Verschmelzung zweier Symbole. Die Eule als Sinnbild der Weisheit und ein aufgeschlagenes Buch sind zu einer Einheit geworden. Eine berühmte Bildmarke mit Doppelbedeutung ist so alt wie das Christentum. Das Symbol Fisch (**Ichthys**) diente den Christen als Erkennungszeichen. ICHTHYS ist das Akronym für Iesus CHristos Theou HYos Sotehr.

Die Bundeszentrale für gesundheitliche Aufklärung gab im Nov. 1994 eine Broschüre unter dem Titel "Achten Sie auf Ihre innere Balance" heraus. Das Wort Balance war wie eine Waage dargestellt, also meisterhaft erläuternd:

BAL   NCE
    A

Marcel Duchamps 1920 entstandenes Kunstwerk "Fresh Widow" (Frische (junge?) Witwe) ist ein grüngestrichenes Fenster, dessen Scheiben mit schwarzem Leder beklebt sind. Dem Typ nach ist dieses Fenster ein französisches, also ein "French Window". Nachdem wir unsere Freude am Erkennen des Wortspiels gehabt haben, können wir mit Duchamp assoziieren: Das Grün des Rahmens verweist auf die jugendliche Frische der Witwe, die schwarzen Scheiben deuten den sichtversperrenden Schleier an. Witwe ist "la veuve" im Französischen. Wer kennt nicht die berühmte Champagner-Marke "**La veuve Cliquot**"? Veuve heißt aber auch Guillotine. Dieses Gerät hinterließ bekanntlich während der französischen Revolution viele Witwen. Außerdem tragen Fenster, die sich vertikal aufschieben lassen - man trifft sie noch heute in Frankreich und Großbritannien an - die Doppeldeutigkeit von Guillotine und Schiebefenster in sich. Am Kunstobjekt ist vermerkt: Rose Sélavy. Dies ist ein Pseudonym Duchamps und klingt genau so wie "éros c'est la vie" ("Eros ist das Leben"). Duchamp hatte 1919 das Malen aufgegeben, und "Fresh Widow" ist folglich nicht gemalt, sondern ein Objekt. Es repräsentiert eine neue Bildauffassung jenseits der Malerei. Rose Sélavy ist die Witwe der Malerei, ihr Fenster aber das erste Werk der neuen Kunst (Graulich 1995).

Verleitet Sie dieser geniale Rundweg nicht zu eigenen assoziativen Ausflügen?

Angenommen ein Unternehmer oder ein Unternehmen heißt Norbert Tesch oder Nikolaus Trommsdorf oder Nina Toll, jedenfalls abgekürzt **N. T.**, dann lässt sich aus eN und Te leicht **ENTE** ableiten und das stilisierte Bild einer Ente hinzufügen, vielleicht sogar ein wiederum doppeldeutiges wie die optische Täuschung "Ente oder Hase".

Bild 6.38: Ente oder Hase. Was haben Sie zuerst gesehen, den Entenschnabel oder die Lauscher? (Quelle: Illusionen, Neff, Pabel-Moewig, Rastatt 1994, S. 85)

Das Spiel könnte in diesem Fall auch von der Hasenseite begonnen haben, mit H. Se. nämlich.

N. T. hat übrigens einen historischen Hintergrund: Ein redlicher Zeitungsverleger in Köln soll unverbürgten Meldungen den Vermerk N.T: für **NON TESTATUM** beigefügt haben. Daraus wurde dann schließlich die Zeitungsente (Grümmer, S.53).

Eine interessante doppeldeutige Bildmarke mit einem Tier ist auch **Silefant** (Bild 6.39). Der Elefant kann nämlich auch als SiO_2, Siliziumdioxid gelesen werden.

Bild 6.39: Bildmarke Silefant

Ein Hersteller von Roggen- oder Schwarzbrot könnte sich folgende farbige Bildmarke schützen lassen:
den Text   **schwarz B rot**   schwarz und rot gedruckt im Umriss eines Brotes. Falls ein geneigter Leser diese Idee nicht schon vorher hatte und nun davon profitiert, bitten wir hiermit um Erfindervergütung in Form von Schwarzbrot, sagen wir 2 Brote pro Woche lebenslänglich.

6.8.3 Optische Täuschungen

Das Kanizsa-Dreieck (Bild 6.40) ist ein Blickfang (Bugdahl (1990), S.21). Wir glauben, zwei Dreiecke zu erkennen: eines mit schwarzem Rand, das unten liegt, und darüber ein randloses, helleres.

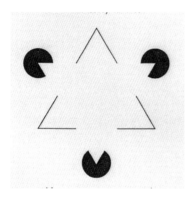

Bild 6.40: Das Kanizsa-Dreieck

In Wirklichkeit gibt es weder geschlossene Dreiecke noch Überdeckungen oder Helligkeitsunterschiede im Weiß des Papiers. Das Gehirn scheint Hilfslinien zu empfehlen, um die Figur besser deuten oder auf Bekanntes zurückführen zu können. Wenn man die ausgesparten Winkel in den schwarzen Kreisen verlängert, treffen die Schenkel tatsächlich mit den benachbarten Schenkeln so zusammen, dass sie ein Dreieck bilden. Verlängerungslinien werden aber nicht gezogen. Nur legen scheinbare Helligkeitsunterschiede die Erkennung nahe. Ein faszinierender Fall von Selbstbetrug. Das Kanizsa-Dreieck und Abwandlungen ließen sich als Bildmarken für ultraweiße Waschmittel verwenden. So kann man "Weißer als weiß" darstellen und ist dabei sogar ehrlich. Optische Aufheller machen die Wäsche ja auch nicht wirklich weißer, sondern lassen sie nur so erscheinen, weil sie sonst unsichtbares ultraviolettes Licht in sichtbares umwandeln.

Ein anderes berühmtes Dreieck ist das "unmögliche", d.h. nur zweidimensional darstellbare, aber nicht produzierbare Dreieck des niederländischen Künstlers M. C. Escher (1898-1972). Die verdrillte Struktur verwirrt das Auge und garantiert einen hohen Aufmerksamkeitswert, solange dieses Dreieck nicht zu bekannt wird. In der Bildmarke (Bild 6.41) von Torsten Märker ist das Escher-Dreieck in Würfel aufgelöst und zeigt ein gezacktes Innendreieck, das als ruhender Pol wirkt.

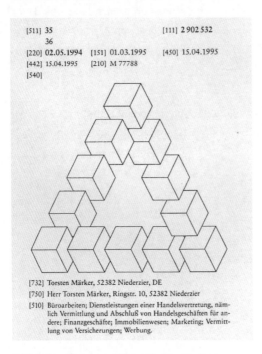

Bild 6.41: Abgewandeltes Escher-Dreieck

6.8.4 Mustererkennung (Pattern recognition) im Dienst der Marke

Wir erinnern uns hier noch einmal an Bild 6.25.

Bild 6.25: Bitte setzen Sie die Folge fort

Nun haben Sie unschwer die Zahlen von eins bis fünf erkannt und können die Folge mit zwei Sechsen, die mit dem Rücken zueinander stehen, fortsetzen. 10 wird so **OMO**. In der Werbung für die Marke OMO könnte dieser Effekt vielfältig genutzt werden:

Die schwierige Erkennbarkeit der Gesetzmäßigkeit der Zeichenfolge wird zu einem Lob für Kreative umgemünzt: z. B. Kreative erkennen OMO, weil OMO kreativ ist.

Packungen, die nebeneinander in Regalen oder umschrumpft auf Paletten stehen, bilden immer wieder das Wort OMO, wenn die 10 jeweils alternierend normal und in Spiegelschrift aufgedruckt ist.

In einem Gewinnspiel könnte die Aufgabe gestellt werden: "Machen Sie aus € 10 OMO!"

Der Preis könnte für lange Zeit auf € 10 oder 2x € 10 pro Packung fixiert werden, um Preis und Marke mnemotechnisch zu verbinden und um Preisstabilität zu signalisieren. Notwendige Preisveränderungen könnten indirekt über die Füllmenge vorgenommen werden.

Mustererkennung im weitesten Sinne ist auch Stilerkennung. Es zahlt sich für Künstler aus, eine Handschrift zu wählen, die das Publikum freudestrahlend wieder erkennt. Der Stolz auf die eigene Kennerschaft wird von den Konsumenten dankbar in Bekanntheit umgemünzt. Giacometti (dünne Figuren) und Botero (dicke Figuren) sind mit ihrer Spezialisierung gut gefahren. Van Gogh fehlte die notwendige Grundbekanntheit, und er ist zu früh gestorben. Sein leicht erkennbarer Stil hätte allerbeste Voraussetzungen für Bekanntheit geboten.

6.8.5 Moiré-Effekte

Kommen wir noch einmal auf die Frage aus Kap. 6.6.6 zurück, ob doppelte Information einen Wert hat. Nach kurzem Nachdenken fällt Ihnen nun vielleicht ein, dass Mehrfachnennungen bei Befragungen die statistische Sicherheit der Aussage verbessern, dass eine Sicherungskopie viel wert ist, wenn das Computerprogramm abgestürzt ist. Das meinen wir aber nicht. Wir denken hier an die Überlagerung von Gittern oder Rastern. So etwas kommt vor, wenn sich eine Gardine im Gegenlicht bewegt und sich dabei der Stoff überlagert. Wir beobachten ein Muster, das sich viel stärker bewegt als die Gardine. Wenn wir mit dem Auto neben einer Brücke fahren und sich dabei die beiden Geländer gegeneinander zu verschieben scheinen, beobachten wir den gleichen Effekt. Schließlich kennen wir den Moiré (Seidenglanz) - Effekt auch vom Fernsehen, wenn sich die Krawatte des Ansagers und das Streifenmuster des Bildes unvorteilhaft überlagern. Legen Sie doch einfach zwei Kämme übereinander und verändern den Überlagerungswinkel. Dabei können Sie erkennen, dass die Größe des Überlagerungsmusters vom Winkel abhängt. Die

Moiré-Muster sind grafische Darstellungen mathematischer Sachverhalte und lassen sich daher nicht nur ästhetisch nutzen. Wenn wir zwei identische Linienraster übereinander legen, also die gleiche Information doppelt verwenden, gewinnen wir eine Zusatzinformation:

1. Durch Messung des Abstands zwischen den schwarzen Balken können wir den Überlagerungswinkel der Linienraster bestimmen. So lassen sich sehr genau kleine Winkel einstellen.

2. Da die Moiré-Muster bei kleinen Winkeln sehr empfindlich reagieren, können wir a) kleinste Bewegungen oder b) geringste Abweichungen von der Planlage feststellen.

3. Wenn wir zwei gleiche Halbtonraster, die mit bloßem Auge nicht erkennbar sind, leicht verschoben aufeinander legen, können wir ihre Struktur gut erkennen.

4. In Umkehrung von 3) ist die Passgenauigkeit gerasterter Farbauszüge perfekt, wenn das Muster verschwindet.

5. Die Entstehung oder starke Veränderung der Moiré-Muster bei Bewegung (auch der des Betrachters)
kann z.B. in der Werbung zu Animationen, zur Vortäuschung von Bewegung dienen. Logarithmische Spiralen ergeben Moiré-Muster, die ein Pulsieren zeigen.

6. Mit Moiré-Mustern können wir differenzieren, integrieren und logarithmieren.

7. Moiré-Muster vergrößern und können also in Messgeräten die Empfindlichkeit erhöhen.

Hier schließt sich der Kreis. Während für die ausführliche Erklärung der Anwendungen 1 bis 6 auf Bugdahl 1991 verwiesen wird, gibt es für die 7. Anwendung Beispiele, die jeder kennt. Der Nonius (das ist das ovale Ablesefenster für die Zehntel mm) an Schiebelehre und Mikrometerschraube beschert uns durch Überlagerung zweier Skalen eine um eine Zehnerpotenz höhere Ablesegenauigkeit. Das wussten Sie natürlich schon vorher. Aber jetzt können wir aus diesem Vorwissen den Schluss ziehen: Wenn man eine Information zweifach einsetzt, kann man eine neue Information hinzugewinnen.

7. Marken verwalten

7.1 Der Markenschlüssel®

Die Betreuung eines Markenportfolios erfordert ständig eine Vielzahl von Entscheidungen. Dies beginnt bei der Frage, welcher Aufwand jeweils in die Entwicklung einer Marke und vorbereitende sachliche und rechtliche Recherchen investiert werden soll. Es setzt sich fort mit der Frage, in welchem Umfang, insbesondere in welchen Ländern und für welche Produktbereiche eine Marke registriert werden soll und ob evtl. begleitende weitere Registrierungen für Einzelteile eines Gesamtmarkenkontextes erfolgen sollen oder ob womöglich begleitende Designanmeldungen in Betracht kommen, sowie Domainanmeldungen oder beispielsweise Titelschutzanzeigen. Wenn es danach um den Erhalt der Marke geht, muss über den Umfang etwaiger Register- oder Marktbeobachtungen entschieden werden, und es sollte festgelegt werden, mit welcher Sensibilität und mit welchem Aufwand die Marke verteidigt werden soll.

Schon bei kleineren Markenbeständen von 10-20 Marken summiert sich hier recht schnell ein nicht unerheblicher Erörterungsbedarf. Erst recht gilt dies für größere Markenbestände von einigen 100 oder auch mehreren 1000 Marken, die in verschiedensten Ländern geführt werden.

In der anwaltlichen Beratungspraxis hat der Mitautor Dominik Sprenger sich bereits vor über 15 Jahren damit beschäftigt, wie diese Aufgaben erfolgreich gemeistert werden können. Dies führte zur Entwicklung eines qualifizierten Markenmanagements mit der geschützten Bezeichnung „Markenschlüssel®".

Das System basiert auf der Analyse vieler Beobachtungen der Markenverwaltungssituationen, und zwar sowohl der erfolgreichen als auch der nicht erfolgreichen Verhaltensweisen.

Es stellte sich bald heraus, dass die häufigsten und gravierendsten Fehler im Markenmanagement im Wesentlichen auf zwei Problembereiche zurückgehen. Zum einen mangelt es für die Betreuung von Marken oft an klar festgelegten Verantwortlichkeiten, ohne dass dieses Problem erkannt wird. Des Weiteren fehlt es zumeist an einem einheitlichen Sprachgebrauch und damit auch an einer einheitlichen strukturierten Kategorisierung der Marken innerhalb des Unternehmens.

Es kommen zwar viele Beteiligte mit dem Themenbereich „Marke" in Berührung. Denn von der Geschäftsführung über die Produktentwicklungsabteilung bis zum Marketing und Vertrieb im Unternehmen bis zu den externen kreativen und rechtlichen Beratern reden alle mehr oder weniger mit. Aber sie reden oft aneinander vorbei oder sie reden gar nicht miteinander, und am Ende des Tages ist unklar, wer darauf hätte hinweisen sollen, dass vor der Messepräsentation eines neuen Produktes die rechtliche Absicherung des geistigen Eigentums zumindest im notdürftigsten Umfang hätte durchgeführt werden müssen.

Einen Markenschlüssel® zu erarbeiten heißt, in dieser Hinsicht nichts mehr dem Zufall zu überlassen.

Dazu wird zunächst einmal ein verlässliches Verantwortlichkeitsprinzip entwickelt. Dies kann sowohl aus einem zentralen Ansprechpartner in Markensachen für kleinere Unternehmen als auch aus einem unternehmensübergreifenden Netzwerk bei mittleren bis größeren Unternehmen bestehen. Die mit Markenfragen beauftragten Ansprechpartner im Unternehmen müssen nicht zwingend auch Entscheider in dieser Sache sein. Sie sollen nur allein oder gemeinsam mit einem entsprechend über alle Abteilungen verknüpften Netzwerk gemeinsam dafür sorgen, dass die zuständigen Entscheidungsträger zum richtigen Zeitpunkt die richtigen Informationen und den jeweiligen Hinweis erhalten, dass und bis wann welche Entscheidung zu treffen ist.

Des Weiteren wird mit den Ansprechpartnern aller Abteilungen, die Berührung mit der Markenführung haben, einschließlich der Geschäftsführung, eine gemeinsame Kategorisierung der Marken entwickelt, die sich insbesondere dadurch auszeichnet, dass für die jeweilige Markenkategorie der für diese Art Marken übliche Aufwand und alle sonstigen oben beschriebenen Entscheidungsvorgaben festgelegt werden. Nach über 15 Jahren Beratungspraxis ist es faszinierend mit anzusehen, wie dadurch auch größere Unternehmen mit großen Markenbeständen erleben, dass beschlossene Markenstrategien rechtlich verlässlich und dauerhaft umgesetzt werden, obwohl die für das Markenmanagement investierte Kommunikationszeit nicht mehr oder teilweise sogar geringer geworden ist. Weil nun effektiv kommuniziert werden kann und die Verantwortlichkeiten feststehen, finden Informationen verlässlich ihren Weg, und Entscheidungen werden rechtzeitig, zügig und zielführend getroffen.

Außerdem finden neu hinzugekommene Arbeitskräfte im Unternehmen oder beispielsweise neu hinzugekommene kreative Berater schnell in dieses im Unternehmen einmal geschaffene und regelmäßig aktualisierte Leitsystem nach dem Markenschlüssel® hinein. Letzteres bedeutet, dass der Markenschlüssel® auch eine verlässliche Absicherung des Wissensmanagements im Unternehmen bzgl. der Pflege von Marken bedeutet. Während bei der Pflege anderer Schutzrechte wie beispielsweise Patenten mitunter schon verlässliche Routinen im Unternehmen existieren, sind solche Strukturen bei der Pflege von Marken auch bei im Übrigen gut organisierten und erfolgreichen Unternehmen noch erstaunlich wenig zu finden.

7.2 Viele Fragestellungen - viele Karteien

Karteikarten waren ein bewährtes Mittel, um die Übersicht über die eigenen Marken zu gewährleisten, und in einigen Firmen leisten sie noch heute gute Dienste. Mit steigender Zahl der Marken und ihrer geographisch immer breiteren Registrierung bot es sich an, neben einer z.B. alphabetisch geordneten Kartei der deutschen (Heimat-) Marken auch weitere Karteien zu führen, nämlich

- eine Kartei der deutschen Marken nach Anmelde- bzw. Registriernummern, weil das DPMA in der Korrespondenz den Markennamen nicht immer angibt,
- eine Kartei der IR-Marken alphabetisch,
- eine Kartei der IR-Marken nach Registriernummern für die Korrespondenz mit der WIPO in Genf,
- eine Stamm-Kartei mit einer Übersicht, in welchen Ländern eine Marke registriert ist,
- eine Kartei nach Ländern (z.B. wegen der Fragestellung "Welche Marken besitzen wir in China?"),
- eine Kartei der Auslandsanwälte,
- eine Kontakte-Kartei nach Geschäftsbereichen mit den Ansprechpartnern und Kostenstellen (z.B. "Wer kann Benutzung nachweisen, produktspezifische Fragen beantworten, trägt die Kosten?"),
- eine Fristenkartei (damit Auslandsanmeldungen in der Prioritätsfrist getätigt werden können, die Marken rechtzeitig verlängert werden, Benutzungsfristen nicht vergessen werden),
- eine Kartei über die Widersprüche,
- eine Kartei über die potentiell störenden, aber nicht verfolgten Marken,
- eine Kartei über die Vorrechts-, Lizenz- und Koexistenzvereinbarungen (möglichst sowohl nach Firmen, als auch nach Marken geordnet) und
- eine Kartei über die erloschenen Marken.

Diese unvollständige Aufzählung durchaus nützlicher Karteien zeigt schon, dass die Markenabteilung einer Firma, die viele Marken besitzt, genügend Arbeit hat. Allein das Heraussuchen und Wiedereinordnen der Karteikarten braucht Zeit. Darüber hinaus ist auch Ordnungsliebe notwendig. Schlampige oder stark nachhinkende Führung der Karteikarten, falsches Einordnen oder gar Verschwinden von Karteikarten können verheerende Folgen haben. Gelegentlich müssen die Karteien deshalb auf Stimmigkeit untereinander abgeglichen werden.
Die hier angedeuteten Mühen und Gefahren lassen sich auf Dauer deutlich reduzieren, wenn man sich dazu entschließen kann, die vielen Karteien per

elektronischer Datenverarbeitung zusammenzuführen, auch wenn das zunächst Mehrarbeit bedeutet.

7.3 Markenverwaltungssoftware

Seit Langem gibt es anstelle der oben beschriebenen Karteikarten auch spezielle Markenverwaltungssoftware. Die Bandbreite angebotenen Lösungen ist recht groß. Es empfiehlt sich, wie bei allen Softwareanschaffungen zumindest ein rudimentäres Anforderungsprofil zu erstellen, bevor man sich in dem etwas unübersichtlichen Markt auf die Suche macht:

- Will man nur eine Minimal-Lösung für ein kleines Markenportfolio, das eigentlich nur eine digitalisierte Form der Karteikartenverwaltung darstellt?
- Oder gibt es einen oder mehrere größere Bestände zu verwalten, möglicherweise mit unterschiedlichen Schutzrechtsarten, d.h. z.B. auch Designs oder Patenten, auch international, mit der Möglichkeit, Schutzrechtsfamilien zu bilden, Prozess- und Beratungsakten zu führen, die Akten zu verknüpfen und Daten in Auswertungen anzeigen zu können und zu exportieren?

Sich darüber vorab gewisse Klarheit zu verschaffen, erleichtert die Suche, Kosten-Nutzen-Bewertung und Entscheidung für eine Markenverwaltungssoftware enorm.

Dazu wollen wir hier nur einige wenige Beispiele für entsprechende Anbieter nennen:

www.eidologic.com
www.genese.de
www.webtms.com (mit vielen Gestaltungsmöglichkeiten, jedoch in englischer Sprache)

8. Marken verwerten

Wenn die Marke ein wertvolles Wirtschaftsgut darstellt, muss sie sich auch wirtschaftlich verwerten lassen. Das galt schon lange, gewinnt aber mit der IR- und der Unionsmarke eine noch stärkere Bedeutung. Die Marke ist ein von dem Unternehmen, dessen Waren oder Dienstleistungen sie bezeichnet, unabhängiger Gegenstand des Vermögens. Sie kann einem Dritten ohne den Geschäftsbetrieb übertragen oder verpfändet werden oder Gegenstand von Lizenzen sein (z.B. §§ 27ff. MarkenG, Art 16 ff GMVO).

8.1 Marken lizenzieren

Der Aufbau einer neuen Marke ist sehr kostspielig. Experten schätzen die Investition für die ersten drei Jahre auf insgesamt rund 100 Millionen Euro, und dann sind erst bis 20 Prozent Bekanntheit erreicht worden.

Es ist deshalb für Unternehmen ein bedeutender Wettbewerbsvorteil, vom Start weg über eine Marke mit einem fast 100%igen Bekanntheitsgrad zu verfügen.

Gleichzeitig nimmt die Bedeutung von Marken weiterhin international zu. Ohne bekannten Namen lassen sich neue Produktideen nur schwer am Markt durchsetzen. In Lizenz bringt man markengerechte Produkte schneller auf den Markt und gewinnt Zeit und Geld.

Die international am weitesten verbreitete Form des Lizenzierens ist die Markenlizenz, wie von Raden-Saleh gut beschrieben und hier zitiert[12]. „Bei der Markenlizenz wird das Recht zur Nutzung einer Marke gewährt: Der Markeninhaber gestattet also einem Außenstehenden, die Marke zu Herstellung und/oder Vertrieb von Waren zu nutzen. Lizenzgeber und Lizenznehmer entwickeln, produzieren und vertreiben in einer Art Symbiose neue und markengerechte Produkte oder Dienstleistungen."

Die Struktur des deutschen Marktes für Markenlizenzen wurde erstmals durch die Zahlen der BLP Brand Licensing GmbH (Absatzwirtschaft, Heft 4/96) bekannt. Neuere Zahlen sind kaum zu finden. Nach Reinstrom[13] betrug der Umsatzanstieg mit Lizenzprodukten zwischen 2001 und 2006 einer jährlichen Wachstumsrate von 2,6% und erreichte ein Gesamtmarktvolumen von 20 Mrd. €.

„Bekannte Marken finden eine höhere Akzeptanz im Handel als unbekannte Produkte. Die Marke gibt dem Lizenznehmer und dem lizenzierten Produkt einen Vertrauensvorschuss des Verbrauchers und Zugang zu den Zielgruppen und Märkten der Marke. Nicht zuletzt liefern Markenprodukte dem Lizenznehmer meist einen höheren Deckungsbeitrag und damit höhere Profite.

Allen Formen der Markenlizenzierung ist gemein, dass ein nicht oder nur unauffällig genannter Hersteller eine Marke für seine Produkte nutzt.

Bei einer **Vertriebslizenz** wird das Recht zu Absatz und Vertrieb bestimmter Produkte oder Dienstleistungen an den Lizenznehmer übertragen. Die Produktion bleibt dabei in den Händen des Lizenzgebers, also in anderen Händen als das Vertriebsrecht. Auch diese Lizenzen sind sehr häufig. Jede Handels- oder Generalvertretung beinhaltet eine Vertriebslizenz, wie auch die meisten Importeure ausländischer Waren die Absatzlizenz haben. Vertriebslizenzen sind zumeist geographisch eng begrenzt.

---

[12] www.raden-saleh.org/markenlizenzen.html *13.11.2012*
[13] Christian Reinstrom, Henrik Sattler, Michael Lou, absatzwirtschaft 3/2006, S. 50 ff

Bei der **Herstellungslizenz** erlaubt ein Markeninhaber die Fertigung und gegebenenfalls auch Entwicklung von Produkten, oft auch die Erbringung von Dienstleistungen unter seiner Marke. Beispielsweise lizenziert Mercedes Benz teilweise die Erbringung von Wartungs- und Reparaturarbeiten. Ebenso der ADAC. Bei der Produktionslizenz werden dem Kunden die erbrachten Leistungen durch den Markeninhaber berechnet. Der Lizenznehmer stellt seine Leistung dem Lizenzgeber in Rechnung.

Bei der **vollstufigen Lizenz** schließlich gehen die Rechte für Entwicklung, Produktion und Vertrieb unter einer Marke an den Lizenznehmer über. Allerdings sollten die Markenkommunikation und vor allem die Qualitätsüberwachung Aufgabe des Markeninhabers bleiben. Denn eine Marke zeichnet sich auch und vor allem durch eine gleich bleibende Qualität und markengerechte Kommunikation aus.

Dem Verbraucher bleiben Markenlizenzen oft verborgen. Wer weiß schon, dass *Davidoff* sein Parfum, seinen Kaffee und seine Accessoires nicht selbst herstellt. Dass *Camel* Lizenzen vergeben hat für Schuhe, Bekleidung und Accessoires. *Mövenpick* lizenziert von Gastronomie zu Kaffee, Eiskrem, Konfitüre. *Granini* von Saft zu Bonbons.

Besonders auffällig ist diese Entwicklung in der Mode- und Bekleidungsindustrie: *Calvin Klein* ist ähnlich wie *Joop* vollständig lizenziert. *Pierre Cardin* war über 800 Mal lizenziert. *Jil Sander* für Parfum, Kosmetik, Accessoires. *Ralph Lauren* für Casual Wear, Accessoires, Parfum, Wandfarbe, Heimtextilien. *Christian Dior, Yves Saint Laurent, Chanel, Fendi, Escada, Chloe, Strenesse, van Laack, Bernd Berger, Bogner, Bruno Banani, Tommy Hilfiger*, alle diese Bekleidungsmarken sind lizenziert. Kaum eine dieser Marken stellt alle ihre Produkte selbst her."

8.2 Checkliste Marken-Lizenzvertrag

Christian Rohnke hat sich durch zahlreiche Fachbeiträge einen Namen u.a. als Spezialist für Markenverwertung erworben. Nachstehende Checklisten (Rohnke 1995, S. 3-7) sind, obwohl alt, nach wie vor sehr nützliche Gliederungen und Gedankenstützen. Ein Marken-Lizenzvertrag kann gar nicht sorgfältig genug abgefasst sein, denn Ungenauigkeiten und Versäumnisse können zu einem späteren wZeitpunkt zu erheblichen Missverständnissen und teuren Auseinandersetzungen führen. Muster-Lizenzverträge für Marken gibt es z.B. bei Christian Rohnke (1995, S. 8-30) oder von Norbert Hebeis, Freiburg (www.fgwv.de).

1. Parteien
    Lizenzgeber: Inhaber, Nutzungsberechtigte
    Lizenznehmer: Konzernunternehmen

2. Gegenstand der Lizenz
    Lizenzierte Rechte: Eingetragene Rechte, nicht-förmliche Kennzeichenrechte, Ausstattungen, Aufmachungen
    einschließlich oder ausschließliche Lizenz (mit oder ohne Lizenzgeber)
    Lizenzprodukte
    Exklusivlizenz/Einfache Lizenz
    Vertragsgebiet: kartellrechtliche zulässige Beschränkungen
    Benutzungshandlungen: Herstellung, Vertrieb, Werbung
    Beschränkung auf bestimmte Formen von Zeichen und Verpackungen
    Markenmäßiger und firmenmäßiger Gebrauch
    Eintragung eigener Marken
    Unterlizenzen

3. Weitere Leistungen des Lizenzgebers
    Produktinformationen, Rezeptur, know-how usw.
    Werbeleistungen

4. Qualitätskontrolle
    Kriterien: Vertrag, Handbuch, externe Normen
    Verpflichtung zur Stellung von Mustern: Menge, Art, Zeitpunkt
    Betreten der Geschäftsräume oder Fabrikationsstätten: Durch wen?, wann?, wie oft?, wo?
    Verpflichtung zur Benutzung bestimmter Rohstoffe oder Teile, Bezugsbindungen
    Genehmigungsverfahren, Genehmigungsfiktionen

5. Lizenzgebühr
    Lump-sum (Pauschalzahlung): ganz oder teilweise, Einstandszahlung anrechenbar oder nicht,
    Umsatzlizenz: Definition der Berechnungsgrundlage
    Stücklizenz
    Sattelung der Lizenzgebühr und andere Anpassungsverfahren
    Mindestlizenzen
    Fälligkeitsregelungen: wann Abrechnung, wann Zahlung?
    Kombinationen verschiedener Lizenzgebührenarten

6. Abrechnungen und Überprüfung

    Gegenstand der Buchführungspflicht: Stückzahlen, Umsätze, Kunden, Werbeaufwendungen

    Vorlegungsfrist, Aufbewahrungsdauer

    Einsicht in Geschäftsbücher: Anlass, Zeitpunkt, Prüfung durch Dritte (z.B. beauftragte Buchprüfer), Kostentragung

    Folgen der Verletzung der Buchführungspflicht, Folgen fehlerhafter Angaben

7. Steuern, Zölle, Abgaben

8. Gewährleistung des Lizenzgebers

    Ist-Zustand, Rechtsbestand, Haftung für spätere Vernichtung

    Rechte Dritter, insbesondere außerhalb des Gleichartigkeitsbereichs

    Recherchepflichten (Markenüberwachung)

    Sachmängelhaftungen bei Nebenleistungen

9. Produkthaftung (des Herstellers), insbesondere für den Markeninhaber als "Quasihersteller"

    Weitergabe vorher vereinbaren

    evtl. Versicherung abschließen

10. Aufrechterhaltung des Schutzrechts

    Verpflichtete Partei

    Kostentragung

11. Verteidigung gegen Angriffe auf das Schutzrecht und die gekennzeichneten Produkte

    Parteistellung

    Rechte und Pflichten bezüglich Information und Mitwirkung

    Richtlinienkompetenz, Anwaltswahl, Kostentragung

12. Vorgehen gegen Verletzer

    Marktbeobachtungspflicht

    Prozessführungsbefugnis

    Informations- und Mitwirkungspflichten (z.B. etwaige Begrenzungen durch Vorrechtsvereinbarungen)

    Kostentragung, Verteilung von durchgesetzten Schadenersatzbeträgen

13. Wettbewerbsverbot
    Betroffene Produkte (Ausschluss anderer Produkte vereinbaren)

14. Lizenzhinweis
    Form, Ort, Art der Anbringung

15. Ausübungspflicht
    Produkte (Anzahl, Zeitraum der Vermarktung)
    Schutzrecht

16. Werbemaßnahmen
    Budget (evtl. stufenweise nach Erfolg)
    Abstimmung der Werbestrategie (global?)
    Art der Kampagnen (Image, Einheitlichkeit, Details)
    Ausstellungen und Messen (wer beschickt?)

17. Weitere Verpflichtungen des Lizenznehmers
    Entwicklung
    Service und Support (Lizenznehmer muss Organisation vorhalten?)
    Gestaltung des Vertriebs

18. Vertragsdauer und Kündigung
    Ursprüngliche Laufzeit, angemessene Verlängerung (automatisch?)
    Ordentliche Kündigung: Gründe, Form, Fristbeginn, Fristdauer, Adressat
    Fristlose Kündigung: Gründe, Erfordernis der Abmahnung
    Folgen des Wegfalls des lizenzierten Rechts (Unzumutbarkeit, Dauerschuld-Verhältnis)

19. Folgen der Vertragsbeendigung
    Aufbrauchfrist, Warenlager (Rückgabe, Vernichtung, Bewertung)
    Marken des Lizenznehmers
    Unterlagen und know how
    Wettbewerbsverbote und Geheimhaltungsverpflichtungen (als nachwirkende Sicherungen)

20. Abtretung von Ansprüchen, Unterlizenzen, Rechtsnachfolger

21. Gerichtsstand und Rechtswahl

22. Genehmigungsvorbehalte, z.B. EG-Freistellung

23. Schriftformklausel
(früher zwingend nach §34 GWB, inzwischen aufgehoben; Missbrauchsaufsicht des Kartellamts)

24. Salvatorische Klausel
(Auffangklausel für nächststehendes Grundrecht)

8.3 Festlegung der Lizenzgebühren

Der Preis für eine Markenlizenz wird üblicherweise als Prozentsatz vom lizenzpflichtigen Umsatz festgelegt. Aber wie hoch ist dieser Prozentsatz? Die Lizenzgebühr liegt meist zwischen 2,5 und 7 %. Auch Lizenzgebühren von nur 1 % sind - je nach Art des Produkts - noch denkbar. 10 % sind selten, können aber durchaus erreicht werden, wenn Verletzungen vorgefallen sind. Zur Festlegung der Lizenzgebühr gibt es in der Markenrechtsprechung nur wenige Beispiele. **"Meßmer-Tee II"** (BGH, Urt. v. 12.1.1966) war der Anfang und benannte Bekanntheitsgrad und Ruf der Marke als wichtige Bewertungskriterien, ferner Verwechslungsgefahr und Warennähe in Bezug auf eine verletzende Marke. Die Entscheidung **"Tchibo/Rolex II"** (BGH, Urt. v. 17.6.1992) bezeichnet eine Lizenzgebühr zwischen 12,5 und 20 % des Nettoverkaufswerts als marktgerecht und angemessen, benennt aber in diesem Fall der Rufausbeutung eine Lizenzgebühr von 12,5 %, da es sich um eine einmalige und auf 10 Tage begrenzte Aktion handelte.

Christoph Binder[14], Fa. Capstone Branding GmbH hat sich in zahlreichen Aufsätzen zu Lizenzgebühren und Markenbewertungen geäußert. Er benennt die vier Einflussfaktoren Markenpreisprämie, Windschatten, Risiko und Abhängigkeit.

Markenpreisprämie

Hochpreisig positionierte Marken mit hohen Gewinnmargen erzielen Lizenzraten am oberen Ende der Bandbreite bis 15 Prozent, Marken im Massenmarktsegment oft nur drei Prozent. In vielen Fällen erzielt eine Lizenzmarke im starken Heimatmarkt eine höhere Lizenzrate als in den schwächeren Auslandsmärkten.

Windschatten

Ohne den Synergieeffekt, mit dem der Lizenznehmer im Windschatten des Markeninhabers oder anderer Lizenznehmer für seine eigenen Aktivitäten rechnen kann hätte er höhere Aufwendungen für Marketing oder Distributionszugang. Der Einfluss des Windschatten-Effekts auf die Lizenzrate wird häufig unterschätzt.

---

[14] Christoph Binder, Capstone GmbH, „was kostet eine Markenlizenz?"Marke 41, H 5/2011

Risiko
Der Lizenznehmer sieht sich zwei wesentlichen Risiken gegenüber. Zum einen muss er die Investitionen zurückverdienen, die er zur Markteinführung der Lizenzprodukte tätigt. Je höher diese Investitionen, und je länger Anlaufkurve und Pay-Back-Zeit, desto mehr wird er dieses Risiko über eine niedrige Lizenzrate zu kompensieren versuchen. Zweitens muss er die Mindest-Lizenzgebühren finanzieren können, die sich aus der Lizenzrate und dem Mindestumsatz ergeben. Das Hauptrisiko des Lizenzgebers liegt dagegen darin, dass der Lizenznehmer opportunistisch nur kurzfristige, egoistische Ziele verfolgen könnte, aber damit langfristig der Marke schadet. Je unzuverlässiger der Lizenznehmer erscheint, desto höher wird seine Lizenzrate ausfallen.

Abhängigkeit
Wenn die Lizenz einen bedeutenden Anteil an den Gesamterträgen des Unternehmens hat oder während der Lizenznahmezeit entwickelt und gleichzeitig keine gleichwertigen Alternativpartner verfügbar sind, ist der Druck für den Lizenzgeber groß, die Lizenz auch zu für ihn ungünstigen Bedingungen abzuschließen. Keinen nennenswerten Einfluss auf die Lizenzrate hat dagegen die Branche. Branchenspezifisch unterschiedliche Lizenzraten lassen sich also hauptsächlich mit den oben genannten vier Hauptfaktoren erklären, aber kaum mit den Branchengewinnraten. Je nach üblicher Aufschlagskalkulation kann eine Lizenzrate von fünf Prozent auf Großhandelsstufe auch zehn Prozent auf Herstellerstufe oder auch nur 2,5 Prozent auf Einzelhandelsstufe bedeuten.

Rohnke (1995, S.31) benannte ebenfalls eine Reihe von Faktoren, die Einfluss auf die Höhe der Lizenzgebühr haben können:
Zu niedrigeren Lizenzgebühren können führen:
Es gibt auch andere Lizenznehmer für gleiche oder ähnliche Produkte,
hoher Endverkaufspreis der Lizenzprodukte,
hohe Stückzahlen,
zusätzliche Leistungen des Lizenznehmers,
das Produkt wird primär durch andere Faktoren als die Marke geprägt,
der Bekanntheitsgrad der Marke ist nicht besonders hoch,
weitere Kennzeichen oder originelle Gestaltungen werden neben dem lizenzierten Zeichen verwendet,
die Marke wird in abgewandelter Form verwendet (Diese Duldung birgt Verwässerungsgefahr; besser Originalmarke teurer lizenzieren),
weit entfernte Branchen ("Dümple" dürfte sich nicht für Kinder- oder Sportartikel eignen),
keine förmlichen Zeichenrechte,

ähnliche Drittzeichen ("Ferrari" ist in Italien auch eine Weinmarke und ein häufiger Name),

Verbandszeichen,

Verletzungen der Marke sind schon öfter vorgekommen (z.b. bei Rolex, Lacoste),

geringe Inlandswerbung des Lizenzgebers,

Negativwerbung des Lizenzgebers (z.B. Benetton 1994),

der Markenname ist nicht global verwendbar (andere oder schädliche Bedeutung, schwierige Aussprechbarkeit in einigen Sprachen).

Zu höheren Lizenzgebühren können führen:

Ausschließliche Lizenz,

besonderer Bekanntheitsgrad der Marke (spart Werbekosten),

das Produkt unterscheidet sich primär durch die Marke von ähnlichen Produkten,

die Marke wurde häufig erfolgreich verteidigt,

Lizenz birgt potentielle Beeinträchtigung des Eigengeschäfts des Lizenzgebers in sich,

die Marke hat mehrere Produktgenerationen erfolgreich überlebt (z.B: VW **Golf**, aber nicht Ford **Taunus**),

die Marke ist in anderen Fällen erfolgreich auf neue Produktgruppen ausgedehnt worden (z.B. **Porsche** auf Brillen, Füllfederhalter, aber z.B. nicht **Lego**),

die Marke ist weltweit erfolgreich.

Der Markenname ist global verwendbar.

8.4 Marken bewerten

Den Wert einer Marke zu ermitteln, ist aus vielen Gründen und Anlässen interessant. Einige sind:

Lizenznahme oder-vergabe,

Controlling,

Kauf oder Verkauf von Marken bzw. eines markenführenden Unternehmens,

Listung von Marken durch Handelsunternehmen,

Schadensersatz bei Markenverletzung und Markenpiraterie,

Markenbilanzierung,

Verpfändung, Kreditsicherung bei einer Bank,

Firmeninterne Zielsetzung: Markenpotential ausloten und Markenwert steigern durch gezielte Markenführung und -kontrolle.

Aber was ist der Wert einer Marke überhaupt? Der Wert einer Marke ist <u>nach</u> einem Kauf buchbar, aber nicht bei Wertzüchtung nur im eigenen Haus. Nach dem Erwerb einer Marke zu einem bestimmten Preis (Vergleichspreismethode) erhöht sich in der

Regel der Wert, während die buchhalterische Abschreibung zu einer Verminderung des Markenwerts in der Bilanz führt. Die planmäßige Abschreibung von Marken ist vernünftig und sogar nach dem Vorsichtsprinzip geboten. Schließlich steht eine Marke als Vermögensgegenstand nicht ewig zur Verfügung. Ihr Wert kann abgebaut werden, indem die Wettbewerber in die rechtliche Monopolstellung eindringen. Es war üblich geworden, gekaufte Marken als abnutzbare Wirtschaftsgüter zu behandeln und den Kaufpreis über einen Zeitraum von 5 bis 15 Jahren abzuschreiben. Durch einen Beschluss des Vermögensteuersenats des Bundesfinanzhofs vom 4.9.1996 (Bundessteuerblatt II, S. 586) entstand Rechtsunsicherheit, denn der BFH vertrat die Ansicht, erworbene Marken, die auf Dauer dem Betrieb dienten, unterlägen keinem Werteverzehr und seien daher nicht abschreibungsfähig. Im Gegensatz hierzu hat das Bundesministerium der Finanzen mit einem Erlass vom 27.2.1998 die vorherige ertragssteuerliche Handhabung bestätigt (Bundessteuerblatt 1998 - Teil 1, Nr. 5, S. 252): "Wirtschaftsgüter sind absetzbar, wenn ihre Nutzung zeitlich begrenzt ist. Eine Marke kann unter wirtschaftlichen Gesichtspunkten nur zeitlich begrenzt genutzt werden und ist dadurch dem Grunde nach ein abnutzbares Wirtschaftsgut. Das gilt auch dann, wenn ihr Bekanntheitsgrad laufend durch Werbemaßnahmen gesichert wird. Die Nutzungsdauer einer Marke kann in Anlehnung an §7 Abs.1 Satz 3 EStG mit 15 Jahren angenommen werden, wenn der Steuerpflichtige keine kürzere Nutzungsdauer darlegt, ggf. nachweist." (Ausführlicher s. Grauel).

Auch über Lizenzgebührenvergleich lässt sich eine Marke schätzungsweise bewerten: Als Maßstab dienen die Gebühr (in Prozent des Umsatzes), die bei Lizenzierung der Marke erzielt werden könnte, der geschätzte Jahresumsatz der Marke und die angenommene Laufzeit der Marke.

Der Wert einer Marke setzt sich aus vielen Komponenten zusammen (z.B. Basis für gehobenes Preisniveau, treuer Kundenstamm, Effektivität von Marketingmaßnahmen, Wettbewerbsschutz, gute Verhandlungsposition gegenüber dem Handel, Prestigewert, Zukunftspotential) und hängt auch stark vom Standpunkt des Bewerters ab (Konsument einer Markenware, Käufer einer Marke, Markeninhaber, Kreditgeber, Aktionär, ...). In Kapitel 1.6 hatten wir bereits den Ansatz von Aaker zur Markenbewertung kennen gelernt. Schulz/Brandmeyer (1989) wägen positive und negative Aspekte gegeneinander ab und ziehen eine "Marken-Bilanz": Der möglichst positive Saldo: "Der Markenwert ist die Gesamtheit aller positiven und negativen Vorstellungen, die im Konsumenten ganz oder teilweise aktiviert werden, wenn er die Marke wahrnimmt, und die sich in ökonomischen Daten des Markenwettbewerbs spiegeln". Weitere Definitionsansätze für den Markenwert haben Bekmeier (1994) und Franzen et al. (1994) zusammengestellt. Es wird wohl weder qualitativ noch quantitativ eine allgemeingültige Bewertungsformel für den Markenwert geben können, sondern immer nur standortabhängige Teilbewertungen.

8.4.1 Qualitative Bewertung

Qualitative Bewertungskriterien haben Rohnke (1995, S. 139) und Raithel (1989, S.298) jeweils in einer Checkliste zusammengestellt. Nachstehend wurden die Kriterien von Rohnke und die Datenbasis von Raithel kombiniert und durch eigene Bemerkungen ergänzt:

Kriterien	Datenbasis
1. Rechtlicher Schutz Internationalität der Marke Erfolgreiches Vorgehen gegen Verletzer	vorhandene Schutzrechte, Markenakten
2. Bekanntheitsgrad Zeichen Ausstattungen Slogans	Marktforschung
3. Marktstruktur Marktanteil Entwicklung des Marktanteils in der Vergangenheit Entwicklung des Gesamtmarktes Zutrittsschranken Bedeutung konkurrierender Marken	Wertmäßiger und mengenmäßiger Marktanteil Statistik, Gewinnentwicklung der Marke geschätztes Lebenszyklus-Stadium des Marktes Größenpotential des relevanten Marktes Marktanteil im Vergleich zum Marktführer, Gewinnpotential aller Anbieter
4. Historische Entwicklung Stabilität Aktualität und Anpassungsfähigkeit	Auswertung firmeninterner Unterlagen
5. Zukunftspotential internationale Ausdehnung Diversifikation	Grad der Verbreitung über ihre Stammregion hinaus Untermarken?, andere Waren?
6. Markenpflege Produktqualität Preisverhalten Share of Voice (Wie stark im Gespräch?)	Bewertung durch neutrale Experten Rolle des Preises bei der Umsatz- und Marktanteilsentwicklung Werbeaufwand im Vergleich zum Wettbewerb
7. Konsumentenbindung Markentreue Vertrauenskapital der Marke Share of mind (Im "relevant set"?) Werbeerinnerung Markenidentifikation	Bindungs- und Zufriedenheitsgrad beim Verbraucher Messung der Markenpersönlichkeit Messung der spontan abgerufenen Marken Messung der spontan abgerufenen Bild- oder Textelemente Verbindung der Werbeelemente mit der richtigen Marke

8.4.2 Quantitative Bewertung

Seit vielen Jahren besteht das Bedürfnis und die Notwendigkeit monetärer Markenbewertungen. Deshalb sind parallel zahlreiche Verfahren entwickelt worden, von einfachen und preiswerten bis aufwändigen und teuren. Zu den einfachen, vielleicht zu einfachen zählt das Verfahren von Wolfgang Repenn[15], das erkennbar aus der Praxis von Pfändungen und Sicherungsübereignungen entstanden ist. Das WoRe Wert-Bewertungssystem (namentlich dem Erfinder leicht zuzuordnen, aber für den englischen Sprachraum phonetisch etwas unglücklich gewählt) basiert auf zwei Kriterien: einmal der Ermittlung des sogenannten "Grundwertes", d. h. den entstandenen Kosten für Schaffung und Erhaltung einer Marke, zum anderen auf dem so genannten "Betriebswert", nämlich der Verwendung einer Marke. Bei der Ermittlung des Grundwertes werden von Repenn die Entwicklungs- und Recherchekosten einbezogen, die Anzahl der angemeldeten Waren- und Dienstleistungsklassen berücksichtigt, die Amtsgebühren und Anwaltsgebühren, nicht dagegen Kosten für die Produkt- oder Dienstleistungswerbung des Markeninhabers. Der Betriebswert bei benutzten Marken ist nach Repenn aus dem durchschnittlichen Jahresumsatz der letzten fünf Jahre zu entnehmen, wobei Einnahmen aus Markenlizenzen oder sonstiger Benutzungsentgelte einzubeziehen sind, ebenfalls Werterhöhungsfaktoren, z. B. bei Serienmarken oder Wertminderungsposten, wenn die zu bewertende Marke angegriffen ist. Bei unbenutzten Marken wird unter Berücksichtigung des Ablaufs der Benutzungsschonfrist auf einen jährlichen Pauschalbetrag abgestellt, der auf Erfahrungswerten beruht, in den verschiedene Korrekturfaktoren einfließen.

Fa. Brandstock München www.brandstock.com hat sich u.a. auf die quantitative Markenbewertung spezialisiert und ein ausgereiftes Verfahren entwickelt. Im Jahr 2005 stellte Sattler[16] vier Kriterien für die Ermittlung des Markenwerts zusammen, der auf einer Messung in Form eines Kapitalwerts abgezinster zukünftiger markenspezifischer Einzahlungsüberschüsse beruht:

1. „Brand Value Drivers" identifizieren und quantifizieren
2. Markenspezifische Zahlungen separieren (d.h. markeninduzierte von nicht markeninduzierten trennen)
3. Zahlungen langfristig prognostizieren
4. abschätzen, welche zukünftigen markenstrategischen Optionen die zu bewertende Marke hat – insbesondere hinsichtlich der Ausdehnung auf neue Produkte und Märkte sowie die Wertsteigerung durch Repositionierungen und Kooperationen.

Der Praktiker erkennt auf einen Blick, dass die vier Kriterien Sattlers unerfüllbar sind oder die Daten nur mit größter Unsicherheit zusammengetragen und geschätzt werden können. Eine Markenbewertung auf der Basis so vieler „weicher" Faktoren ist viel zu aufwändig, zu teuer, zu unsicher und damit unbrauchbar.

---

[15] Wolfgang Repenn, Handbuch der Markenbewertung, C.H.Beck, München, 2.Aufl. 2005
[16] Henrik Sattler, Uni Hamburg, „Markenbewertung, State of the art", Research papers on Marketing and Retailing, no. 27, Juni 2005

8.4.2.1 Die Norm DIN ISO 10668 Markenbewertung- Anforderungen an die monetäre Markenbewertung Oktober 2011

Die Norm DIN ISO 10668 wurde erarbeitet, um im Dickicht der konkurrierenden Verfahren einige Richtlinien festzulegen. Im Einführungstext der Norm heißt es: „Immaterielle Vermögenswerte sind als ausgesprochen wertvolle Eigentumswerte anerkannt. Marken sind dabei die womöglich wertvollsten, aber am wenigsten verstandenen immateriellen Vermögenswerte. Dessen ungeachtet muss einer Marke ein verlässlicher Wert zuzuordnen sein. Diese internationale Norm ermöglicht einen in sich stimmigen und zuverlässigen Ansatz zur Markenbewertung, die finanzwirtschaftliche, verhaltenswissenschaftliche und rechtliche Aspekte einschließt. Die vorliegende internationale Norm legt Anforderungen an die Verfahren und Methoden zur Bestimmung des monetären Wertes einer Marke fest. Diese internationale Norm legt die Rahmenbedingungen für die Durchführung einer Markenbewertung fest, einschließlich der Zielsetzungen, der Bewertungsgrundlagen, der Bewertungsansätze, der Bewertungsmethoden, der Beschaffung von aussagekräftigen Daten und der zugrunde gelegten Annahmen. Des Weiteren werden Methoden zur Berichterstattung hinsichtlich der Ergebnisse einer derartigen Bewertung festgelegt."

Der vollständige Inhalt der Norm DIN ISO 10668 kann gegen Gebühr aus dem Internet heruntergeladen werden.

8.4.2.2 RVR Markenbewertung online mit Benchmarkdaten und EBIT - Multiples

Die RVR[17] hat ein preiswertes Verfahren zur Markenbewertung entwickelt, das gar nicht erst versucht, weiche Faktoren zu ermitteln, aber durch Benchmarkdaten dennoch praxisorientiert, fundiert und preiswert zu brauchbaren Ergebnissen führt. In Zusammenarbeit mit der Assessa Brand Licenses GmbH[18] und der Redaktion der Zeitschrift FINANCE Magazin Frankfurt werden fünf valide Dienstleistungsmodule angeboten, die nach Bewertungstiefe und Branchenspezifizierung gestaffelt sind. Zwei Module sind online als Schätzmodule abrufbar. Sie dienen der Ersteinschätzung von Markenwerten. Die drei weiteren Module erlauben individuelle Markenwertermittlungen mit unterschiedlicher Bewertungstiefe.

Firma Assessa GmbH hat eine Datenbank mit über 4.500 monetären Markenwertermittlungen aus 80 Branchen/130 Sparten aufgebaut, die jährlich aktualisiert und erweitert wird. FINANCE erhebt mittels eigener Recherchen seit vielen Jahren mehrmals im Jahr Daten und bildet daraus EBIT Multiples, geordnet

---

[17] RVR Rechtsanwälte Stuttgart, Berlin, Mannheim, Emmendingen
[18] Assessa Brand Licences GmbH, CH-6440 Brunnen

nach 59 Branchen, die als Gewinnmultiplikatoren eine schnelle Unternehmenswertschätzung gerade für externe Berater ermöglichen.

RVR verwendet in den zwei online Tools eine kombinierte, empirische Datenbasis nach Branchen/Sparten gegliedert, die es für Markenwertschätzungen für die „kleinen und mittleren Bewertungsanlässe" bisher nicht gab.

Das Tool MARKENPROZENTWERT arbeitet allein mit den Benchmarkdaten aus der Datenbank von Assessa. Damit erhält man eine Schnellinformation darüber, wie hoch der durchschnittliche Markenwertanteil in Prozent des Unternehmenswerts in einer Branche/Sparte ist.

Das Tool MARKENWERT IN EURO kombiniert den Markenprozentwert mit einer empirischen Unternehmenswertschätzung, abgesichert durch aktuelle EBIT Multiples von FINANCE. Der User erhält beim Tool MARKENWERT IN EURO, ohne interne Informationen haben zu müssen - allein mittels öffentlich zugänglicher Finanzdaten der Markeninhaberfirma - eine Bandbreite für die Schätzung des Markenwerts in €. Benennen muss er nur das EBIT der Markeninhaberfirma. Das kann er aus den ihm bekannten Kennzahl des zu bewertenden Unternehmens ableiten.

> Link zum „Kostenlosen Rundgang: RVR Markenbewerter – Markenprozentwert"
> http://www.rvr.de/fom/390/Erstbewertung-Markenprozentwert.html?do=rundgang
>
> Link zum „Kostenlosen Rundgang: RVR Markenbwerter - Markenwert in EURO"
> http://www.rvr.de/fom/391/Erstbewertung-Monetaere-Markenwerte.html?do=rundgang
>
> Link RVR Markenbewerter
> http://www.rvr.de/fom/364/Markenbewertung-Online.html

Wenn sich der Leser, hier leicht ermüdet, mit dem belletristischen Verfahren zur Markenbewertung von Robert Musil erfrischen möchte, wird er auf den Anhang verwiesen.

8.5 Marken verkaufen

Beim Verkauf einer Marke gibt es vieles zu bedenken. Hilfreich ist wieder eine Checkliste von Rohnke (1995, S.81-82). Sie ist auch eine Ergänzung zur Checkliste Lizenzvertrag.

Checkliste für den Verkauf von Marken

1. Gegenstand

> Status: Eintragungen, Anmeldungen, Widersprüche, Löschungsverfahren, Nebenrechte (z.B. Geschäftsbezeichnungen)

2. Inhaberwechsel
   Stichtag
   Kostentragung
   Übergangsregelung bis zur erfolgten Übertragung der Marke

3. Übergabe von Unterlagen
   Anmelde- und sonstige Verfahrensunterlagen
   Weitere markenbezogene Unterlagen, z.B. Marktforschung
   Nachweise für rechtserhaltende Benutzung

4. Mitwirkungspflichten des Verkäufers
   Umschreibungsverfahren beim Patent- und Markenamt (Formblätter vom DPMA anfordern)
   Übertragung oder Beendigung von Lizenzverträgen über die Marke

5. Nebenleistungen des Verkäufers
   z.B. Know-how und Rezepturen für die gekennzeichneten Produkte

6. Rechtsstreitigkeiten
   Überleitung anhängiger Verfahren
   Unterstützung durch den Verkäufer bei zukünftigen Verfahren, z.B. im tatsächlichen Bereich

7. Einschränkung der Benutzungsrechte
   z.B. auf bestimmte Waren und Dienstleistungen
   territorial
   zukünftig zu haltender Abstand von anderen Kennzeichen des Verkäufers

8. Freiheit von Rechten Dritter
   Kennzeichenkollisionen
   Sachenrechte (Sicherungsübereignung, Pfändung nach neuem MarkenG)

9. Kaufpreis
   insbesondere Fälligkeit, Ratenzahlungen, variabler Preis nach Umsatzwartungen

10. Vorbehaltsklausel für kartellamtliche Freigabe

Nachfolgend ein Beispiel für einen Markenkaufvertrag von Rohnke:

Markenkaufvertrag

Zwischen

(Käufer)

und

(Verkäufer)

und

(Nutzer)

Präambel

Nutzer benutzt seit Jahrzehnten die sich aus <u>Anlage 1</u> ergebenden Marken ("die Marken"). Diese werden gegenwärtig vom Verkäufer treuhänderisch gehalten. Nutzer ist seit 1981 mit dem Käufer unter anderem durch Lizenzverträge verbunden. Der Käufer ist deshalb bereit, Nutzer über den Verkäufer im Gegenzug zur Übertragung der Marken Liquidität zur Verfügung zu stellen. Nutzer soll die Marken aufgrund eines abzuschließenden Lizenzvertrages weiter benutzen können. Weiter soll Nutzer durch eine Rückkaufoption in die Lage versetzt werden, bei einer Besserung der wirtschaftlichen Verhältnisse die Marke vom Käufer zurück zu erwerben. In diesem Fall treten die vorläufigen suspendierten gegenwärtig geltenden Verträge zwischen Nutzer und dem Käufer wieder in Kraft.

§ 1

Verkauf

Der Verkäufer verkauft an den Käufer mit Zustimmung von Nutzer die Marken. Die Verpflichtung zur Übertragung der Marken ist mit Unterzeichnung des Vertrages durch die letzte der Vertragsparteien fällig.

§ 2

Abtretung

Mit Unterzeichnung dieses Vertrages durch den Verkäufer tritt dieser mit sofortiger Wirkung, und ohne dass es des Eintritts weiterer Bedingungen bedarf, die Marken an den Käufer ab. Nutzer stimmt der Abtretung mit Unterzeichnung dieses Vertrages durch Nutzer zu.

§ 3

Weitere Pflichten des Verkäufers

3.1. Der Verkäufer und Nutzer werden alle Handlungen vornehmen, die zur rechtsgültigen Übertragung der Marken erforderlich sind, z. B. Erklärungen gegenüber

Patentämtern oder anderen Behörden, Vornahme von Beglaubigungen oder Beurkundungen. Der Verkäufer und Nutzer werden auch alle Handlungen vornehmen, die zur Umschreibung in den jeweiligen Registern erforderlich sind, auch wenn die Umschreibung für die Rechtswirksamkeit der Übertragung nicht erforderlich ist.

3.2. Der Verkäufer wird über die Abtretung Stillschweigen bewahren und Erklärungen gegenüber Patentämtern oder Dritten nur dann abgeben, wenn der Käufer dies wünscht.

3.3. Der Verkäufer und Nutzer werden an den Käufer alle Mitteilungen des Patentamtes oder sonstiger Dritter weiterleiten, die ihnen im Zusammenhang mit den Marken zugehen. Sie werden hinsichtlich der erforderlichen Reaktionen mit dem Käufer unverzüglich Kontakt aufnehmen und entsprechend den Weisungen des Käufers handeln.

3.4. Der Verkäufer wird, solange der Käufer nicht in den Registern eingetragen ist, alle notwendigen Verfahrenshandlungen vornehmen, um die Schutzrechte zu erhalten, z. B. Zahlung von Verlängerungsgebühren, fristgerechte Abgabe von Erklärungen gegenüber dem Patentämtern usw.

3.5. Der Verkäufer und Nutzer werden auf Verlangen des Käufers diesem Vollmacht zur Vornahme aller notwendigen Verfahrenshandlungen erteilen.

§ 4

Übergabe von Unterlagen

Der Verkäufer wird an den Käufer alle Unterlagen zu den Marken übergeben, die sich in seinem Besitz befinden. Nutzer wird alle Unterlagen übergeben, die sich in seinem Besitz befinden. Diese Unterlagen umfassen insbesondere Eintragungsurkunden, patentamtliche Korrespondenz, vollständige Akten zu allen Verfahren im Zusammenhang mit der Marke, insbesondere Widerspruchs-, Löschungs- und Verletzungsgefahren. Zu den Unterlagen gehören alle Lizenzverträge über die Marken, sowie alle sonstigen vertraglichen Abreden, die für die Marken von Bedeutung sind, z. B. gerichtliche Vergleiche, Abgrenzungsvereinbarungen, Sicherungsrechte an den Marken usw.

§ 5

Anhängige Rechtsstreitigkeiten

5.1. Der Verkäufer und Nutzer erklären, dass gegenwärtig keinerlei Rechtsstreitigkeiten mit Bezug auf die Marken anhängig sind, weder als Aktiv- noch als Passivprozesse. Das schließt Verfahren vor den ordentlichen Gerichten ebenso ein wie patentamtliche Verfahren.

5.2. Der Verkäufer und Nutzer erklären, dass ihnen gegenwärtig keine Verletzungsfälle hinsichtlich der Marken bekannt sind. Sollten ihnen solche Verletzungsfälle bekannt werden, werden sie unverzüglich den Käufer unterrichten und alle Mitwirkungshandlungen vornehmen, die erforderlich sind, um die Markenrechte gegen die Verletzer geltend zu machen. Das schließt auch die Prozessführung im eigenen Namen ein, sobald die Markenrechte noch nicht auf den Verkäufer übertragen worden sind und dies nach der jeweils anwendbaren Rechtslage für die Geltendmachung der Ansprüche aus einer Marke erforderlich sein sollte.

5.3. Sollten dem Verkäufer oder Nutzer irgendwelche Klagen, Anträge oder sonstige Verfahrensmitteilungen zugehen, etwa weil die Umschreibung noch nicht stattgefunden hat, werden sie diese unverzüglich an den Käufer weiterleiten und den Instruktionen des Käufers im Hinblick auf die zu ergreifenden Maßnahmen folgen. Sie werden ohne Zustimmung des Käufers keine Anerkenntnisse abgeben, Vergleiche abschließen oder sonstige Verfahrenshandlungen veranlassen. Bei der Auswahl der Anwaltskanzlei werden sie den Instruktionen des Käufers folgen.

§ 6

Zusicherungen

Der Verkäufer und Nutzer sichern dem Käufer zu:

☐ dass der Verkäufer und Nutzer uneingeschränkt verfügungsberechtigt über die Marken sind und insbesondere keinerlei Rechte Dritter, sei es in Form von Pfandrechten, Sicherungsübereignungen, -abtretungen oder sonstigen Rechten an den Marken bestehen;
☐ Dass sich weder Nutzer noch der Verkäufer Dritten gegenüber verpflichtet haben, diesen Rechten an den Marken, Lizenzforderungen oder Ersatzansprüche einzuräumen oder über solche Rechte nicht zu verfügen;
☐ dass die Marken in Kraft stehen, insbesondere jeweils fristgemäß verlängert worden sind und keine Löschungsgründe bestehen, insbesondere nicht wegen mangelnder Benutzung;
☐ dass keine Widersprüche, Löschungsanträge oder -klagen oder sonstige Verfahren anhängig sind, die geeignet sind, den Bestand der Marken zu gefährden;
☐ dass wegen der Benutzung der Marken keine Unterlassungsklagen Dritter anhängig sind;
☐ dass keine Verletzungsgefahren gegen Dritte anhängig sind und konkrete Fälle der Verletzung der Marken gegenwärtig nicht bekannt sind;
☐ dass keine Anhaltspunkte für eine Schwächung der Marken bestehen, z. B. aufgrund negativ verlaufender Verletzungsprozesse;
☐ dass der Verkäufer oder Nutzer nicht wegen der Verwendung der Marken aufgrund angeblich älterer Rechte oder sofortigen Anspruchsgrundlagen in Anspruch genommen wurden und nach Kenntnis des Verkäufers und Nutzer keine älteren Rechte bestehen, die eine Verletzungsklage begründen könnten.

§ 7

Kaufpreis

7.1. Der Kaufpreis für die Marken einschließlich der damit in Zusammenhang stehenden weiteren Verpflichtungen des Verkäufers und Nutzer beträgt
a) € *, wenn die Bilanz von Nutzer per * (Datum)
€ * oder mehr Verlust ausweist;

b) € *, wenn die Bilanz von Nutzer per *(Datum)
weniger als € * ausweist.

7.2. Der Bilanzverlust gem. § 7.1. ist aufgrund einer von der Wirtschaftsprüfungsgesellschaft * zu testierenden Bilanz nachzuweisen.

7.3. Der Kaufpreis ist in Höhe von * mit Abschluss dieses Vertrages fällig. Der eventuelle Restkaufpreis in Höhe von € * ist zwei Wochen nach Übergabe einer testierten Bilanz gem. Ziff. 7.1. lit. b) fällig.

7.4. Der Kaufpreis ist netto ohne Abzüge auf das Konto * zu zahlen. Die Parteien gehen davon aus, dass die Leistung nicht mehrwertsteuerpflichtig ist, da der Käufer seinen Sitz im Ausland hat. Sollte Mehrwertsteuer anfallen, wird diese von den Verkäufern aus dem Kaufpreis gem. § 7.1. getragen, d. h. der Käufer zahlt in keinem Fall mehr als den Kaufpreis gem. § 7.1.

7.5. Mit der Zahlung des Kaufpreises auf das Konto gem. § 7.4. erfüllt der Käufer gleichzeitig seine Verpflichtung gegenüber dem Verkäufer und dem Nutzer. Verkäufer und Nutzer erklären, dass sie diese Zahlung als vollständige Erfüllung anerkennen.

§ 8

Altverträge

Zwischen den Parteien bestehen die in der <u>Anlage 2</u> aufgeführten Verträge vom * nebst Ergänzungen (die Altverträge).

8.2. Mit Inkrafttreten dieses Vertrages wird die weitere Durchführung der Altverträge suspendiert, diese werden aber nicht aufgehoben. Die Altverträge sollen in der Form, in der sie zum Zeitpunkt des Abschlusses dieses Vertrages bestanden, dann wieder in Kraft treten, wenn das Rückkaufsrecht (§9) ausgeübt wird. Zwischen dem Abschluss dieses Vertrages und der Wirksamkeit der Rückübertragung gem. § 9.4. können aus diesen Verträgen keine Rechte hergeleitet werden. Ansprüche aufgrund der Altverträge, die vor dem Inkrafttreten des Vertrages bereits fällig waren, sind auszugleichen.

§ 9

Rückkaufsrecht

9.1. Der Käufer räumt dem Verkäufer ein Rückkaufsrecht ein. Das Rückkaufsrecht kann vom Verkäufer innerhalb von drei Jahren nach dem Datum des Vertragsschlusses ausgeübt werden. Es ist durch schriftliche Erklärung gegenüber dem Käufer auszuüben (Erklärung per Telefax ausreichend).

9.2. Der Rückkaufspreis beträgt

☐ im ersten Jahr nach Vertragsabschluß € *;
☐ im zweiten Jahr nach Vertragsabschluß € *;
☐ im dritten Jahr nach Vertragsabschluß € *; (Tendenz steigend)

jeweils zzgl. Mehrwertsteuer, sofern eine solche anfällt.

9.3. Die Rückkaufspreise sind jeweils netto ohne Abzüge ab den Verkäufer zu leisten. Sie sind mit Ausübung des Rückkaufsrechtes sofort fällig.

9.4. Der Käufer wird nach Zahlungseingang gem. § 9.3. mit sofortiger Wirkung die Marken auf den Verkäufer rückübertragen. Der Käufer wird dabei alle notwendigen Erklärungen abgeben, die zur Rückübertragung erforderlich sind. § 3 gilt entsprechend.

9.5. Die Ausübung des Rückkaufsrechtes und die Rückübertragung durch den Käufer auf den Verkäufer stehen unter der Bedingung, dass die Altverträge wieder in Kraft getreten sind. Das erneute Inkrafttreten der Altverträge ist vom Verkäufer durch Rechtsgutachten einer dem Käufer genehmen Kanzlei nachzuweisen. Die Kosten des Gutachtens trägt der Verkäufer.

§ 10

Besserungsklausel

10.1. Wenn der Verkäufer vom Rückkaufsrecht (§ 9) innerhalb der Drei-Jahres-Frist keinen Gebrauch gemacht hat und Nutzer durch testierte Bilanzen für die Jahre *, * und * nachweist, dass in diesen drei Jahren ein durchschnittlicher Jahres-Netto-Umsatz in Höhe von € * erreicht wurde, wird der Verkäufer einen weiteren Kaufpreisteil in Höhe von € * einschließlich etwaig anfallender Mehrwertsteuer entrichten.

10.2. Sollte Nutzer in den darauf folgenden Geschäftsjahren (* und *) einen von der Wirtschaftsprüfungsfirma * testierten Bilanzgewinn in Höhe von durchschnittlich mindestens € * netto erreichen, wird der Käufer einen weiteren Kaufpreisteil in Höhe von € * einschließlich etwaiger Mehrwertsteuer entrichten.

10.3. Die weiteren Kaufpreisteile sind jeweils innerhalb von zwei Wochen nach Vorlage der testierten Bilanzen fällig. Der Käufer kann mit allen seinen Forderungen gegen den Verkäufer oder Nutzer aufrechnen.

10.4. Die Zahlung der weiteren Kaufpreisteile erfolgt auf das Konto Nr. * bei der * Bank. Die Kaufpreiszahlung wirkt als Erfüllung gegenüber dem Verkäufer und Nutzer. Der Verkäufer und Nutzer erklären, dass mit der Zahlung auf dieses Konto ihnen gegenüber Erfüllung eingetreten ist.

§ 11

Lizenzvertrag

Mit dem Abschluss des Kaufvertrages wird der Käufer mit Nutzer einen Lizenzvertrag gem. Anlage 3 abschließen.

§ 12

Gewährleistung

12.1. Der Verkäufer und Nutzer leisten dem Käufer Gewähr nach den kaufrechtlichen Vorschriften. Dabei besteht Einigkeit darüber, dass alle Mängel im Hinblick auf die Marken, insbesondere Verstöße gegen die Zusicherungen gem. § 6, als Rechtsmangel im Sinne von § 434 BGB gelten. Die Parteien sind sich darüber einig, dass beim Fehlen einer zugesicherten Eigenschaft gem. § 6 der Verkäufer und Nutzer dem Käufer Ersatz des positiven und des negativen Interesses schulden (nach Wahl des Käufers).

12.2. Die Geltendmachung von Ansprüchen aufgrund anderer Anspruchsgrundlagen, insbesondere positive Vertragsverletzungen oder culpa in contrahendo, bleibt dem Käufer vorbehalten.

12.3. Ansprüche des gem. § 12.1. verjähren innerhalb von fünf Jahren nach Abschluss des Vertrages.

12.4. Die Beweislastregelung von § 442 BGB gilt nicht, vielmehr trifft die Beweislast für die Mangelfreiheit den Verkäufer.

§ 13

Allgemeines

13.1. Es bestehen keine mündlichen Nebenabreden zu diesem Vertrag. Jede Änderung oder Ergänzung dieses Vertrages, einschließlich der Änderung dieser Klausel, bedarf der Schriftform.

13.2. Sollte eine Klausel dieses Vertrages unwirksam sein oder werden, bleibt der Vertrag im übrigen wirksam. Die Parteien werden eine Regelung treffen, die der unwirksamen Klausel in ihrer Wirkung möglichst nahe kommt, ohne selbst unwirksam zu sein.

13.3. Dieser Vertrag unterliegt deutschem Recht. Für alle Streitigkeiten aus diesem Vertrag ist das Landgericht Frankfurt am Main ausschließlich zuständig.

13.4. Sämtliche Kosten, die im Zusammenhang mit diesem und aus diesem Vertrag entstehen, wie beispielsweise auch im Hinblick auf die Übertragung, Eintragung und Rückübertragung der Marken, gehen zu Lasten des Verkäufers.

....
Ort, Datum   Unterschrift

....
Ort, Datum   Unterschrift

8.6 Marken umschreiben

Anlässe für eine Umschreibung sind

Namensänderung (z.B. nach Eheschließung, Inhaberwechsel oder Firmennamenänderung)

Firmenänderung (z.B. Änderung der Gesellschaftsform von AG in SE)

Anschriftänderung (Z.B. Wohnungswechsel oder Wechsel des Firmensitzes)

Übertragung (z.B. Verschmelzung, Verkauf)

Vertreteränderung.

Bei den Gesellschaftsformen ist zu unterscheiden zwischen

Personengesellschaften

    GbR Gesellschaft bürgerlichen Rechts

    OHG Offene Handelsgesellschaft

    KG Kommanditgesellschaft

    GmbH & Co. KG

    Partnergesellschaft (freie Berufe)

und Kapitalgesellschaften
AG Aktiengesellschaft
SE Europäische Gesellschaft
GmbH Gesellschaft mit beschränkter Haftung.

Die Eintragung von Umschreibungen in Unternehmensregister wie Handelsregister, Genossenschaftsregister und Partnerschaftsregister sollen hier unberücksichtigt bleiben. Bei Marken und Designs ist eine Umschreibung wegen des Benutzungsnachweises bzw. für den Fall einer Verletzung notwendig. Beim DPMA, bei der WIPO und beim EUIPO genügen im Normalfall unbeglaubigte Kopien des entsprechenden Nachweises. Die vollständige Umschreibung beim DPMA ist kostenlos. Eine teilweise Umschreibung erfordert die vorherige kostenpflichtige Teilung. Der Gesetzgeber ist davon ausgegangen, dass ein öffentliches Interesse daran besteht, den Besitzstand einer Marke möglichst aktuell zu halten. Für die verschiedenen Fälle der Umschreibung gibt es einfache Formulare, die von www.dpma.de/formulare heruntergeladen werden können:

Antrag auf Eintragung von Änderungen von Namen oder Anschriften
Antrag auf Eintragung eines Rechtsübergangs (für alle Waren und Dienstleistungen)
Antrag auf Eintragung eines Teil-Rechtsübergangs (für einen Teil der Waren und Dienstleistungen)

Es geht aber auch mit zwei notariell beglaubigten Einschreibebriefen an das DPMA, Umschreibestelle, 80297 München.
Der erste Brief - UMSCHREIBUNGSBEWILLIGUNG - hat folgenden kurzen Inhalt:
Wir beantragen hiermit die Umschreibung der deutschen Marke Nr. ....*Markenname* (und der Internationalen Marke Nr. ....*Markenname*) auf die Firma *Firmenname*.
Unterschrift

Der zweite Brief - ÜBERTRAGUNGSANNAHME - wird vom Empfänger der Marke unterzeichnet und lautet:
Wir nehmen die Übertragung der deutschen Marke Nr. ....*Markenname* (und der Internationalen Marke Nr. ....*Markenname*) an und beantragen die Umschreibung auf uns im Markenregister.
Unterschrift

Im Ausland kann die Umschreibung wesentlich komplizierter sein. In einigen Ländern werden eidesstattliche, notariell und konsularisch beglaubigte Erklärungen verlangt. Wenn öffentliche Urkunden einer deutschen Behörde (z. B. die Heimatbescheinigung für eine eingetragene Marke), eines deutschen Gerichts oder eines deutschen Notars als Beweismittel im Ausland dienen sollen, bedürfen sie der Legalisation durch die jeweilige Botschaft oder das Konsulat in der Bundesrepublik Deutschland. Eine Erleichterung gilt für die Länder, die dem "Haager Übereinkommen zur Befreiung ausländischer öffentlicher Urkunden von der Legalisation" vom 5. Oktober 1961 beigetreten sind (BGBl II S.875 = BlPMZ 1965, 230). An die Stelle der Legalisation tritt hier die sog. Haager Apostille, die von einer deutschen Behörde erteilt wird, von einem Landgericht, dem Bundesverwaltungsamt Referat II B4 – Beglaubigungen, 50728 Köln oder dem DPMA. Die Apostille soll die Form eines Quadrats mit einer Mindestseitenlänge von 9 cm besitzen:

APOSTILLE
(Convention de La Haye du 5 octobre 1961)

1. Land: ....
Diese öffentliche Urkunde
2. ist unterschrieben von ....
3. in seiner Eigenschaft als ....
4. Sie ist versehen mit dem Siegel / Stempel des/der ....
....
5. Bestätigt
in .... 6. am ....
7. durch ....
8. unter Nr. ....
9. Siegel / Stempel: 10. Unterschrift:
....

9. Der Slogan – Claim, Appell und Markenstärker

9.1 Was sind Slogans?

Ein Slogan ist ein einprägsamer Spruch oder (Primitiv-)Reim, gewöhnlich ein kurzer Satz, mindestens aus Subjekt und Prädikat bestehend. Die Bezeichnung SLOGAN leitet sich vom schottisch-gälischen sluagh-ghairm (ausgesprochen sluə-'charəm/sluə-'cherəm) ab, bestehend aus sluagh – Volk, Heer, und gairm – Ruf. Ein Slogan ist damit der Sammelruf der Clans (in Friedenszeiten) und der Sammel- und auch Schlachtruf während des Kampfes (in Kriegszeiten). Slogans werden hauptsächlich in der Politik, der Wählerbeeinflussung und in der Werbung bzw. Markenkommunikation verwendet. Der Slogan soll in kompakter Form eine Aussage vermitteln und das Publikum überraschend, humorvoll und/oder aggressiv beeinflussen. Häufig wird der Begriff Claim synonym verwendet[19] . In der Markenwelt sind die Slogans außer Schlachtrufen im Kampf um Kunden und Märkte

---

[19] Wikipedia, Slogans, 29. April 2008

Türöffner, Spaßmacher, Ohrwürmer, Parolen, Geschmacksverstärker und Motto von Unternehmen. Manchmal sind sie Sprachverderber aus Gefallsucht und Geltungsbedürfnis. Mitunter werden sie zu geflügelten Worten, die die klassischen Zitate im Wortschatz verdrängen. Diese kurzen Phrasen, die meist beschreibende oder emotionale Informationen vermitteln. können einerseits die Wiedererkennung von Marken erhöhen und/oder die Markenbekanntheit stützen, andererseits die Verbindung zwischen Marke und Leistung verstärken und/oder die gewünschte Positionierung verdeutlichen. Synonym für Werbeslogans wird von der Werbebranche gern das Wort Claim, engl. Anspruch verwendet. Taglines sind weder Slogans noch Claims, sondern lediglich erklärende Unterzeilen zu Marken wie z.B. „Ein Unternehmen der Firmengruppe XYZ".

9.2 Arten von Slogans

Man kann Slogans/Claims nach der Art der Anwendung unterteilen[20].
Der <u>Dachmarken-Claim</u> oder Corporate Claim dient dem langfristigen Einsatz, z.B. „Wir geben Ihrer Zukunft ein Zuhause" (LBS), „Auf diese Steine können Sie bauen" (Schwäbisch Hall), „Jede Woche eine neue Welt" (Tchibo). „Essentials for life" (Degussa) war allerdings kurzlebig, weil Degussa als essentiell für das Leben der RAG angesehen, von dieser geschluckt wurde. Bei der Folgefirma wird nun „Alles Müller, oder was?" gewitzelt, weil der RAG-Stiftungsvorstand Müller heißt.
Der <u>Produkt-Claim</u> oder Brand claim dient dem mittelfristigen Einsatz, z.B. „Wir suchen Driver" (VW), „Offizieller Ausstatter italienischer Lebensfreude".(Segafredo ZANETTI)
Der <u>Kampagnen-Claim</u> oder der Einführungs-Claim dient dem kurzfristigen Einsatz, z.B. „Bewegt die, die bewegen. Der neue BMW 6."
Der politische oder <u>Non commercial claim</u> dient Organisationen und Parteien zur Selbstdarstellung und Richtungsangabe oder auch als leere Phrase in der Öffentlichkeitsarbeit, z.B. „Du bist Deutschland!"

9.3 Slogans als Marken

Marken waren und sind üblicherweise Wörter und Bilder, die ursprünglich emotionslos neutral sind. Angefangen von beispielsweise ALFA ROMEO über ERDAL, HARIBO, MONTBLANC, TESA, UNDERERBERG bis ZEISS sind dies Kennzeichen, die im Laufe der Zeit Bekanntheit, Vertrauen, Wertschätzung und damit Wert erworben haben. Marken sind Grundbausteine, Slogans können bei ihrer Positionierung helfen

---

[20] Bernd M. Samland, Unverwechselbar, Haufe, Planegg 2006, S. 114 ff

oder schaden. Slogans dienten und dienen als modische und deshalb nur zeitweilig eingesetzte markenunterstützende Sprüche, Erläuterungen, Ermunterungen und Konsum-Aufrufe. Erst relativ spät und zunächst schleichend sind die Slogans den Marken gleichwertig an die Seite gerückt. Nach § 3 Abs. 1 MarkenG können als Marke grundsätzlich alle Zeichen geschützt werden, die geeignet sind, Waren oder Dienstleistungen eines Unternehmens von denjenigen anderer Unternehmen zu unterscheiden. Hinderungsgrund für die Eintragung von Slogans war zunächst die häufig etwas saloppe bis unseriöse Erscheinung und die Verwendung alltagssprachlich gewohnter und allgemein verständlicher Bestandteile, denen in der Regel jegliche Unterscheidungskraft abgesprochen wurde, besonders solchen, die in der Art werbeüblicher Formen lediglich beschreibende Hinweise wiedergeben oder bloß allgemein anpreisende Werbesprüche oder Werbeschlagwörter enthalten. Folgerichtig konnten die Slogans „Mein Auto" von Hyundai und „Fashion for Living" von C&A keine Registrierung als Marke erhalten. Das EUIPO in Alicante hat u.a. folgenden Slogans die Eintragung verwehrt: PASSION TO PERFORM, LEISTUNG AUS LEIDENSCHAFT, DESIGNED TO DO MORE, EXPERTISE YOU CAN TRUST und NULLKOMMANIX. Bei NULLKOMMANIX war das EUIPO vielleicht zu streng.

Unverständlich ist jedenfalls, dass der Slogan „Ich freu mich drauf" (Metro Düsseldorf) als deutsche Marke gleich zweimal für eine große Palette von Waren eingetragen wurde.

Kann die unmittelbar beschreibende Bedeutung verneint werden, hat das Amt zu prüfen, ob die beteiligten Verkehrskreise den Slogan als Marke, als individuelles, betriebliches Unterscheidungsmerkmal auffassen werden. Und genau hierbei ist eine zunehmende Toleranz der Prüfer festzustellen, die durch die Gewöhnung an die Slogans im Alltag weiter verstärkt wird. Auch von der Anmelderseite her gibt es eine Bewegung vom Slogan zur Marke, das vielfache Bemühungen, den Slogans das schnell Vergängliche zu nehmen und sie als Leitsätze oder Wahlsprüche für das Unternehmen zu veredeln. Wildwuchs oder Kollision mit der Dachmarke oder mit dem Dachmarken-Slogan sollten allerdings verhindert werden.

Marken können auch Bestandteile von Slogans werden. Das erleichtert u. U. die Eintragbarkeit des Slogans als Marke, nimmt dem Slogan aber die Unabhängigkeit, Leichtfüßigkeit und Auswechselbarkeit und kann die Marke verwässern. Beispiele sind „Bitte ein Bit", „HARIBO macht Kinder froh ..." sowie „O_2 can do"

9.4 Strategien für die Übermittlung von Botschaften durch Slogans

Ein wirksamer Slogan benutzt meist einen oder mehrere der folgenden Strategien[21]:

---

[21] Wikipedia, Slogans, 29. April 2008 und www.markenlexikon.com/slogans_intro.html nach dem Stand vom 9. Mai 2008

Er spricht von den Vorteilen von Produkt, Person oder Idee: „Guinness is good for you"; „Von der Sowjetunion lernen heißt Siegen lernen", „Bewegt die, die bewegen. Der neue BMW 6."

Er formuliert einen Unterschied zur Konkurrenz: „Freiheit statt Sozialismus", „Intel inside" (Intel), „Nichts ist unmöglich" (Toyota), „Da weiß man, was man hat" (PERSIL von Henkel).

Er macht eine einfache, direkte, prägnante und treffende Aussage: „Energy for everyday" (Enerday)"

Er setzt Witz ein: „Katzen würden Whiskas kaufen", „Wir können alles, außer Hochdeutsch" (Baden Württemberg), „Austrian Hairlines – die Trendschnitter" (Wiener Friseur), „Die vermutlich längste Praline der Welt" (Duplo).

Er spricht etwas Persönliches und Besonderes an: „Nie war er so wertvoll wie heute" (Klosterfrau Melissengeist), "Otto - find ich gut".

Er vermittelt einen glaubwürdigen und anschaulichen Eindruck von Produkt, Person oder Idee: „Und läuft und läuft und läuft"; „Auf den Kanzler kommt es an"

Er gibt dem Konsumenten oder Wähler ein gutes Gefühl: „Modell Deutschland", „Ihre Sorgen möchten wir haben", „Wir machen den Weg frei" (Volksbanken), "Leben Sie. Wir kümmern uns um die Details" (HypoVereinsbank), „Das grüne Band der Sympathie" (Dresdner Bank), „Diciamo Si al futuro" (Sagen wir Ja zur Zukunft), (SiVara).

Er lässt einen Wunsch oder Bedarf spüren: „Ohne Ö fehlt dir was", "Freude am Fahren" (BMW).

Er macht Druck oder ermutigt zu einer Handlung: "Bild Dir Deine Meinung!" (Bild-Zeitung), „Du darfst" (Unilever), „Nie mehr gemeinsam einsam. Sei frei - Nimm zwei!"(Peter Küddelsmann)

"Just do it" (Nike), „Ruf doch mal an" (Deutsche Telekom), „Make Life A Ride" (BMW für Motorräder).

Er schmeichelt (auch sich selbst): „Dahinter steckt immer ein kluger Kopf" (F.A.Z)

Er nutzt literarische, phonetische und rhetorische Mittel zur Erhöhung der Prägnanz und Merkfähigkeit.

9.5 Bildungsmechanismen von Slogans

Slogans werden aus vielen Gründen immer beliebter. Sie können auf vielfache Weise klassifiziert werden. Hier versuchen wir es über die Bildungsmechanismen[22]

---

[22] Bugdahl 2005, S.25

Klassischer Reimpaarvers

Reime merken sich zwar gut, können aber auch leicht albern wirken und dann zwar gern nachgesprochen, aber nicht ernst genommen oder sogar verballhornt werden[23]. Alles machbar, Herr Nachbar. (Toom Werbung für Mira Klapprad 2005) ALMIGHURT von Ehrmann, keiner macht mich mehr an.

HARIBO macht Kinder froh und Erwachs'ne ebenso (Haribo kommt von Hans Riegel, Bonn).

Im Falle eines Falles, klebt UHU wirklich alles.

So nah', als wär' man da.

Radio von hier für Leute wie wir.

MARS macht mobil, bei Arbeit, Sport und Spiel.

Mit IMI im Wasser geht's Abwaschen rascher.

Willst du viel, spül mit PRIL (Henkel).

Morgens REI, mittags frei.

Wer es kennt, nimmt KUKIDENT.

Bei Hustenqual nimm Em-eukal.

Was der Regen für'n Salat, ist bei Husten IPALAT (Dr. Pfleger).

Las Dir raten, trinke SPATEN.

So nötig wie die Braut zur Trauung, ist Bullrich-Salz für die Verdauung.

Einmal hin, alles drin (in der Tüte von REAL).

Pleasure you can't measure.

O$_2$ can do (nur bei englischer Aussprache von 2 als two)

Do you yahoo?

Gute Wahl bei Durchfall-Qual.

Ein Reim mit milder Gewaltanwendung im Sinne des glatten Endreims ist: Was stets den Magen läuterte, war Winkelmeyers Kräutertee.

Akronyme

PLUS Prima leben und sparen

LG Life is good (Lucky Goldstar)

---

[23] Bugdahl 2005, S. 143

Alliteration (Stabreim)
Bitte ein Bit (Bitburger)
Freude am Fahren (BMW)
Guinness is good for you.
Intel inside (Intel)
Leistung aus Leidenschaft (Deutsche Bank)
Manchmal muss es eben Mumm sein (Rotkäppchen-Mumm Sektkellereien)
Milch macht müde Männer munter.
Neckermann macht's möglich.
Weil Vaillant [Weiland] weiterdenkt.

Assonanz
Wenn's um Geld geht. Sparkasse.
Ist die Katze gesund, freut sich der Mensch (Kitekat)
Aus unserem Vermögen wächst Ihres (Walter Thoma, Private Banking, Vontobel)

Verfremdete Sprichwörter
Liebe auf den ersten Schluck (Durbacher Winzergenossenschaft und Merziger)
Gut gebraut, Löwe! (Löwenbräu)
Den Letzten beißen die Hummer
Ente gut, alles gut (Haldengut).
Kerle vor die Säue DE 30300959)
Morgenstund hat Brot im Mund (Wiener Feinbäcker Heberer)

Verfremdete Zitate
Hier bin ich Mensch, hier kauf' ich ein. (Statt Goethe, Faust I, Osterspaziergang, „... hier darf ich's sein" (Drogeriemarkt DM)
Völker leert die Regale! (Statt „Völker hört die Signale", die Internationale)
Veni, vidi, VISA.
I came, I saw, I shopped.
Sumatra cum laude (für Zigarren).
In dubio pro secco.

Ambiguität
ARAL Alles super. (Diesel wird dort aber auch verkauft)
Aus Deutschlands feinstem Saftladen (Merziger).
Bild Dir Deine Meinung! (Bild-Zeitung)
Dahinter steckt immer ein kluger Kopf (F.A.Z)
Die könnte Ihrem Slip so passen! (Alldays Slipeinlagen).

Nichts bewegt Sie wie ein Citroën.
Cutters. Wir schneiden gut ab.
Lass mich bei Dir einziehen (Creme 21).
Auf gute Dachbarschaft (Röben Tonbaustoffe).
Fly with US (US Airways).
Come in and find out (Douglas) ist eigentlich nicht mehrdeutig, wird aber vom deutschen Publikum möglicherweise falsch verstanden als "Komm rein und finde wieder heraus" oder „Was ich jetzt kaufe, ist „in", aber bald findet man es „out".
Leip zisch! (Marke DE 306 41 570.4/23 für Biere)
Die Holsten Blume blüht das ganze Jahr (Idee für Bierwerbung von Dr. Peter Graf)
Duplo - Vermutlich die längste Praline der Welt
Dazu ein Witz, der auf diesen Slogan anspielt.
Fragt der Gast den Ober:
"Wo bleibt meine Serviette?"
Kurze Zeit später kommt der Ober mit einer Rolle Klopapier.
Der Gast regt sich schrecklich auf. Doch der Ober bleibt cool:
"Für manche ist es Klopapier, für andere die längste Serviette der Welt!"
Haben Sie auch Zubehör? Klar, hama.
(Das Unternehmen hama wurde 1923 in Dresden von dem 18-jährigen Fotografen **Martin Hanke** als Hamaphot KG gegründet und war auf Fotozubehör spezialisiert.)

Paradoxon
Diese Bohrmaschine ist ein Hammer.
Weniger ist mehr.

Wortspiel
Die Taschentücher in der Tüchertasche.
Für Besseresser (Hilcona).
Schwarz weiß wie.
Nice to meet you, nice to feed you. Dieser Slogan diente auf der Messe "Eurotier" in Hannover dazu, die Kunden für Feed additives (Futtermittelzusätze) der Degussa AG zur Blauen Stunde einzuladen.
Durst ist wasserlöslich.
Nicht immer, aber immer öfter (Clausthaler).
Kurz - und Schmerz los! (Idee für Schmerzmittel)
Zopf oder kahl? (Friseur)

Sprachspiel
Viel Klasse. Viel Raum. Feel Good!

CANON.You can.

Kot & Köter (Die Zeitschrift für den deutschen Hundefeind) – klingt wie Steigerung.

English for (German) Forrunners

Nice to miet you (Leasing).

Nice to meat you (Metzger).

We kehr for you (Stadtreinigung)

South and Browse (Computer).

Anakluthe (Folgewidrige Fortsetzung einer angefangenen Konstruktion)

Er kann. Sie kann. Nissan.

Ford. Die tun was.

Gute Preise. Gute Besserung. (Ratiopharm)

Share Moments. Share Life. Sheer Pleasure (Bewleys Hotel Dublin)

Neologismen

Die Unkaputtbare (PET Flasche von Coca Cola)

AOK Die Gesundheitskasse (positive Umkehrung und Belegung eines neuen Wortes)

Kryptogramme

Die Slogans nach diesem Prinzip enthalten eine mehr oder weniger verborgene Zweitinformation:

Da**s** h**a**ben Sie no**ch** nicht ge**seh**en (Sachsen)

VO**RWE**G GEHEN (RWE)

Normwidrige Wortbildung / schlechtes Deutsch

Nussige Schokolade,

schmackiger Tabak,

Unsattbar gut.

Das meiste Eis,

Aktienfonds macht Anleger unverlierbar,

Das König der Biere. (König Brauerei)

Da werden Sie geholfen. (Telegate)Erst mal entspannien mit Tee aus Britannien.

Merziger macht herziger.

Zu Werner geh ich gerner.

Nix Malöhr mit Installateur.

Hierzu mehr unter www.einzelhandelspoesie.de

Metapher
Come to Marlboro Country.
Red Bull verleiht Flügel.

Ellipse
Heute ein König (König Brauerei).

Onomatopoetische Effekte
BlackundDeckerBlackund DeckerBlackundDecker

Triaden
airfrischung, airholung, airberlin
Essentials for life (Degussa)
Fakten, Fakten, Fakten (Focus).
Weil einfach einfach einfach ist (Simyo).
Wherever you go
Competence for competition.
3...2...1...meins! (eBay)

Triaden und das Gesetz der wachsenden Glieder
Nach dem "Gesetz der wachsenden Glieder", das eine rein sprachliche Bedeutung hat, diktiert unser Empfinden für Rhythmus und Sprachmelodie bei Wortzusammenstellungen: Erst kommen die Einsilber, dann die Zweisilber, dann die Dreisilber usw.. Beispiele sind: Brief und Siegel, Gold und Silber, Kind und Kegel, Lust und Liebe, Leib und Seele, Ross und Reiter, Samt und Seide, samt und sonders, Schloss und Riegel, Wind und Wetter, Pauken und Trompeten, "Die Welt als Wille und Vorstellung" (Kant), "Götter, Gräber und Gelehrte"[24]. Das gilt natürlich auch bei Slogans. Und deshalb wäre „Big, better, Burger King" besser als „Bigger, better, Burger King". Gut ist „Weil Vaillant [Weiland] weiterdenkt" mit 1-2-3 Silben.
Ausnahmsweise kann auch eine Triade mit abnehmenden Gliedern gut klingen, z.B. Quadratisch (3), praktisch (2), gut (1) (Ritter Schokolade).

Moral- und Sprachverderber
Geiz ist geil (Saturn).
Ich bin doch nicht blöd (Media Markt).
Alles Müller, oder was?

---

[24] http://www.markenlexikon.com/slogans_intro.html nach dem Stand vom 9. Mai 2008 S. 37

Kombination mit optischen und akustischen Reizen wie Bildern, Jingles oder audiovisuelle Sequenzen

Diese Slogans wirken nur mit der charakteristischen Musik:
Wir geben Ihrer Zukunft ein Zuhause (LBS, Markenanmeldung anhängig)
Waschmaschinen leben länger mit CALGON.
AURORA mit dem Sonnenstern.
Nichts geht über Bärenmarke. Bärenmarke zum Kaffee.

9.6 Das Slogometer

Das Ranking der Werbesprache, das Slogans.de Slogometer® liefert die 100 häufigsten Worte in deutschen Werbeslogans. Das Ranking basiert auf der laufenden Statistik der Slogometer - Datenbank und wird wöchentlich aktualisiert. Es ermöglicht einen Einblick in die Trends der Werbesprache. Die häufigsten 20 Wörter in deutschen Slogans waren 2016 (Stand 03.01.2017):
1.Einfach, 2.Mehr, 3.Wir, 4.Alles, 5. Your, 6.Du, 7.Leben, 8.You, 9.Dein, 10.Neue, 11.Ich, 12.Gut, 13.Macht, 14.One, 15.Dir, 16.Sie, 17.Immer, 18. Magazin 19.Wellt, 20.Dich.
Nach Ansicht des Autors kann man damit allenfalls dann etwas anfangen, wenn man diese Wörter in eigenen Kreationen von Slogans sorgfältig meidet.

9.7 Wie Autofirmen in Deutschland claimen[25]

Slogan	Firma
Noch nie war weiß so rot - Alfa Spider Eleganza	Alfa Romeo
Vorsprung durch Technik®	Audi
Freude am Fahren®	BMW
Nichts bewegt Sie wie ein Citroen.	Citroën
Place de la Confort. Mehr Stil für die Straße. Citroën C5	
Liberté, egalité, Straßenlage – Citroën	Citroën
Multipla FIAT Schön, dass es Ausnahmen gibt®	Fiat
Lancia. Von blauem Blut®	Fiat
Ford. Die tun was® Feel the difference®. Ford It must be love®.	Ford
WM-feeling serienmäßig®, Accent life®	Hyundai
KIA MOTORS. The power to surprise®	Kia
Ihr Stern auf allen Straßen®, Ihr guter Stern®	Mercedes Benz

---

[25] Markenrecherchen mittels CEDELEX von SMD Schutzmarkendienst Ahrensburg

Slogan	Firma
Er kann. Sie kann. Nissan	Nissan
Frisches Denken für bessere Autos®; Die Natur wird Sie dafür belohnen®	Opel
Löwensiegel®. Mit Sicherheit mehr Vergnügen®. Motion & Emotion	Peugeot
100 Renault. 100 Jahre Innovation für die Zukunft®; Renault. Zeichen der Freiheit®	Renault
Nichts ist unmöglich®	Toyota
Gemeinsam mehr bewegen®	Volvo
Das Ende der Kompromisse®. Leben bewegen®. Aus Liebe zum Automobil®.	Volkswagen

9.8 Bootlegging, Verballhornung, Verunglimpfung

Bootlegging: Schmuggel, Schwarzhandel, Logo-Klau, Schwarzbrennen (Whisky und DVD)

Verballhornung: nach Buchdrucker Johann Ballhorn (gest. 1603), der 1586 eine Ausgabe des Lübecker Stadtrechts verlegte, die sinnentstellende Fehler enthielt.

Katzen würden Whisky saufen.
IKEA – Idioten Kaufen Einfach Alles.

Über allen Wipfeln ist Ruh,
von Ferne hörest du eine Kuh,
Muuh!
 (Reiner Maria Milka)

Telekom: TTT errror, Terror
Lufthansa: Lusthansa mit Doppelkranich in Paarungshaltung

Automarken:

BMW	Bald Mein Wagen, Bums Mal Wieder, Bring Mich Werkstatt, Bei Mercedes Weggeworfen
FIAT	FERRARI In Außergewöhnlicher Tarnung, Fehler In Allen Teilen, Fix It Again, Toni.
FORD	Fahren Ohne Rechten Durchblick
MAZDA	Mein Auto Zieht Der Abschleppdienst
OPEL	Ohne Power Ewig Letzter
SEAT	Sehen, Einsteigen, Aussteigen, Totlachen
VW Golf	Völlig Wertloser Gegenstand Ohne Logische Funktion

Verunglimpfende Deutungen der Abkürzungen von Fluggesellschaften

ALIA (jord.) – Always late in arrival
ALITALIA -Airplane lands in Tokyo and Luggage in Amsterdam.
AUA (österr.) – Absolutely unnecessary airline
BA (brit.) – Fly britsh – die british
Egypt Air – Inshallah Airline
KLM (niederl.) – Kein Land Mehr (in Sicht)
LOT (poln.) – Lieber ordentlich tot!
LH (dt.) - Letzte Hoffnung
MALEV (ung.) – Macht Alles Leicht Falsch (Verkehrt)
PIA (pakist.) – Please Inform Allah
TAP (portug.) – Take Another Plane
TAROM (rum.) – Try A Real Old Machine
TWA (amer.) – The Worst Airline
US Air (amer.) – Useless Alrways

9.9 Rechtsprechung bei Slogans [26]

- „Aus Akten werden Fakten" für Computer Software
  (fehlende Unterscheidungskraft)
+ „Das Prinzip der Bequemlichkeit" (21.10.2004 – C-64/02 P)
+ „Vorsprung durch Technik" (21.01.2010 – C-398/08 P)
- „Ab in den Urlaub" (24.6.2014, T-273/12)
- „Leistung durch Leidenschaft" (EuG, T-539/11)
- Passion to Perform" (EuG, T-291/12)
- "MAKING LIFE BETTER AT WORK" (EuG, T-697/13)
+ "Die Steinzeit ist vorbei" für ökologische Holzhäuser (BGH Az.: I ZR 272/99
- "THE YOUTH EXPERTS" (EuG, T-484/13)
- "Wash & Coffee" (T-5/12)
+ "Wet dust can't fly" (Nasser Staub ist kein Staub mehr) (22.1.2015,T-133/13)
Häufige Zurückweisungsgründe sind:
  Bedeutungsgehalt klar und präzise
  Vermittlung einer klaren, unzweideutigen Botschaft
  Sprachlich, syntaktisch, grammatikalisch regelkonform
  Lediglich werblich anpreisender Inhalt

---

[26] Maximilian Kinkeldey, Aktuelle Rechtsprechung des EuGH, EuG und BGH zu verfahrens- und materialrechtlichen Fragen, Forum Seminar Senior Trademark Assistant, 20.3.2015, Mannheim

9.10 Ein Märchen aus Marken und Slogans

Dies stand für kurze Zeit anonym im Internet, vermutlich ist es Schweizer Herkunft. Das Kunstmärchen versucht, als Wortschatz fast nur Marken und Slogans zu verwenden.

Prinzenrolle präsentiert: Das Märchen von Redbullkäppchen und den sieben Fruchtzwergen

Morgens halb zehn in Villariba. "Spieglein, Spieglein an der Wand, wer ist die Schönste im ganzen Land?", fragte die Königin und steckte sich ein Kukident zwischen die Zähne. „Frau Königin, ihr seid die Schönste hier. Aber Schneekoppewittchen ist noch tausendmal schöner als ihr, denn sie nimmt täglich Clerasil gegen Bibeli, und Timotei verleiht ihrem Haar die frische Fülle." Da wurde die Königin rot vor Zorn wie eine Mon-Cherie-Kirsche und schwor sich, dass das schönste Mädchen im Land aus ihrem Schloss kommen sollte. Nicht immer, aber immer öfter. Ihre Tochter Daimröschen lag schon 101 Jahre in einem tiefen gesunden Schlaf. Mars machte sie wieder mobil, und die Königin kam und sprach: „Nun schnell, Daimröschen, wir wollen aus dir die schönste Prinzessin im ganzen Land machen." „Nein", sagte Daimröschen, „ich will so bleiben wie ich bin, quadratisch, praktisch, gut, weils lätta schmeckt." „Du darfst", sagte die Königin, aber alarmierte die Kräuterpolizei, „sie sollen mir dieses Schneekoppewittchen per A-Post hier herschicken. Ich will ihr Doppelherz."

Nicht weit entfernt, in Villabacho, wohnte eine arme Familie. Sie war so arm, dass sie nicht immer eine gute Suppe hatte und den Kindern nie drei Wünsche auf einmal erfüllen konnte. So beschlossen die beiden Kinder, Ricoladin und Arielle-Ultra, ihr Glückslos alleine zu suchen, und gingen Ford, die tun was. Um sich nicht zu verirren, filmten sie ihren Weg mit der Handycam, aber bald schon gaben die Duracell ihren Geist auf. Mit Hakle wäre das nicht passiert. Nun standen sie alleine, mitten im finsteren, zartbitterkalten Wald, das ist schon einen Asbach uralt wert. Etwas später kamen sie an ein Haus. Das bestand vom Keller bis zum Kamin aus goldbraun gebratenen Fischstäbchen, und Käpt'n Iglo schaute heraus und rief: „Have a break, have a Kitkat." Das war wohl so etwa die zarteste Versuchung, seit es Schokolade gibt! Doch Arielle rief zurück: „Nein. Die schönsten Pausen sind lila". Sie schoben Käpt'n Iglo in die Mikrowelle, nahmen 2 und gingen weiter. Ungefähr eine Stunde später kamen sie an Redbullkäppchens Klaviervermietung vorbei, jaaaa, nicht gewusst? Redbullkäppchen verleiht Flügel. Aber sie wollten keine Musikinstrumente, sie wollten MAOAM. Von drinnen tönte eine Stimme: „Großmutter, warum hast du so große Augen?" „Weil ich meine Fielmann - Brille aufhabe. Dann klappt's auch mit dem Nachbarn." Aber es war gar nicht die Großmutter, sondern der verzweifelte Wolf, der gerade die Großmutter gecrackznackt hatte. Das wusste Ricoladin, weil er das Märchen kannte, er hatte es bei ExLibris zum Sunilpreis gekauft. Er gab dem Wolf ein paar Fishermans Friend zu essen. Sie waren zu stark, er war zu schwach und kippte um. Schnell schnitten sie ihm den Bauch auf, und freudig sprangen die sieben Geißlein heraus und tanzten herum und schrieen im Chor: „Haribo macht Kinder froh!" Ricoladin sagte: „Jetzt müssen wir schnell handeln. Rennie, du räumst den Magen auf, wir füllen den Wolf mit Smarties, und die Welt wird bunter. Uhu klebt einfach alles zu."

Aber von der ganzen Operation war das Badezimmer bös' versaut. Da rieb Ricoladin an seiner Osram Energiespar-Wunderlampe. Mit einem großen Blitz kam Meister Proper aus der Lampe und sagte: "Stets zu Diensten. Mit mir kriegst du auch das Badezimmer wieder mühelos porentief rein."

Unterdessen wurde Schneekoppewittchen von sieben Gestalten aus dem Schlaf gerissen. Sie rief verwundert: „Alles Müller oder was?" Nein, alles Fruchtzwerge. Der Oberzwerg sagte: „Signorina, ich habe gar kein Auto". Also mussten sie zum Schloss zurück halbtaxeln. Dort empfing sie die Königin und sprach: „So, Schneekoppewittchen, man sagt, du kannst Milch in Käse verwandeln? Das wollen wir mal sehen. Just do it. Wenn du mir bis morgen nicht 47,11 Kilo von dem Kleinen, der raus will, gemacht hast, musst Du sterben. Hoffentlich bist du Allianz-versichert." Und sie sperrte Schneekoppewittchen in den Stall. Dort weinte diese in ihr Tempo für Rotnasen und dachte: „Ich kann das doch gar nicht, da habe ich in der Migros Club-Schule gerade gefehlt." Deshalb fragte sie ihren Arzt oder Apotheker. Der gab ihr ein Betty Bossi Kochbuch, und als der Morgen anbrach, hatte sie einen schönen großen Käselaib gebacken. Das ist Kaaskunst! Doch plötzlich hörte sie ein Stimmchen und sah ein kleines Männchen auf dem Käse sitzen. „Relax! Jetzt machen wir ein schönes Fondue, Gerberstöchterli", sagte es, „wenn du nicht meinen guten Namen errätst." „Figugegl?" sagte Schneekoppewittchen, „Dann musst du das Rumpelschmilzchen sein. Die Freiheit nehm' ich mir", sagte sie und gab dem Männchen einen dicken Kuss. Schwupps, verwandelte sich das Rumpelschmilzchen in einen Froschkönig und machte fortan Werbung für Toni Rahm-Quaak. Als die Königin dann kam und sah, dass Schneekoppewittchen einen großen Emmentaler gemacht hatte, fragte sie: „Ist der neu?" „Nein, mit Perwoll gewaschen", gab Schneekoppewittchen zurück. „Aber Vorsicht, ist noch nicht ganz cool, Man!" Die Königin kostete und rief: „Find' ich gut. Unsattbar gut." So lebten sie glücklich und zufrieden, und es war Aral, alles super. Und wir, wir können mal wieder sagen: Ente gut, Haldengut.

10. Anhang: Die Wahrnehmung der Marke und ihre Bewertung nach Musil[27]

Sehr geehrte Damen und Herren,
die verehrte Frau Präsidentin des Bundespatentgerichts, Beate Schmidt, hat mich mit der ebenso ehrenvollen wie anspruchsvollen Aufgabe betraut, Sie schon heute auf das morgige Symposium einzustimmen. Ich versuche es mit einem Rückgriff auf die Literatur. Möglicherweise läutet dieser bisher unbeachtete Vorschlag zur Markenbewertung eine Revolution ein. Dann werden Sie sagen können, Sie sind dabei gewesen.

Belletristische Einstimmung

Zuvor ein paar Fragen an das verehrte Auditorium.
1. Wer kennt Robert Musil? Persönlich?

Es spricht für die Ehrlichkeit der Anwesenden, dass sich nicht viele gemeldet haben, denn Robert Musil ist am 15.4.1942 in Genf gestorben.

2. Wer kennt seinen Roman „Der Mann ohne Eigenschaften"[28]?
3. Wer hat ihn gelesen oder vorgelesen bekommen?
4. Kontrollfrage: Wie viele Seiten hat der Roman?

Da der Roman unvollendet blieb, wechselt die Seitenzahl je nach Ergänzung aus den Notizen Musils. Die Ausgaben bei Rowohlt umfassen Bd. 1: 1074 S. (1930.); Bd. 2:, 605 S. (1933); Bd. 3: 462 S.(1943), also zusammen 2141 Seiten..

5. Wessen Eltern hätten es gerne gesehen, wenn Sie von Musil und seinem Meisterwerk wenigstens gehört hätten?

Nachdem nun geklärt ist, dass nicht allzu viele von Ihnen „Den Mann ohne Eigenschaften" kennen, kann ich guten Gewissens fortfahren. Sie werden überrascht sein, zu hören, dass in der schöngeistigen Literatur bereits 1930 eine Methode der Markenbewertung veröffentlicht wurde.

Im „Mann ohne Eigenschaften" ist tatsächlich ein semi-quantitatives Markenbewertungsverfahren versteckt.

Der Protagonist Ulrich, also der Mann ohne Eigenschaften, hat als Sekretär des Grafen von Leinsdorf die Aufgabe, an der Vorbereitung der „Parallelaktion" 1918 mitzuwirken. Dann soll der österreichische Kaiser Franz Joseph sein 70 jähriges, der deutsche Kaiser Wilhelm II. sein 30 jähriges Thronjubiläum mit einem großen symbolischen Akt feiern. Die österreichischen Feierlichkeiten sollen die preußischen

---

[27] Volker Bugdahl, Vortrag am Abendempfang vor dem Symposium des Bundespatentgerichts „Marke im Spannungsverhältnis zwischen Marketing und Rechtsbestand", April 2014 München
[28] Robert Musil, Der Mann ohne Eigenschaften, Rowohlt, 1978, S. 348-349

möglichst übertrumpfen. Ulrich nimmt hierzu Eingaben und Anregungen aus der Bevölkerung auf und prüft sie. Und jetzt wird es spannend!

Über einen der Bittsteller berichtet er:

„Wenn er durch die Straßen gehe, ..., zähle er schon seit Jahren an den großen lateinischen Buchstaben der Geschäftsschilder die Balken (A bestehe zum Beispiel aus dreien, M aus vieren) und dividiere ihre Zahl durch die Anzahl der Buchstaben. Bisher sei das durchschnittliche Ergebnis ... zweieinhalb gewesen; ersichtlich sei dies aber keineswegs unverbrüchlich und könne sich mit jeder neuen Straße ändern: so wird man von großer Sorge bei Abweichungen, von großer Freude beim Zutreffen erfüllt, was den läuternden Wirkungen ähnle, die man der Tragödie zuschreibt. Wenn man dagegen die Buchstaben selbst zähle, so sei, ..., die Teilbarkeit durch drei ein großer Glücksfall, weshalb die meisten Aufschriften geradezu ein Gefühl der Nichtbefriedigung hinterlassen, das man deutlich bemerkt..., bis auf jene, die durch Massenbuchstaben, das heißt aus solchen mit vier Balken, bestehn, zum Beispiel WEM, die unter allen Umständen ganz besonders glücklich machen. Was folge daraus, fragte der Besucher. Nichts anderes, als dass das Ministerium für Volksgesundheit eine Verordnung herausgeben müsse, die bei Firmenbezeichnungen die Wahl von vierbalkigen Buchstabenfolgen begünstige und die Verwendung einbalkiger wie O, S, I, C möglichst unterdrücke, denn sie machen durch ihre Unergiebigkeit traurig!"

Bewertung von Firmenmarken

Ich habe dies Verfahren an einigen Firmennamen erprobt (siehe Tabelle 1).

Es heißt ja „Judex non calculat", aber um das Musilsche Verfahren anzuwenden, kann ich uns das Zählen von Balken und Buchstaben nicht ersparen. Grundregel ist, dass alle Rundungen an Buchstaben glattgestreckt werden, bis sie ein Balken geworden sind. Beginnen wir mit PUMA.

Das P hat 2 Balken, das U ist einer, das M hat 4 Balken und das A 3 Balken. Das macht zusammen 10 Balken. PUMA besteht aus 4 Buchstaben. Teilen wir 10 Balken durch 4 Buchstaben, erhalten wir 2,5 als Balken-Buchstaben-Quotienten BaBuQ. Ich nehme an, dass Sie mir jetzt nach dieser kurzen Einarbeitung mühelos folgen werden.

Name	Balken Summe	Buchstaben Summe	Quotient Balken : Buchstaben	Buchstaben - Teilbarkeit : 3
ADIDAS	12	6	2,0	2x
PUMA	10	4	2,5	
AGFA	11	4	2,8	
KODAK	12	5	2,4	
FUJI	7	4	1,8	
HENKEL	19	6	3,2	2x

Name	Balken Summe	Buchstaben Summe	Quotient Balken : Buchstaben	Buchstaben - Teilbarkeit : 3
UNILEVER	20	8	2,5	
ALTANA	16	6	2,7	2x
BASF	9	4	2,3	
BAYER	15	5	3,0	
EVONIK	14	6	2,3	2x
STADA	11	5	2,2	
AVENTIS	17	7	2,4	
NOVARTIS	17	8	2,1	
BMW	10	3	3,3	1x
DAIMLER	19	7	2,7	
CHRYSLER	20	8	2,5	
VW	6	2	3,0	
HONDA	12	4	3,0	
TOYOTA	12	6	2,0	2x
EON	8	3	2,7	1x
RWE	11	3	3,7	1x
SIEMENS	18	7	2,6	
THYSSEN	19	7	2,7	
KRUPP	11	4	2,8	

Tabelle 1

Der Quotient Balken/Buchstaben (BaBuQ) ließe sich z. B. mit 10^6 EURO multiplizieren, um einen finanziellen Wert zu beziffern. Der BaBuQ alleine ist aber schon aussagekräftig genug. So zeigt z. B. der Vergleich von ADIDAS und PUMA, dass PUMA (Probier Unbedingt Mal Adidas) mit dem besseren/höheren BaBuQ erfolgreicher sein muss. Da nützt ADIDAS die Teilbarkeit durch 3 wenig, denn der Abstand im BaBuQ ist zu groß. Bei den Filmherstellern wäre AGFA besser als KODAK oder FUJI, hat aber zu früh aufgegeben.

Im Bereich Kosmetik, Waschmittel zeigt sich, dass HENKEL (3,2) UNILEVER (2,5) weit überlegen ist. Hier kommt bei Henkel zusätzlich die glücklichmachende Teilbarkeit durch 3 zum Tragen.

Bei den Chemie- und Pharmafirmen fallen im BaBuQ positiv auf: BAYER (3,0) und ALTANA (2,7). Patentnachkocher wie STADA (2,2) oder die Pseudolatein Derivate von Hoechst, AVENTIS (2,4) und von Ciba-Geigy, NOVARTIS (2,1) werden mit geringeren Werten (wegen vorsätzlicher Vernichtung alter hoher Markenwerte) zu Recht abgestraft.

Bei den Automarken sind BMW (3,3) und VW (3,0) einsame Spitze, BMW zusätzlich mit der glücklichmachenden Teilbarkeit durch 3, wobei allerdings eine japanische Bedrohung durch HONDA (3,0, jedoch keine Dreiteilbarkeit) erkennbar ist. Die französischen und italienischen Mitbewerber sind zu vernachlässigen.

Auf dem Gebiet der Technik gibt es ein Kopf-an-Kopf-Rennen der schwerfällig gewordenen Giganten SIEMENS und THYSSENKRUPP, wobei – salopp ausgedrückt - KRUPP der bessere Teil von THYSSEN ist.

Bewertung von Führungskräften

Es könnte als gewagt angesehen werden, wollte man das Musil'sche Markenbewertungsverfahren auch auf Führungskräfte anwenden. Wir unternehmen dennoch den Versuch mit wenigen repräsentativen Persönlichkeiten (siehe Tabelle 2).

Name	Balken Summe	Buchstaben Summe	Quotient Balken : Buchstaben	Buchstaben - Teilbarkeit : 3
KURT BOCK (BASF)	17	8	2,1	
NORBERT REITHOFER (BMW)	43	16	2,7	
MARTIN WINTERKORN (VW)	43	16	2,7	
FRANK APPEL (Deutsche Post)	27	10	2,7	
JOSEF ACKERMANN	38	14	2,7	
JÜRGEN FITSCHEN	35	14	2,5	
ANSHU JAIN (Deutsche Bank)	20	9	2,2	
BEATE SCHMIDT (BpatG)	29	12	2,4	4x

Tabelle 2

Tabelle 2 legt nahe, dass die Deutsche Post nach Klaus Zumwinkel nun so gut gesteuert wird wie BMW und VW. Verdächtig ist, dass die VVs von BMW und VW identische Werte aufweisen. Aber man muss ja nicht immer gleich an Absprachen denken. Die Deutsche Bank ist nicht mehr, was sie unter Herrn Ackermann war. Folgerichtig wurde der Vorstand auf zwei Manager mit etwas schlechteren Werten aufgeteilt, was das Problem vielleicht löst. Nicht unerwartet, ist unsere verehrte Präsidentin Beate Schmidt die Einzige unter zahlreichen Führungskräften, die glücklich macht, und sogar vierfach.

Bewertung von Politikern

Durch diese Aussagen ermutigt, wenden wir uns entschlossen der nationalen Frage zu. Welche unserer Politiker waren oder sind die besten Marken?

Name	Balken Summe	Buchstaben Summe	Quotient Balken : Buchstaben	Buchstaben - Teilbarkeit : 3
ANGELA MERKEL	37	12	3,1	4x
GUIDO WESTERWELLE	40	16	2,5	
HEIKO MAAS	22	9	2,4	3x

Name	Balken Summe	Buchstaben Summe	Quotient Balken : Buchstaben	Buchstaben - Teilbarkeit : 3
PHILIPP RÖSLER	29	13	2,2	
GERHARD SCHRÖDER	36	15	2,4	5x
SIGMAR GABRIEL	32	13	2,5	
PEER STEINBRÜCK	37	14	2,6	
CLAUDIA ROTH	22	11	2	
JÜRGEN TRITTIN	30	13	2,3	
SAHRA WAGENKNECHT	45	16	2,8	

Tabelle 3

Tabelle 3 weist ANGELA MERKEL als klare Siegerin aus, sowohl über den überragenden Balken-Buchstaben-Quotienten von 3,1, als auch über den Glücksfaktor. Der neue Justizminister HEIKO MAAS hat den gleichen BaBuQ von 2,4 wie Beate Schmidt, macht aber nur 3x glücklich und ist somit der 4x glücklich machenden Präsidentin des BpatG etwas unterlegen.

GERHARD SCHRÖDER macht auch glücklich, aber nicht mehr die SPD. Seine Teilbarkeit durch 2 – „zwei Seelen wohnen, ach, in meiner Brust"[29] ist bereits bekannt, aber vielleicht entdeckt die Presse noch eine dritte Seele in ihm. Insofern kann sich hier eine kleine Schwäche des Musil'schen Verfahrens andeuten.

Plausibel erscheinen dagegen die zweitbesten Werte unserer schönsten Kommunistin SAHRA WAGENKNECHT, die allerdings nicht glücklich macht. Immerhin ließe sich im Notfall eine Koalition mit ihr schmieden, um die linke Flanke der CDU / CSU zu stärken.

Insgesamt betrachtet, lassen die Zahlen vermuten, dass die deutschen Spitzenpolitiker mit Ausnahme der Kanzlerin vielleicht noch nicht das mögliche Optimum darstellen. Aber dafür gibt es ja wieder Wahlen.

Zusammenfassung

Das Musil'sche Markenbewertungsverfahren erweist sich in der Anwendung als einfach und reproduzierbar.

Die Ergebnisse sind realitätsnah, plausibel und vergleichbar.

Dieses Verfahren ist preiswert und empfiehlt sich deshalb zur Standardisierung und zur Massenbewertung von Marken.

---

[29] Johann Wolfgang v. Goethe, Faust I, Vor dem Tor

Es wird jeden Controller zufrieden stellen und lässt den produktiven Mitarbeitern der Unternehmen mehr Zeit für ihre eigentlichen Aufgaben, was zu einem neuen Wirtschaftsaufschwung führen würde.

Nicht unberücksichtigt sollte bleiben, dass durch glücklich machende Namen ein Beitrag zur Stärkung des Immunsystems geleistet wird und dass dies zur Ausgabenminderung bei den Krankenkassen führt. Möglicherweise könnte eine Markennamenreform im Musil'schen Sinne eine Gesundheitsreform überflüssig machen.

Schließlich ist das Musil'sche Verfahren auch zur Beurteilung von Führungspersönlichkeiten geeignet. Dieses Verfahren wird nicht nur dem Gesundheitsministerium, sondern auch dem Wirtschaftsministerium, dem Justizministerium (dem ja das Deutsche Patent- und Markenamt unterstellt ist) sowie den gesetzgebenden Gremien der Europäischen Gemeinschaft wärmstens empfohlen.

Falls Sie Ihren persönlichen BaBuQ und Glücksfaktor berechnen wollen, kann ich Ihnen noch eine Hilfestellung zur Verbesserung Ihrer Werte an die Hand geben. Sollten Sie über Titel wie Dr., Prof. mit einem Punkt verfügen, könnten Sie diesen Punkt als kürzeste Ausprägung eines Balkens werten.

11. Literaturverzeichnis

Aaker, David A., Management des Markenwerts, Campus Verlag Frankfurt/M., New York 1992

Albrecht, Friedrich, Sprachwissenschaftliche Erkenntnisse im markenrechtlichen Registerverfahren, LIT Verlag Münster, Dissertation 1999 an der Westfälischen Wilhelms-Universität Münster

Arnott, R. Inside Intel´s marketing coup, Sales and Marketing Management, Febr. 1994, S. 78-81

Behrens, Michael, **von Rimscha**, Robert, "Politische Korrektheit" in Deutschland, Bouvier Verlag Bonn 1995

Bekmeier, Sigrid, Markenwert und Markenstärke, Markenartikel H8/1994, S.383-387

Binder, Christof, Die Bedeutung von Marken aus strategischer und marketingtechnischer Sicht, Euroforum Fachkonferenz Entwicklung und Schutz von Marken und Markennamen, Bad Homburg 9.5.1996

Braem, Harald, Brainfloating, mvg Verlag München, 1989

Brandmeyer, Klaus, Jedes Teil charakterisiert den Charakter des Ganzen, Blick durch die Wirtschaft, 28.6.1996

Bürglen, Bernd, Markenverunglimpfung, GRUR, H11/1994, S. 808-813

Bugdahl, Volker, Entscheidungsfindung, Vogel Buchverlag Würzburg 1990

Bugdahl, Volker, Kreatives Problemlösen, Vogel Buchverlag Würzburg 1991

Bugdahl, Volker, Kreatives Problemlösen im Unterricht, Cornelsen Verlag Scriptor, Frankfurt/M. 1995

Bugdahl, Volker, Marken machen Märkte, Eine Anleitung zur erfolgreichen Markenpraxis, C.H. Beck, München 1998

Bugdahl, Volker, Erfolgsfaktor Markenname. Wie Unternehmen gute Markennamen entwickeln, etablieren und schützen., Gabler, Wiesbaden, 2005

de Bono, Edward, Laterales Denken, Rowohlt Verlag Reinbek 1974

de Bono, Edward, Letters to thinkers, London Penguin Books 1988

de Bono, Edward, Thinking Course, London BBC books 1989

Deichsel, Alexander, Selbstzerstörung von Marken, Blick durch die Wirtschaft, 8.4.1997

Dichtl, Erwin, **Eggers**, Walter (Hrsg.), Marke und Markenartikel als Instrumente des Wettbewerbs, C.H. Beck München 1992

Dreiss, Uwe, Das neue Markenrecht, Mitteilungen der deutschen Patentanwälte JG86, Heft 1 (1995), S.7

Endres, Franz Carl, **Schimmel**, Annemarie, Das Mysterium der Zahl, Diederichs gelbe Reihe Nr. 52, München 1995

Ertel, S., Psychophonetik, Untersuchungen zur Lautsymbolik und Motivation, Erlangen, 1969

Franzen, Ottmar, **Trommsdorff**, Volker, **Riedel**, Frank, Ansätze der Markenbewertung und Markenbilanz, Markenartikel H8/1994, S. 372-376

Gernhardt, Robert, Wege zum Ruhm, Haffmanns Verlag Zürich, 1995

Gernhardt, Robert, Klappaltar, Haffmanns Verlag Zürich 1998, S. 54

Gotta, Manfred u.a., Brand News - Wie Namen zu Markennamen werden, Spiegel Verlagsreihe Fach&Wissen, Hamburg 1988

Grauel, Holger, Erwerb von Marken und Steuerrecht, Markenartikel H 3/1998, S.97-98

Grauel, Holger, **Eisenführ**, Günther und **Ströbele**, Paul, Seminar "Schwerpunkte des Markenrechts", Europäisches Patentamt München, 5.11.1997

Graulich, Gerhard, Das Fenster der frischen Witwe, Schweriner Volkszeitung, 16.11.1995

Grümmer, Gerhard und **Drews**, Gerald, Deutsch für Angeber, Praesent Verlag, Augsburg 1994

Hammann, Peter, Der Wert einer Marke aus betriebswirtschaftlicher und rechtlicher Sicht in Diechtl/Eggers, S. 205-245

Hebeis, Norbert, Verwechslungsgefahr bei Vergleichszeichen mit überwiegend übereinstimmenden Bestandteilen, GRUR 7/1994, S. 490-493

Heil, Gerhard, Einführung in das Warenzeichenrecht, Forum-Seminar 24.- 25.2.1994, München

Heil, Gerhard, Das neue deutsche Markenrecht für den Praktiker, Forum-Seminar 25.8.1994, Köln

Heller, Eva, Wie Farben wirken, Rowohlt Verlag, Reinbek, 1994

Hellfritz, F., Innovation via Galeriemethode, Eigenverlag Königstein/Ts. 1978

Horx, Matthias und **Wippermann**, Peter, Markenkult, wie Waren zu Ikonen werden, Econ Verlag, Düsseldorf 1995, S. 123-135.

Jäcker, Bernd Carlos, Die Marke, Markenschutz bei Henkel, Henkel KGaA Düsseldorf 1994

Kline, Charles, Key Characteristics of industrial chemical products, Eigenverlag, Fairfield N.J., 1978.

Latour, Susanne, Namen machen Marken, Campus Verlag Frankfurt/M. 1996

Meister, Herbert E., Leistungsschutz und Produktpiraterie, Deutscher Fachverlag Frankfurt/M. 1990

Meister, Herbert E., Marke und Recht - Texte und Materialien, Markenartikel-Verlag Wiesbaden 2. Aufl. 1994

Meister, Herbert E., **Füllkrug**, Dieter, Markenrecht im Aufbau, ASB-Seminar 21.-22.4.1994, Heidelberg

Noris, D. G., Ingredient Branding: A Strategy Option with Multiple Beneficiaries, J. of Consumer Marketing, Vol.9, Nr. 3, 1992, S. 19-31

Perec, Georges, 53 Tage, Fischer Taschenbuchverlag Nr. 10409, Frankfurt/Main, Juli 1994, S. 148

Pötter, Godehard, Die Anleitung zur Anleitung, Leitfaden zur Erstellung technischer Dokumentationen, Vogel   Buchverlag, Würzburg 1994

Puts, Josef, Compu-Mark Produzentenseminar bei Knight-Ridder, Frankfurt/M. 18.6.1997

Raithel, Helmut, Alles für die Marke, Manager Magazin 10/1989, S. 296-307

Raithel, Helmut, Mobilmachung, Manager Magazin 11/1994, S. 170-179

Reimann, Hans, Vergnügliches Handbuch der deutschen Sprache, VMA-Verlag Wiesbaden 1964?

Repenn, Wolfgang, Die Marke als Wertobjekt, Vortrag 26.11.97 beim Markenverband Wiesbaden, 1998 als   Buch bei VCH Weinheim

Rohnke, Christian, Verwertung von Marken, Forum-Seminar 3.2.1995 Arabella-Hotel Frankfurt/M.

Rohnke, Christian, Bewertung von Marken beim Unternehmenskauf, Der Betrieb, H 39 v. 25.9.92, S. 1941-1945

Rohnke, Christian und **Ingerl**, Reinhard E., Kommentar zum MarkenG, Beck Verlag München 1988

Rühmkorf, Peter: agar agar - zaurzaurim, Rowohlt 1981

Sander, Matthias, Markenbewertung auf Basis der hedonischen Theorie, Markenartikel H2/1995, S. 76-80

Schaefer, Wolfgang, Nur Lesern, nicht "Sehern" wird Information geboten, F.A.Z. vom 23.11.1996

Schlicksupp, Helmut, **Fahle**, Roland, Morphos, Vogel Buchverlag Würzburg 1988

Schlicksupp, Helmut, Ideenfindung, Vogel Buchverlag Würzburg 1989

Schlicksupp, Helmut, Kreativ-Workshop, Vogel Buchverlag Würzburg 1993

Schneider, Wolf, Deutsch für Profis, Goldmann-Stern-Taschenbuch 11536, Goldmann Verlag, München 1986

Schneider, Wolf, Deutsch für Kenner, Stern-Buch im Verlag Gruner + Jahr Hamburg 1989

Schulz, R., **Brandmeyer**, K., Die Marken-Bilanz, A.C. Nielsen GmbH (Hrsg.), Frankfurt 1989

Sommer, Christiane, Falsche Signale, Manager Magazin 6/1994, S. 160-164

Ströbele, Paul, Ausgewählte Fragen aus dem Markenrecht, ASB-Seminar 13.14.6.1994, Heidelberg

Tilmann, Winfried, Verwechslungsgefahr bei zusammengesetzten Zeichen, GRUR H 8-9 (1996), S. 701-706

WECK®-Einkochbuch, Firma J. WECK GmbH u. Co, Wehr-Öflingen, Weckstr., 3.Auflage 1986

Weisz, P., Stainmaster gets $10M+ boost, Brandweek, 20.3. 1995, S. 16

Zwicky, Fritz: Entdecken, Erfinden, Forschen, Droemer Knaur Verlag München, 1966

Aufsätze von Volker Bugdahl zum Thema Marken

Neue Trends bei Markennamen in der chemischen Industrie
CLB, Chemie in Labor und Biotechnik, H.1/1999, S. M5

Rhythmus und Verdopplungen bei Markennamen: Kloninge, Doppelmoppler und Zwiebacke
MarkenR, H2/1999, S. 11-14

Was ist das Obstliche am Obst und das Apflige am Apfel? Markennamen und Prototypensemantik, MarkenR, H.10/1999, S. 341-346

Markennamen in der Poesie oder Markenpoesie
gemeinsam mit K. Piratzky
MarkenR, H7/8 2000, S. 10-14

Beabsichtigter Hör- oder Schreibfehler" - Markennamen finden nach dem Prinzip Paronomasie
MarkenR, H11-12/2000, S. 398-401

MARKENBANK® - ein benutzerfreundliches Markenverwaltungsprogramm
MarkenR, H2/2001, S. 49–53

Ein hohes Kleinod ist der gute Name
MarkenR, H4/2001, S. 147-154

Ursprünge – woher die Markennamen kommen
MarkenR, H7/2001, S. 289–296

Markenstrategien – Versuch einer Strukturierung
MarkenR, H10/2001, S. 441–447

Markennamen und Symmetrie
MarkenR, H7/8/2002, S. 217–222

„Amphibien und Reptilien in der deutschen Markenfauna"
Edition Chimaira, Frankfurt, September 2002
MarkenR, H8/2003, S. 259-278

Markenrecherchen – eine subjektive Momentaufnahme
MarkenR, H5/2003, S. 169-180

Die EU-Osterweiterung: Praktische Hinweise für Markenanmelder
MarkenR, H11/12 2003, S.425-31

Ampelmännchen – Piktogramm, Ikone, Marke
MarkenR, H7-8 2004, S. 277-281

Kapitel Marken in „Gewerblicher Rechtsschutz und Intellectual Property"
Buchbeitrag in Winnacker Küchler, „Chemische Technik", 5. Aufl. Wiley-VCH, 2004,
Band 1,
S. 807-880

Die EU-Marke im Rahmen der IR-Marke - Rechenübungen für die Praxis
MarkenR, H11-12 2004, S. 445-446

Markenbank - die Dritte. Das benutzerfreundliche Markenverwaltungsprogramm -
nun auch für Domains
MarkenR, H2 2005, S. 76-80

Erfolg(reich) mit Marken
MarkenR, H7-8 2005, S. 308-310

Risiken und Nebenwirkungen bei Markennamen für Pharmaka
Zeitschrift für Arzneimittel&Recht, H3 2005, S. 99-103
MarkenR, H7-8 2006, S. 315-319
Magyar iparjogvédelmi és szerzöi jogi egyesület Közleményei 2006 (46. Jahrg.), S. 89-101

Stumpft der Mensch vom Gaffen ab? Kleiner Exkurs über Markennamen
Mitteilungen der deutschen Patentanwälte, H8 2006, S. 346-351

Drágakö a jó név, Vortrag auf der Konferenz „Markenrecht in der internationalen Praxis"
Ungarische Markenvereinigung, Ungarisches Patentamt, Budapest, 26.10.2006
Veröffentlicht in Védjegyvilág, H3 2006(16. Jahrgang), S. 62-69

Die Grundgesetze der menschlichen Dummheit und die Prüfung ihrer Gültigkeit für Marken
MarkenR H8 2007, S. 298-303

Das deutsche Markenschwein - eine Beschau im Jahre des Schweins 2007
Mitteilungen der deutschen Patentanwälte, H6 2007, S. 268-274

IR-Marke oder EU-Marke: Abwägungen für Markenanmelder
Mitteilungen der deutschen Patentanwälte, H3 2008, S. 108-114

Der Slogan - Claim, Appell und Markenstärker
Mitteilungen der deutschen Patentanwälte, H7/8 2008, S. 313-317

Let´s struwwel together - Struwwelbranding und Struwwelmarke, gemeinsam mit Thomas Felchner
MarkenR H7-8 2009, S. 349-359

Wohnst du schon oder schraubst du noch? - IKEA und seine Marken
MarkenR H11/12 2009, S. 523-526

Plobleme mit Malkenanmeldungen in China
MarkenR H5 2010, S. 200-204

The village venus effect - prototype semantics at trade marks
The trade mark practitioner's guide, Smd Ahrensburg, issue 12, 20.07.2010

Marken und Kunst, Kunst und Marken
MarkenR H 9 2010, S. 369-375

Marken machen reich
Chemische Rundschau, Nr. 9, 2010, S. 14-18

Nam-haft-igkeit. Über die Verbesserung der Haftbedingungen (bei Markennamen)
MarkenR H5 2011, S. 199-207

Die Zypernfrage
Markenrecht24.de, 23.6.2011

Marken und Magie
MarkenR H11/12 2011, S. 507-516

Grenzgänge – Kreativität durch Schnittstellenbildung
in Jahrbuch der Kreativität 2012, S. 113 – 129, Das Jahrbuch ist als E-Book (PDF) über www.jahrbuch-kreativitaet.de zum Preis von 14,99 € erhältlich und ist auch über Libri.de als E-Book (PDF) zu beziehen.

Über MARKEN mit Z1FF3RN + ZAHL3N – unter völliger Nichtbe8ung philatelistischer Aspekte
MarkenR H 7/8 2012, S. 297-304

Sprechende Bildmarken – Show, don't tell!
MarkenR H 7/8 2013, S. 268-272

Über die Wahrnehmung von Marken – Einsichten nach Daniel Kahnemann
MarkenR H 11/12 2013, S. 429-435

Haarmonisch bis hairlich kreativ – Dienstleistungen eines Friseurs
MarkenR, H4 2015, S.184-191

Eyecatcher, attention getter, Hingucker: Auffällige Marken
MarkenR H 7/8, 2015, S. 350-355

BOUBA und KIKI. Über den emotionalen Signalcharakter von Lauten in Wörtern und Markennamen
MarkenR H 11-12/2015, S. 538-543

Schau zweimal. Du solltest
MarkenR H 11-12/2016, S. 578-581

Markenmusen und Musenmarken
MarkenR H 6/2017

12. Verzeichnis der Abbildungen

Kapitel	Abbildung	Seite
1.1	Seite 1 des "Waarenzeichenblatts" vom Oktober 1894	9
1.2	Warenzeichenurkunde Acetocaustin	10
1.3	Kollektivmarke BADISCHER WEIN	11
1.4	Hörmarke der Telekom Deutschland	12
1.5	Helles aus Fucking gemäß F.A.Z vom 28.3.2010	15
1.6	Marken der Fa. Weck	27
1.7	Verhüllter Reichstag	29
1.8	Cobranding Bacardi-Lipton	30
1.9	Beispiele für Verantwortlichkeitsmarken	39
2.1	Die drei Säulen des Markenschutzes	40
2.2	Unterscheidungskraft	49
3.1	Markenähnlichkeit	51
3.2	Boolesche Operatoren	52
4.1	Die Auswahl des richtigen Anmelders	69
4.2	Der Schutzbereich in Abhängigkeit von der Markenform	70
4.3	Schutzerweiterung durch neue Markenanmeldung	73
4.4	OAPI - Länder	74
4.5	Mitgliedstaaten des Madrid-Systems	75
4.6	Anmeldeverfahren der Unionsmarke	81
4.7	Titelschutzanzeige	86
4.8	Unionsgeschmacksmuster	87
5.1	Rechtserhaltende Nutzung	87
5.2	Verteidigungsdynamik	90
6.1	Marke Novex	117
6.2	Eye Dentity Brillenstore	121
6.3	Dauning Street	121
6.4	Verbinden von unverträglich Erscheinendem	122
6.5	Das "Schraubwunder" METRINCH	127
6.6	"e" als Indikator für schnell, stark, hell, klein, leicht, ...	134
6.7	Bildmarke AWA	139
6.8	Advocasso	140
6.9	Abrufen unbewussten Wissens	143
6.10	Brainstorming	144
6.11	Nutzung von Information	149
6.12	Entrinnen	150
6.13	Problemlösen heißt sich vom Problem lösen	151
6.14	Analogiereise	154
6.15	Aus dem Elefanten eine Teekanne machen, vice-versa	154
6.16	Vissmann Spitzentechnik	160
6.17	Beine	162
6.18	Antike Bodenfliese-Detail	162
6.19	Wo ist das fehlende Tortenstück?	163
6.20	Apostroph erklärt sich selbst - rückwirkend	163
6.21	smOKe - Versuch der Umkehr der öffentlichen Meinung	164
6.22	Marken Cerruti, Coco Chanel, Gabriele Garcia-Grena, Neckermann	165
6.23	Marke CC von Neckermann	165
6.24	Bildmarken MM	166
6.25	Bitte setzen Sie die Folge fort	167
6.26	Bildmarke Mammut	167
6.27	Trinität und profane Bildmarke	168
6.28	Kloninge	170
6.29	Doppelmoppler	172

6.30	Zwiebacke	173
6.31	Problemfinden kommt vor Problemlösen	179
6.32	VB-Methode	179
6.33	Ablaufschema Morphologischer Kasten	183
6.34	80 Mio. Kriminalromane	184
6.35	Bildmarke HEXER	190
6.36	Leiter - Der Schatten beschreibt das Bild	190
6.37	Bildmarke Bucheule	190
6.38	Ente oder Hase	192
6.39	Bildmarke Silefant	192
6.40	Das Kanizsa Dreieck	193
6.41	Abgewandeltes Escher-Dreieck	194

13. Stichwortverzeichnis

Abkürzungen	138
Ähnlichkeit	51, 53,67, 93ff
Akronyme	138
Amtssprachen	79, 110
Anagramme	125
Analogien	153
Anmeldeformular	220ff
, MMA/PMMA	73,77
, Unionsmarke	78
Anmeldung, Gebühren	75, 77, 82
Anmeldung von Marken	74ff
, ausländische nationale Marken	75
, deutsche Marken	75
, Unionsmarken	78
, IR-Marken	75
ARIPO Marke	83
Assoziationen	136ff, 145, 155,175ff
Attributive Listing	181, 183, 187
AvantIQ	66
Beabsichtigter Hörfehler	120
Benutzungsnachweis	12, 18, 101ff, 221
Benutzungszwang	90
Berühmte Marken	26ff, 46, 91ff, 105, 115
Beschreibende Angaben	13, 41ff, 48ff, 68, 84, 94, 103ff, 117, 140, 157ff, 161, 172, 223
Bewertung von Marken	208ff, 236ff
Bildmarken	9ff, 23, 69, 91, 118, 165ff, 188ff
Boolesche Operatoren	52
Bootlegging	90ff, 232ff
Brainstorming	58, 124, 129, 142ff, 185, 188
Brainwriting	144ff, 185, 188
CAC	174, 188
Caution Notice	101
Cedelex	66, 231
Co-Branding	30ff
Computer Aided Creativity	174, 188
Dachmarke	17, 21, 223
Deutsche Marke	57, 75
, Anmeldung	71
, Gebühren	69, 75
, Widerspruch	20, 57, 88ff, 101ff
, Teilung der Anmeldung	221
Differenzierungsindex	37
Doppelbedeutung bei Bildzeichen	190
Eidesstattliche Versicherung	101, 221
Einheitliche Klassifikationsdatenb. eKDB	71
Einsilbige Wörter	137
Entrinnen	148
Entscheidungen	111, 198, 234
ERFOLGS-Kontrolle	51
EU-Marke, s.a. Unionsmarke	54, 57, 60, 64, 74, 78ff, 82, 109,
Familienmarke	17
Farben, Bedeutung	45
Farbmarke	12ff, 69
Fehler, beabsichtigt	119ff

Fiesco - Effekt	34, 142
Firmenvereinbarungen	111, 199, 204, 216
Formulare	73, 75, 77, 78, 107, 147
Freihaltebedürfnis	12, 13, 27, 42, 79, 122
Fremdsprachen	114, 128, 137, 185
Funktionen der Marke	16
Funktionsanalyse	181, 183ff, 187
Garantiemarke	17
Global Brand Database	64
Global gültige Namen	43
Haager Apostille	204
Hörmarke	10ff, 129
Ideen finden	116ff
Infragestellen des Selbstverständlichen	151
Ingredient Branding	32
, chemische Industrie	37
IR-Marke	58, 72, 75,
, Formulare	73, 77
, Gebühren	77
, Länderliste	76
, Schutzausdehnung	280
, Widerspruch	101
Internationale Klassifizierung	57, 58, 70ff
Kalauer	123, 138, 140ff
Kaufvertrag Marken	215
Kennzeichnung Marken	20
Klangmarken	10ff, 129
Klangrotation	106
Klassen, Waren und Dienstleistungen	57, 58, 70ff
Kulturkreis	106
Linienmarke	17
Lizenzgebühren	206
Lizenzvertrag	202
Locarno Klassifikation	62, 87
Löschungsgründe	71, 82, 90, 101, 217
Markenallianzen	28
Markenanmelder, richtiger	69
Markenbank	199
Markenbestandteile	104
Markendatenbanken	54ff
Markenhierarchie	17
Markenlizenz	201ff
Markennamen, Arten von	113
, Anforderungen	13, 40
, Finden	113ff
, aus einzelnen Buchstaben	130
Markenschlüssel	196
Markensuffix	18
Markenstrategie	22
Markenverwaltung am Personal Computer	200
Methode 635	145
MGS Madrid Goods and Services Manager	72
MMA	75
Moiré-Effekt	195
Monomarke	18
Morphologischer Kasten	181
Mustererkennung	117, 194
Näherungsverfahren	116, 118, 128, 130
Negation	158

Nizza Klassifikation (NCL)	57, 58, 70ff
OAPI Marke	74
Online-Datenbanken	54, 86, 98, 212,213
Optische Effekte	188
Optische Täuschungen	193
Paraphonetische Recherchen	53
Pattern recognition	117, 194
Phonetik	132
PMMA	132
Potenzen	124
Provokation	152
Quickstorming	129, 144, 175
Random Entry	158, 173
Recherchen	50ff, 66
Recherchedienste	66
Rechtserhaltende Nutzung	87
Redundanz	117
Reizworttechnik	158, 173
Richtige Markenbenutzung	18
Rhythmus	141
Romarin	57
Säulen des Markenschutzes	40
Schutzbereich nach Markenform	70
Schutzhindernisse	13ff, 80, 82, 86, 95
Schutzmarkendienst	66, 99, 231
Semantische Intuition	122, 181
Sittenwidrige Marken	14
s.m.d. markeur	66, 231
Sortimentsmarke	23
Stemming	60
Strategien	22, 33, 66. 69, 73, 75, 88, 107, 198, 205, 224
Strukturierung	152, 163, 181
Symbole für Schutzrechte	20
Symmetrie der Buchstaben	189
Titelschutz	83
TMclass	72
TM view	64
TM Zoom	66
Überwachung	40, 88, 92, 98ff, 105, 204
Umkehren	158
Umschreiben von Marken	220
Unionsmarke	78ff
, Anmeldung	78
, Gebühren	82
, Widerspruch	81, 88
, Rechtsgrundlagen	78
Unternehmensmarke	17
Unterscheidungskraft	13, 15, 49, 79, 84, 95, 103, 224, 233
Verantwortlichkeitsmarken	39
Verballhornung	90, 232
Verbesserungsanfälliger Bereich VB	177
Verdoppeln	164
Verkauf von Marken	213
Verkehrsdurchsetzung	13, 48, 84, 98
Verkürzungen	138
Verteidigung von Marken	88, 101
Verteidigungsdynamik	90
Verwässerung	51, 90, 92, 96, 207

Verwertung von Marken	200ff
Verwechslungsgefahr	93, 103, 163, 165ff, 174ff, 177, 260, 261
Vorrechtsvereinbarung	111, 199, 204, 216
Warenhausmethode	173
Warenklassen	57, 58, 70ff
Wert von Marken	23, 208ff, 236
Widerspruch	88ff, 101ff
Zielgruppe	41, 45, 201
Zusammengesetzte Zeichen	103
Zwangsverknüpfung	181
3D-Marke	12, ,86

Die Autoren:

Dr. Volker Bugdahl

ist Inhaber der Markenagentur „at10tion" www.at10tion.de. Er moderiert u.a. bei internationalen Firmen Seminare zur Markenentwicklung. Nach dem Chemiestudium begann er bei der Unilever Forschungsgesellschaft Hamburg. Von 1975 bis 2005 war er bei der Degussa AG in Forschung, Management und Technischer Kooperation tätig. Von 1993 bis 2005 leitete er die Markengruppe in Hanau. Volker Bugdahl hat an der FH Darmstadt „Methoden der Entscheidungsfindung", „Kreatives Problemlösen" und „Der Schutz geistigen Eigentums / Markenrecht" gelehrt und zu diesen Themen Fachbücher und zahlreiche Publikationen vorgelegt, darunter „Marken machen Märkte" bei C.H. Beck München und „Erfolgsfaktor Markenname" bei Gabler Wiesbaden. In der Zeitschrift MarkenR erscheinen seit Jahren seine Beiträge über die vielfältigen Aspekte von Marken.

Dominik Sprenger

ist Fachanwalt für gewerblichen Rechtsschutz und Inhaber der Rechtsanwaltskanzlei „SPRENGER Anwälte für Ideen", www.kanzlei-sprenger.de. Seit rund 20 Jahren widmet sich Dominik Sprenger dem Schutz geistigen Eigentums, insbesondere dem Schutz von Markenrechten und hat eine Reihe von praxisorientierten Veröffentlichungen und Seminaren realisiert. Er hat in Berlin studiert und leitete als Partner einer Hamburger Rechtsanwalts- und Steuerberatersozietät das dortige Dezernat für Marken- und Wettbewerbsrecht. In seinem Spezialgebiet unterrichtet Dominik Sprenger als Lehrbeauftragter des IT-Centers an der International School of Management (ISM) in Dortmund und ist Vorsitzender einer Einigungsstelle der IHK. Darüber hinaus engagiert er sich als Rockmusiker in sozialen Projekten.

Freiraum, z.B. für Notizen und Markenideen: